PUHUA BOOKS

我们一起解决问题

幸福的科学

积极心理学在教育中的应用

曾光 赵昱鲲 等著

人民邮电出版社

北京

图书在版编目（ＣＩＰ）数据

幸福的科学：积极心理学在教育中的应用 / 曾光等
著. -- 北京：人民邮电出版社，2018.4
ISBN 978-7-115-47879-5

Ⅰ. ①幸… Ⅱ. ①曾… Ⅲ. ①教育心理学－研究
Ⅳ. ①G44

中国版本图书馆CIP数据核字(2018)第024861号

内 容 提 要

　　积极心理学是研究人类幸福的科学，它弥补了心理学研究领域一直以来只注重人类心理问题的探讨，致力于将积极向上的心理传递给众人，在心理学发展史上是一个重要的里程碑。然而如何将这一门科学与教育相结合，为众多学子创造出更加积极的氛围从而使他们提高学习效率呢？教育者又应该如何改革自己的教育方式呢？

　　本书将积极教育所提倡的"非认知教育"与当代只关注"智力、知识、技能"的认知教育相结合，旨在将当代教育与积极心理学有序结合，帮助莘莘学子认识自我，丰富内心世界，感悟生命的美好，最终实现自我价值，拥有蓬勃发展的人生，同时帮助每位老师都体验到主观幸福感、生活满意感和事业成就感，从而使他们致力于积极创建积极和谐的校园，培养乐观、积极向上的好孩子。

　　本书作者是国内积极心理学领域中的领军人物——曾光、赵昱鲲等。本书适合所有老师、心理学学者、心理学专业学生等所有想拥有蓬勃而幸福的人生的人士阅读。

◆　　　　著　　曾　光　赵昱鲲　等
　　　　责任编辑　姜　珊　曹延延
　　　　责任印制　焦志炜

◆　人民邮电出版社出版发行　　北京市丰台区成寿寺路 11 号
　　邮编　100164　电子邮件　315@ptpress.com.cn
　　网址　http://www.ptpress.com.cn
　　北京七彩京通数码快印有限公司印刷

◆　开本：720×960　1/16
　　印张：16.5　　　　　　　　　　2018 年 4 月第 1 版
　　字数：300 千字　　　　　　　2025 年 11 月北京第 39 次印刷

定价：65.00 元

读者服务热线：（010）81055656　印装质量热线：（010）81055316
反盗版热线：（010）81055315

对本书的赞誉

如果说教育的真谛是唤醒，那么，积极教育就是教育的一种唤醒！衷心祝愿以积极心理学为理论基础的积极教育，能在教育工作者的积极投入和坚持践行中，不断取得积极有益的成效！无积极，不教育，希望孩子们在积极教育的培养下，收获一生的幸福！

——陈笑弟　广东省广州市增城区人民政府、

台湾事务办公室副主任

积极心理学的理论与路径，能引导师生发掘自己的性格优势，构建优质的人际关系，培养积极的情绪，增强积极的行动力量，真正体现了教育就是一种人格心灵的唤醒，让内在自足的德性在积极心理学的引领下被唤醒、萌芽、生长，直至遇到最好的自己。

——韦霞　郑中钧中学校长、广东省名师工作室主持人、

江苏省特级教师、江苏省正高级教师

当积极品质逐渐融入学校教育的时候，当积极态度与情绪悄然改变着师生和家长的生活时，我们唯有感叹，换一个角度看世界，积极教育会令人无比幸福！我们会从中找到另一个幸福的自己，会发现另一个幸福的伙伴……

——姬艳　广州市增城区凤凰城中英文学校副校长

积极对待人生，处处繁花似锦；拥有乐观心态，享受幸福人生。这本书能够帮助人们认识自我、丰富内心世界、感悟生命的美好，最终实现自我价值，

成就幸福人生。让心灵充满善良，让教育充满阳光。积极心理学，让每位老师都能体验到主观幸福感、生活满意感和事业成就感，从而创建积极和谐的学园，培养乐观、积极向上的好孩子，这才是最重要的教育目标，也是教师的职责所在。

——杨敏　广州市增城区凤凰城凤妍幼儿园园长

积极教育改变了自己和家人，成就了孩子和学校。坚持日行一善，践行积极教育，助力孩子成长。

——吕玉雄　广州市增城中学副校长

积极的人生需要有积极的心态。积极心理学是塑造积极心态的良好方法。愿积极教育为孩子们找到开启幸福大门的人生钥匙！

——吴锦焕　广州市增城区教育局托幼办主任

通过积极教育，我们将感恩的种子播种在孩子的心田，以小手拉大手，促进社会和谐。让我们持续筑好幸福工程，为向幸福迈进而努力！

——黄凯玲　增城区盛世名门新星幼儿园园长

感谢清华大学曾光博士、赵昱鲲老师所著的《幸福的科学：积极心理学在教育中的应用》一书，犹如温暖的阳光带给我们幼教同行幸福的力量。让我们幼教工作者获得职业幸福感，幼儿、家长获得教育幸福感，期待积极教育在中华大地遍地开花。

——于翎　广州市增城区凤凰城中英文幼儿园园长

在教育的路上，我们往往趋之若鹜地不惜重金追求所谓最优质的教育，而忽略了最重要的东西，那就是积极、阳光、美好、善良的心态。

教育本应是让学生舒展心灵，放飞梦想。作为教师应尊重孩子的天性，要让他们智慧起来、愉快起来、自由起来。只有积极的心态才能点燃他们的智慧之火。让我们携起手来，通过积极教育，用一棵树撼动另一棵树，用一片云推动另一片云，为学生的终身发展与幸福奠基，也为自己的幸福人生奠基。

——胡斯勇　广东省广州市增城区永宁街教学指导中心主任、增城区永宁
街中心小学校长

积极心理营造积极情绪，促进积极行为！积极心理学在现代中小学教育中的灵活融入，必将促成现代中小学教育的变革与发展！

——姚朗建　广州市增城区石滩镇三江第一中学

直到接触积极心理学，我才找到教育的真谛，从而使我迎来了教育的春天，幸福之路由此而开，引领幸福的积极教育终可为学生打造幸福的一生，这是一件值得庆幸的事！

——宋俊威　广东省广州市增城区永宁街永新中学副校长

积极心理学，确实是教育者不可不知的一门幸福课。要培养幸福的学生，首先要有幸福的教师，相信在积极心理学理念影响下的幸福课能成为每一位教育者的必修课！

——周丽红　广州市增城区高级中学校长

"种树者必培其根，种德者必养其心"，教育的核心是心理教育。随着积极教育在成都青羊落地生根，学生、教师和家长的积极自我认识、多元幸福感得到显著提升，身心健康程度明显增强，他们共同营造了蓬勃向上的育人环境。《幸福的科学：积极心理学在教育中的应用》这本书，蕴藏了积极教育的理论与实践精华，正是我们践行积极教育，趋近幸福人生的不二法门。

——刘立频　成都市青羊区教育局机关党委书记
宋奕云　思教办公室主任

如果我们周围充满阳光，积极心理学就是一支曼妙舞曲，它带给我们快乐、和谐地舞动幸福心流。如果我们身陷浮躁，积极心理学则是一道静水深流，它细腻温和地荡涤纤尘烦忧。我们的生活，原本是纯净美好的，只是需要

时时被觉察、被唤醒、被点亮，比如成长、亲情、未来。愿积极心理学如智慧之光，照见所有美好，照亮幸福之路。

"教育就是一朵云推动另一朵云，一个灵魂唤醒另一个灵魂"，一个积极乐观的教育者，一定会唤醒一群积极乐观的未来建设者。愿积极心理学成为教育者手中神奇的魔法棒，引领生命成长，奔向澎湃福流。

——易永伦　成都市树德实验中学校长

曾光等人提倡的积极教育不仅仅是把积极心理学的研究结果和教育进行了有效结合，也是对积极心理学本身的一种深化和扩建。

——任俊　国际积极心理学会（International Positive Psychology）理事、

中国理论心理学会理事、

浙江师范大学教育学院教育学院副院长

教育改革创新的一抹彩虹

应作者曾光的邀请，我认真阅读了曾光和赵昱鲲合著的《幸福的科学：积极心理学在教育中的应用》一书，心中充满了感动、钦佩和喜悦。这种感觉来源于对本书作者将积极心理学与学校教育的紧密结合以及大胆探索积极教育的欣赏，也来源于对作者在学校教育中所取得的积极成效的佩服。

20 世纪末，以马丁·塞利格曼教授为代表的积极心理学家们提出的幸福科学纠正了心理学领域在第二次世界大战以后过度关注人类心理问题的偏颇，给心理学的研究和发展注入了全新的视角，带来了生机盎然的前景，这非常符合社会发展和时代进步使人们开始向往和追求美好生活的大趋势。曾光和赵昱鲲两位作者在美国留学期间，攻读了宾夕法尼亚大学积极心理学方向的研究生学位，成为了马丁教授的学生，系统地学习了积极心理学的相关课程，了解了积极心理学的研究前沿。回国后他们进入了清华大学心理学系，师从彭凯平教授攻读心理学博士学位。期间，他们将积极心理学作为深入研究的重点，但他们并没有仅局限于学术研究，而是将视野和实践探索扩展到国内学校教育领域，将积极心理学的理论研究与当代教育的改革和创新紧密结合，大胆探索勇于尝试，建构了积极教育的整体理论框架，开发了"6+2"积极教育理论模型、品格优势培育系统及身心健康调节系统。"6+2"积极教育理论模型是迄今为止我国学校教育领域应用中最具本土特色的、完整和系统的积极心理学理论模型，其中的每个模块和系统都以具体的心理学理论为依据，以经科学实验验证的有效干预方法为支撑，同时以取得生态效度为基础，能更好地在课程设置、班级管理、师资培训及家长参与的可实施的教育流程中得到应用。

学校教育的目标是培养人，但在多年来的教育实践中，由于我们过度强调升学率以及关注学生的成绩和分数，使得学校教育一直备受争议。虽然在教育改革的探索中，许多专家也提出过全人教育、素质教育、快乐教育等理念，但由于缺乏系统的理论模型、有效的干预方法和未得到科学实验验证，这些理念大多无法落地，难以推广，成效有限。积极教育的提出就像学校教育改革探索实践中出现的一抹彩虹，新颖、绚丽、多姿多彩、充满希望，而且有很多的可能性。积极教育旨在培养学生的积极品格及创造幸福人生的能力，积极教育也可以称为幸福教育，而教育的根本目的就是提升人类的幸福感，这也是2016年成立的国际积极教育联盟组委会所提出的宗旨和口号。教育部2012年底印发的《中小学心理健康教育指导纲要修订版》一书是这样阐述学校心理健康教育的目标的："心理健康教育的总目标是提升全体学生的心理素质，培养他们积极乐观、健康向上的心理品质，充分开发他们的心理潜能，促进学生身心和谐的可持续发展，为他们的健康成长和幸福生活奠定基础。"依我理解，这也是学校教育的总目标，培育乐观心态和积极品质是为了给孩子们的幸福生活奠定基础。

哈佛大学享誉世界的幸福课教师泰勒博士认为，获得幸福的方法是快乐地学习，积极地成长，开心地工作，拥有美满的婚姻。快乐学习是幸福的基础，学习可以为个体带来新知识、新体验、新视野、新成就，成长应该是培育人类的美德以及促进积极心理品质的提升。本书倡导和构建的积极教育可以说是为中国的教育发展与实践提供的一种创新的解决方案。本书探索和建构的具有中国特色的积极教育理论模型是以积极教育在各国中的实际应用为参考和对我国教育特色的反思为基础的。本书全面介绍了国际积极教育发展的现状，资料丰富详实，既有各国教育主管部门在政策层面对推行积极教育的倡导和鼓励，也有具体到某所学校的积极教育探索和实践案例，比如美国宾夕法尼亚大学为中小学生精心设计的"心理韧性干预项目"的12节课，澳大利亚吉隆文法学校专门为全校教职员工开设的积极教育入门课程和持续培训。我们从中可以看出积极教育的推广已经成为国际教育发展的新趋势。

本书作者正是参考了国际上最新的研究和实践成果，完成了针对我国实际情况的积极教育理论建构，更难能可贵的是他们进行了涉及大、中、小学不同教育层次的十多所学校的实证研究，投入了大量的时间和精力，并用许多实际案例和数据呈现了积极教育在学校的实施效果，探索出了可操作的具体方法。本书的特色是通俗易懂，操作性强，使读者可以更加清晰地了解积极教育如何在学校实施才更具学习和参考的价值。我向每一位教师、每一位心理健康教育专业人员、每一位心理学工作者、每一位关心中国教育发展的人强烈推荐这本书。

樊富珉

清华大学心理学系咨询心理学教授、博士生导师

教育部普通高校大学生心理健康教育专指委委员

中国科协全国临床与咨询心理学首席科学传播专家

中国心理学会临床与咨询心理学专委会前任主任委员

中国社会心理学会心理健康专业委员会现任主任委员

中国心理卫生协会团体心理辅导与治疗专委会现任主任委员

积极教育与自我建构

我非常喜欢积极心理学。

在我的所有社会角色中，都离不开积极心理学和积极教育，无论是在生活中作为父亲，还是在工作中作为党员干部、德育教师和心理咨询师，我想我都是一名教育者。在这些角色中，我真切地体会到，积极教育的实践可以使人通过促进积极关系和成就，实现积极自我的建构。社会建构论认为，自我是在关系互动中被建构出来的。我们在童年的成长历程中遇到过很多重要的他人——父母、师长和朋友，他们用怎样的视角看待我们，用怎样的态度和行为对待我们，就会为我们塑造出怎样的自我概念、成就动机和人际边界，重要他人协助我们形成了人际相处和探索世界的最初图式，一方面，它有可能为我们制造出固着和恐惧的牢笼，但另一方面，它更有可能给我们打造出仁爱、智慧、勇气等积极的心理品质。

在高校工作时，我每天都会遇到众多的学生来访者，其中就会有试图放弃生命的学生。在和他们的互动中，我发现问题学生往往缺乏内在的动力和价值，他们以他人的评价和达成世俗的成功为准则，过分地在意来自于外界的鲜花与掌声，过分地看重个人利益的得失。而作为一名教育者，我深知教育的目的，不仅仅是知识和技能的传授，我们并不是要培养精致的利己主义者，而是要培养有健康人格、自主意志、利他精神的新一代接班人。要达成这一目标，就需要积极教育。积极教育首先要引导学生立志,助其发现自己的人生使命;其次要教导学生超越小我。阳明先生讲,"志不立,天下无可成之事"。立志,人才能够真正拥有成就感和价值感。所谓"志于道德者,功名不足以累其心;志于功名者,富贵不足以累其心",希望当下的年轻人把"修身、齐家、治国、'利'天下"作为自我成长的路径,筑造实现中华民族伟大复兴的梦想,在生命历程中创造出属于自己的大图像,而不是仅仅盯着眼前的小得失、小挫折、小困扰。

回想我自己的成长经历,当有了志向时,内在动力大多来自于父母与师长正面的鼓励和情感的支持,我成人后的教育风格深受他们言传身教的影响。因此,我深刻地知道,倘若对于学生的问题,我们总是用指责和评判的眼光,盯着缺点不放,就很难帮到他们。在互动中实践积极教育的理念,会促使他们发生变化和成长。如果你坚定地相信,"圣人之道,吾性自足",你就会真正开始了解并欣赏学生的优势品格,并且鼓励他们充分发挥自己的特质和潜力。带着接纳和爱的眼光面对学生,他们也会学着放下对自我的谴责,朝着实现自我价值的方向一小步、一小步地迈进,开启自己期待的人生的大门。

本书的作者之一曾光,是我在心理学领域见过的,最具专业潜力的年轻人,他观点独到。尽管他和我相差十几岁,但并不影响我们彼此在精神层面流畅而深入地交流,我时常能感受到他的温暖和谦逊。在阅读本书时,读者也一定能够领略到他超出同龄人的思想智慧。

刘海骅

北京大学学生心理健康教育与咨询中心主任

推荐序 3

为什么我们要提倡积极教育

大家知道心理学家并不是教育专家，甚至在教育改革、教育实践方面我们还可能是门外汉。但有时候门外汉可能会对中国教育的发展、实践和创新有一些新的观点，或者说从不同的角度给教育专家、教育界领导和从事教育工作的老师们一些启发和建议。

我们为什么要提倡积极教育这一理念？

它又是在什么样的情况下产生的呢？

我们认为可以从三方面阐述。

第一，积极教育是人类社会发展的密码。为什么叫密码？大家一定听说过生物学家在探索人类生命发展的秘密——遗传信息 DNA。大数据时代以来，人类科学家又开始探索另外一种遗传信息 DNA——文化的遗传 DNA。文化的遗传 DNA 探索的是我们的社会发展到底有哪些规律性的现象。以前我们做的是对个人的观察，对每一个个体的分析。现在，由于科技的快速发展与进化，我们创造出了前人没有的科技工具以及观察方法，其中之一就是大数据。谷歌已经将人类过去几百年间的九种主要语言的绝大部分的出版物进行了扫描并存入了云端。我们最近完成了一项工作，即分析从公元元年开始到 2001 年存于云端的大量数据，希望找出社会发展中的规律性现象。我们发现了其中一个规律性现象，一个可能的秘密就是：人类社会的进步和发展不是靠斗争来实现的，也不是靠战争和掠夺来实现的，人类社会的发展靠的是我们的善意来实现的。什么叫善意？善意就是我们要和其他人合作、交往、交流。大规模的文化交换、技术交换、货物交换、财富交换，是人类社会发展很重要的密码。我们深入分析了人类财富的增长规律，发现从公元元年到 2001 年，有三个爆发性增长的时间节点，这些时间节点恰恰都是人类创新的节点，是人类大规模交换的节点，也是人类思想解放的节点。第一个节点是文艺复兴，在此期间，地理大发现、人类大规模的迁徙、交流和交换变得可能；第二个节点是工业革命，人们的交往与合作日益增多；第三个节点则是第二次世界大战结束后到现在，这些节点都处于人类社会进行大规模交往、交易、交换的时代。

我国的财富增长也符合同样的发展规律。自 1978 年改革开放，我们开始与其他国家进行大规模的文化交流、技术交流、信息交流、知识交流、经济往来，在短短三十多年内，中国迅速发展成为世界第二大经济体。改革开放，打开国门，融入世界，与人交往，正是我们社会发展的重要动力之一！

怎样才能与人正常和积极地交往？其实没有什么秘诀，保持积极、阳光、美好、善良的心态最关键。大家都知道孟德斯鸠对法学的贡献，但很少有人知道他对商学的贡献。他认为，商业世界的游戏规则不是斗野蛮、拼产品，也不是我们现在说的博弈、竞争、计较、吝啬，更不是我们现在所认定的那些商业成功秘诀。孟德斯鸠认为，商业成功的秘诀就一条——"讨人喜欢，让人快乐。""在快乐多的地方商业发达，在商业发达的地方遇到快乐的人。"这是他的名言，也是我们大数据研究得出的基本规律。无论他人举多少案例说明成功的技巧，最重要的还是要拥有积极开放的心态、快乐友好的关系、合作共赢的方式。也就是说，让客户满意，才能让自己发财。

而到了我们这个时刻离不开手机的时代，我们的快乐感又源自何处呢？有一项研究已经发现，60% 以上的人每天花在手机上的时间超过了学习的时间，超过了现实中和人打交道的时间。我们睡觉前看手机，我们起床时看手机，我们约会时也在看手机。

人类不会因为手机的产生而获得更多快乐。在大数据的时代、在手机主导生活的时代，如何与他人交往、交流和交换才是我们应该关注的问题。我们到底应该如何教育孩子，传授给他们什么样的生活技巧？中国人相信一个人只要能干、有本事就行。其实在商业化的社会生活中，被人喜爱才是一个人最重要的优势，情商比智商重要。如何做人才是最重要的，而不是如何做事情。

第二，积极教育可以弥补传统教育的不足。现在有些人的教育理念还停留在农业时代，在这个后工业时代，我们的教育理念是不是要改一改呢？我们中国人民所接受的传统的知识教育，绝对不亚于其他国家、其他文化，但我们需要知识以外的教育，需要积极教育。我们之所以这么积极地在中国推广积极教育，就是希望让其能够辅佐传统的知识教育。

什么是知识之外的能力呢？学者丹尼尔·平克（Daniel Pink）写了一本书——《全新思维》。平克提出，决胜未来需要六种能力。第一就是要有设计感、美感、欣赏之心。第二就是要有快乐感，一定要让自己身心愉悦健康的同时让别人也身心愉悦健康。第三就是要有意义感，知道如何在繁琐的生活中找到生活的意义。人这一生必定要面对死亡，显然死亡不是生活的意义。那么我们生活、工作、生存的意义是什么？第四是形象思维的能力，善于讲故事，具体化抽象概念。第五是共鸣的能力，善于感染和激励他人。第六是同理的能力，能够感受到其他人的感情、感觉和感受。这些都是 21 世纪特别重要的能力。

19 世纪是工业化时代，而 20 世纪，人类进入信息化时代，掌握了信息、会利用信息、会分析信息的人，如科学家与工程师自然就是时代的主人。但到了 21 世纪，人类又进入一个新的时代，平克认为现在是感性的时代。在感性时代，能够拥有欣赏之心、意义感、快乐感、同理心、共鸣心的人就是时代的主人。

第三，积极教育也是符合人类大脑活动规律的科学实践。一般技能的掌握依靠的是低级脑细胞的活动，低级脑细胞负责具体的信息加工。高级脑细胞负责美感、共情、共鸣等功能。而且高级脑细胞的活动越多，我们人类的智慧程度就越高，人类的情感越积极，人类的成就就会越大。我们一定要培养活跃的高级脑细胞，让我们的学生有更多的灵性、悟性、感性和更高的德行。

因此，积极教育的目的是培养学生高级脑细胞活动的习惯，我把我们将培养出的优秀人才定义为 ACE（王牌）。中国不缺工人，不缺农民，不缺会思考的人，但是中国缺 ACE 人才。这种尖端人才是我们亟待培养的。

那么 ACE 是什么？ A 是审美感（Aesthetic），有审美感的人能够看到别人看不到的东西，能够领悟别人领悟不到的东西；C 是创造力（Creativity），有创造力的人能够分析问题、解决问题和创造新概念、新事物；E 是情感共鸣能力（Empathic），有情感共鸣能力的人能够敏锐地感受并影响到其他人的感情。

ACE 如何活动？ 我们有时会看到一些有关心理学的图示，乍看上去是看不出任何东西的，只能看到一堆杂乱无章的线条，这就是因为此时只有低级脑细胞在活动，而缺乏高级脑细胞的参与。如果我们能看出规律，看出意义，看出美，这时就是高级脑细胞在活动了。

所以我认为积极心理学对教育的作用其实就是促使我国培养起来的人才有魅力、吸引人，让人爱慕。很多年轻人在进入社会后，虽有能力，但是不一定会被人喜爱。我希望我们培养出的人才一定是让人欣赏，有许多人愿意追随、同甘共苦、共创辉煌的，这样一种能力在 21 世纪是非常重要的。

我们提出培养高级脑细胞的活动，也是人类进化 6 500 万年后选择出来的竞争优势。我们谈人性，不要看伟人说了什么，古人说了什么，而是谈有什么科学证据。这里的科学标准就是达尔文的进化论。他提出所有人类的天性一定要符合两个特征，一个是易于我们生存，另一个是易于我们繁衍。我们可以发现人类生存和繁衍时选择的往往是积极的天性。我们开始直立行走；我们逐渐看得高，望得远；我们喜欢堂堂正正、大大方方；喜欢伟大、崇高的事物。人类的身体越来越符合黄金分割比例，因为这样显得更美、更匀称。积极教育归根到底就是更人性的、更符合心理科学规律的教育。

积极教育的七大主题

积极教育具体怎样实行？每一个地方、每一个国家、每一种文化的优势和条件是不一样的。清华大学心理学系做了五年多的幸福教育，积累了不少经验和教训。我们也培养了很多边远地区的小学和中学老师。我们经常讲的积极教育，主要包括以下七种教育，但显然不局限于这七种。

第一是**情商教育**。从中小学到大学其实都应该进行情商教育。情商教育教什么东西？一方面就是教学生如何发现、培养、管理积极情绪。著名心理学家巴巴拉·弗里德克森（Barbara Fredrickson）做了一系列的研究，发现人类在情绪积极的时候，思路更开阔，行动的欲望更强。消极情绪会使人的思路变得狭窄，使人们只知道依靠逃生的本能，只知道批评和逃避。恐惧、贪婪、愤怒、傲慢并不能让我们有所作为。现在我们国家提倡大众创业、万众创新，但切记一定不能在焦虑、恐惧、愤怒的状态下去创新或创业，所有积极心理学的研究都证明大多数的创造性工作只有在个体处于快乐积极的状态下才能够完成。所以幸福教育其实也就是积极教育，而不是简单的知识教育。

情商教育具体怎么开始呢？从同理心开始，从知晓别人的心情开始，从各种各样的表情识别开始。让我们的孩子能够知道别人的心情状态，知道积极的情绪不只是幸福，还包括满足、淡定、平静、骄傲、自豪，甚至腼腆也属于一种积极情绪。心理学家发现，当你感到羞涩的时候，其实你正处于一种特别积极的状态。当然，过度羞涩是异常状态。一般情况下，不好意思其实是一种特别积极美妙的情绪。如果你会在某些时刻感到一丝丝腼腆和不好意思，就证明你的心态非常健康和积极。

美国学生从小学三年级就开始接受情商教育，学习如何表达、控制、理解、应对情绪，甚至连微笑都需要学习。有一种微笑叫"迪香式微笑"，它是一种有魅力和感染力的笑。它和礼貌的微笑是不同的，特点是牙齿要露出来，笑容饱满，眼周出现皱纹。迪香式微笑有什么作用？现在我们已经发现，一个经常展现出迪香式微笑的学生，未来的生活将更幸福，婚姻更美满，事业发展得更好。著名心理学家达契尔·卡特纳（Dacher Keltner）对米勒学院1960届毕业生的毕业照进行了分析，将照片中学生的面部表情分成习惯性迪香式微笑，或者是礼节性微笑，或者是没有笑容。三十年之后去回访这些同学，结果发现他们的人生境遇有着天壤之别。那些习惯于迪香式微笑的孩子，结婚率较高，离婚率较低，自我报告的幸福指数较高。那些礼节性微笑或者没有笑容的孩子在三十年之后其婚姻幸福水平则较低。微笑的技能和技巧让家庭更和谐幸福，个人事业更成功。这就是情商教育的价值和意义。

第二是**幸福教育**，体验福流。美国心理学家米哈里·契克森米哈（Mihaly Csikszentmihalyi）就认为，幸福就是一种全身心的快乐体验，这种全身心的快乐体验就是"福流"。这是一种什么样的状态？其实它有五个特点：第一个是沉入其中如痴如醉；第二个是物我两忘，此时不知是何时，此身不知在何处；第三个是驾轻就熟，有特别好的控制感；第四个是点滴入心，感受到活动精确的回馈；第五个是酣畅淋漓，其乐融融。这个体验是可以学习的，这个体验也是可以创造的。

第三是**利他教育**，这也是我们几十年道德教育工作的主要任务，即教导学生如何去爱人、帮助人、服务人。著名学者梁漱溟在《人心与人生》一书中提出："仿佛自己越是在给别人有所牺牲的时候，心里越是觉得特别的痛快、酣畅、舒展。反过来自己力气不为人家用，似乎应该舒服，其实并非如此，反而会心里感觉特别紧缩、闷苦。"这就是我们已经意识到雷锋精神归根到底其实是助人为乐的精神，也就是我们追求幸福的心声。雷锋的伟大就在于找到了心理学的一个基本规律，那就是利他是幸福的。长期以来，一些人不承认世界上有无私。但是我们现在认为，寻找快乐其实就是无私的表现，有关神经生理的调查显示出，纯粹的利他是完全可以做到的，积极心理学、积极教育可以把积极的知识传播给大众，传播给中国的年轻人。

第四是**乐观的性格教育**，让我们的孩子相信明天更美好，我们没有任何理由怀疑未来不美好。未来很可能比我们想象中的还要好。想想我们这代人在 21 世纪是如此亮丽，如此富裕，如此自信，所以中国的未来是美好的，积极的心态很有意义。

第五是**美德教育和价值观教育**。价值观绝对不是空想的价值观，这个价值观是建立在人心、人情、人性和人欲基础上的价值观。美国积极心理学家塞利格曼和彼德森在世界 50 多个国家做了调查，发现不管是中国人还是美国人都喜欢仁慈、有爱心、情商高的人，我们喜欢欣赏他人，我们同样喜欢好学、有创造力的人，我们喜欢宽恕、谦虚、有自我控制能力的人，更喜欢有责任心和领导才华的人。所以，大家一定要将核心价值观跟心理学连在一起，与生活联系在一起，否则心理学就只能成为智力的思辨游戏。

第六是**社会关系教育**。社会关系教育强调与社会接触的重要性。2005 年美国《时代周刊》发表了一篇综合报道，发现人类积极健康的社会关系，是我们健康长寿最重要的保障，也是我们事业成功的保障。

第七是教育学生养成**健康的生活习惯**，如呼吸新鲜的空气，参加健康的体育运动，听音乐、唱歌、欣赏美和艺术，等等。

中国著名学者冯友兰先生于抗日战争时期，在自己呕心所著的《贞元六书》一书中引用了宋代哲学家张载的一句名言以自许："为天地立心，为生民立命，为往圣继绝学，为万世开太平。"此为哲学家所应自期许者也，但对于我们普通人来说，虽不能至，心向往之；非日能之，愿学焉！

最后就是我和大家一起共勉的，希望所有人都能达到一种境界，虽然我们做不到开太平，继绝学，但我们的心要追求高尚。我们不一定能够完全做到，起码我们愿意去学习尝试，这就是积极教育追求的一种境界。

彭凯平

清华大学社会科学学院

目 录

导读

在本书的推荐序中彭凯平教授深入地剖析了积极教育在当下独特的时代意义和社会价值，深入揭示了 21 世纪的新一代人才需要具备的核心技能。

本书的第 1 章介绍了**积极教育的内涵和意旨**，系统地说明了积极教育的核心模型——**六大模块、两大系统**，以及核心模型之下相应的基础理论与应用技术。本章的最后则讲述了积极教育的实践方式、关键流程。"欲御牛，须执牛耳"，这是"执牛耳"之章。

第 2 章深入解读了积极教育的基础系统——**品格优势与美德**，讲述了其重要性、分类方法和运用原理。研究与发展人类的优势品质一直是积极心理学核心的发展方向和基石，这也显示出积极教育与当代的前沿教育如全人教育、品格教育的相通之处。积极教育中的品格优势与美德提供了一种科学、系统、实证的方法，致力于培养学生的美德、品格以及良善之心。

第 3 章则从**情绪心理学**以及**进化心理学**的研究出发，系统陈述了情绪的进化意义和作用功能。情绪作为我们的日常体验，其实它始终忠实地发挥着其古老的作用——助力生存与发展。消极情绪帮助我们生存，积极情绪帮助我们发展。一阴一阳，和谐共存，互相转化。了解积极情绪与消极情绪的各自功能与存在意义可以帮助我们面对以及接纳在困境中产生的负面情绪，而接纳情绪正是应对情绪的唯一道路。

第 4 章**投入**模块重点阐述了福流理论。有些孩子在学习的时候仿佛全身心投入，"两耳不闻窗外事，一心只读圣贤书"；而有些孩子一学习就打瞌睡，为什么呢？是什么让一些学生能够把学习当成是"最快乐的事情"，而又是什么让另一些学生把打游戏当成了"最快乐的事情"？学习与打游戏的本质差别在哪里？这种吸引力是怎么产生的？我们能够人为地干预与培养这种吸引力吗？这些难解却关键的问题似乎可以从福流理论中得到解释。福流作为一种人生的幸福体验，其体验背后有着相应的科学原理。福流的特征表现是什么？促使个体产生福流体验的条件是什么？这些条件之间如何协同作用？如何在教学中创造福流？这些都是本章阐述之重点。

第 5 章分析了**人际关系**的层次、重要性、增进关系的方法以及人际关系在教育中的应用。积极心理学的创始人之一彼德森教授在一次演讲的时候，曾遇到一位老人颤巍巍地站起来发问："教授，你讲的东西太多了，我记不清楚，你能够用一句话告诉我，积极心理学是什么吗？"彼德森教授也仅仅回答了一句话："他人很重要。"人际关系直通生命的本质，是幸福之门的钥匙。

在第 6 章我们重点讲述了**意义**。意义是那么难以阐述却又深刻地影响着我们的生活，使我们无法回避它。"我们为何而活？""我为什么要教书？""我为什么要学习？""我想要过一个什么样的人生？"这些问题可能根本就没有答案，但是你对它们的回答却以你不知道的方式每时每刻地塑造着你的人生。我们可能无法帮助你回答人生的意义究竟是什么，却可以给予你一次直面它的机会。对意义的拷问，是只有人类才有的智慧。物欲横流让越来越多的孩子正在走向无意义的深渊，而正视意义是帮助他们的关键！

第 7 章讲述的**成就**也许是教育者与家长们最关心的话题。由于时代、价值观、社会、文化等诸多因素共同造就了当下教育系统"唯分数论"的现状，对此大部分人虽嗤之以鼻却又无力改变。这个现状也许并不会被快速而合理地改善。那么如何在不改变当下教育体系的情况下，从学校教育、家庭教育的角度为孩子完善教育？积极教育不仅仅关注狭义的短期成就（学习表现），更关注长期的社会、个人成就，帮助人们实现自己想要的有价值的目标。当代教育体系关注的是智力、知识、技能方面的认知类教育，而积极教育则是非认知方面的教育，如成长性思维模式、坚毅力、自我调节、自控力、目标设定等，这些能力才是孩子在未来取胜之关键。毕竟，他们所要面对的几十年后的世界是我们现在无法想象的。现在教的很多技能也许不再有用，但是非认知类的技能，纵使沧海桑田，仍会熠熠生辉。

第8章中介绍的**心理韧性**试图解释一个问题，即是什么让一些人在摔倒了七次之后，仍然有第八次爬起来的力量？我们发现那些拥有持续的丰盈蓬勃人生的人，他们具备屡败屡战的韧性，这也正是他们无论面对何种艰难险阻，都可以冲破乌云、奔向朝阳的原因。

第9章展现了全球积极教育的实践蓝图。清华大学积极心理学中心与国际积极教育联盟（IPEN）、宾夕法尼亚大学积极心理学研究中心、剑桥大学幸福研究院、墨尔本大学积极心理学研究中心等国际积极心理学研究中心一直保持着密切的联系，收集了大量的第一手资料，描述了美国、英国、澳大利亚等国实践积极教育的方式与进展。

第10章介绍了我们的积极教育实践项目的情况与进展。积极教育与传统教育方法相比，更具科学性，其效果可以通过实证主义的科学测量予以发现、证实、反馈与提升。我们以数据为基础，为前面章节的理论提供了有说服力的科学实证支持。

无论你是教育者、家长、学生，还是对积极教育感兴趣的人士，若本书能够给你带来一点收获，我们都将由衷欢喜。毕竟，这就是本书成书之初衷。

第 1 章

积极教育的理论模型与实践方式

积极教育就是既教授传统知识技能又教授人生幸福的教育。

——马丁·塞利格曼

【本章要点】

- 理解积极教育的内涵和意旨
- 掌握积极教育"六大模块、两大系统"的理论模型
- 理解积极教育核心模型的基础理论与应用技术
- 通晓积极教育的实践方式

积极心理学是什么

1998 年，在美国心理学会主席的就职演说上，马丁·塞利格曼向与会者阐述了"积极心理学"的理念，使心理学的研究与实践方向开始转变。

心理学有公认的三个重要目标：第一，帮助人类解除痛苦；第二，帮助人类追求幸福；第三，识别与培养天赋。当下，心理学界在第一个目标上已经取得了令人瞩目的成就。《精神疾病统计诊断手册》（DSM-5）系统地描述了心理疾病及其对应的解决方法。咨询心理学有精神动力学、认知行为疗法、叙事疗法、焦点疗法、合作对话疗法等，可谓流派林立、百家争鸣。对于人类所面临的各种心理问题、心理障碍，心理学家们已研究出许多系统而有效的方法去分析、缓解及治疗。

心理学界针对第二个和第三个目标所做的却远远不够。著名社会心理学家大卫·麦亚斯（David Myers）所做的元分析研究总结了 1960—2000 年的所有心理学文献，发现研究消极的议题，如焦虑、抑郁、心理障碍等与研究积极的议题，如幸福感、感恩、优势品格等的比例为 21∶1。心理学家对于消极议题的关注和研究要远超过积极议题。心理学家擅长去分析与治疗心理疾病，却不擅长教会人们如何在没有病痛的时候，更好地追求美好生活。鉴于此，时任美国心理学会主席的马丁·塞利格曼教授提议并发起了积极心理学运动，以社会

心理学为基础设立了积极心理学这一分支，从而鼓励与支持心理学家、社会科学家、行为学家、数据科学家去研究、发展积极取向的心理学课题，以实现心理学最初的目标——解答"如何追求幸福"及"如何培育天赋"。

在马丁·塞利格曼主席的倡导下，积极心理学作为一门新的领域得以迅速发展，所以马丁·塞利格曼又被尊称为"积极心理学之父"。尽管如此，马丁·塞利格曼并不是第一个提出积极心理学理念的人。第一个提出积极心理学理念的人是人本主义心理学的创始人之一、著名心理学家亚伯拉罕·马斯洛（Abraham Maslow），即使你没有听说过他，也应该听说过他的著名理论——"需求层次理论"。

如果我们对关于人类的心理学真的感兴趣，我们就应该将那些自我实现的人、心理健康的人、成熟的人和基本需求已经满足的人作为研究对象，因为他们比那些符合现在心理学研究标准的人更能够真实地代表人类。与目前的消极心理学——研究病人或者普通人的心理学相比，研究健康人的心理学完全可以被称为积极心理学。

——亚伯拉罕·马斯洛（1954）

积极心理学的研究对象不是有心理疾病的人，而是那些人群中最卓越、最优秀、最成功、最善良的人，如世界体育冠军、顶尖发明家、技艺高超的棋手、心理素质强大的人等。积极心理学家想要知道，是什么让一些人跌倒了七次却仍然有第八次爬起来的力量，是什么让一些人最终能够实现人生的理想，他们身上有哪些可以研究并值得学习的地方？

不同于咨询心理学主要服务于存在心理障碍的人群，积极心理学的服务对象是所有人群。在我们的社会中，大部分人群都是心理健康的人群，对于他们要如何提升心理能量，提升心理健康程度，活得更加富足、有意义与有价值感，积极心理学会给予相应的基于实证研究的指导。

塞利格曼等人提出，积极心理学研究的问题包括以下三大类：

• 积极的主观体验（幸福、愉悦、感激、成就）；
• 积极的个人特质（个性力量、天分、兴趣、价值）；

• 积极的机构（家庭、学校、商业机构、社区和整体社会）。

另一位积极心理学的奠基人克里斯托弗·彼得森（Christopher Peterson）总结积极心理学时说道：

积极心理学是一门研究生命从开始到结束的各个阶段的学科，它着重研究那些使得生命更有价值和更有意义的东西。它旨在回答一个问题，即如果我们不想挥霍我们的生命，我们该做些什么？

世界卫生组织在 1948 年把健康定义为"健康不仅仅是治愈了疾病，而且是体格、精神与社会适应能力完全处于良好的状态"。同样，心理健康也并不是疗愈心理疾病，而是积极能量的增强。与传统心理学相比，积极心理学的革新理念在于从疾病模式转向健康模式。如果说传统心理学研究更多的是关于如何从"–1"到"0"，那么积极心理学关注的就是如何从"0"到"1"（如图 1-1 所示）。

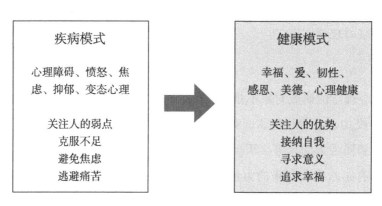

图 1-1　传统心理学与积极心理学的对比

我们必须清楚，积极心理学并不是快乐心理学，也不是心灵鸡汤，更不是成功学，人生并非时时快乐。积极心理学家深刻地理解，我们的生命存在着许许多多的不如意、艰难、困苦甚至是苦难。人的生命总会有许许多多的不如意，每个人的一生中都会有悲伤、痛苦、抑郁、绝望。然而，在经历这些痛苦时，人性中仍然会存在美好的、积极向上的一面：在绝望之中会有希望，在悲伤之中会有安慰，在痛苦之中会有坚强与成长，在逆境之中会产生对生命更加深刻的理解和爱，而这些正是积极心理学家所关注的。积极心理学关注的是人性之中光明的特质，那些"人之所以为人"的特质，如感恩、爱、尊重、幸福、希望、乐观、不放弃的毅力等。

积极心理学相信，每个人身上都有美好、善良的种子，而积极心理学家通过科学研究去了解与探索这些美好的特质要怎样才能被培育、怎样才能被发展、开发后又要怎样保持，最终找到我们要怎样才能够过上一个幸福而有意义的人生的答案。幸福、有意义的人生是一个结果，积极心理学家的工作就是要用科学的方法去发现得到这个结果的原因是什么，以及如何用科学的方法去"栽培"这些"原因"。

积极教育是什么

1998 年美国心理学会主席马丁·塞利格曼教授提出要推广积极心理学，在世界范围内掀起了一股新的浪潮，积极心理学因其强大的实用性和适用性，被广泛应用到各个领域，包括军事、健康、组织行为、人文、教育等。积极教育是将积极心理学应用在教育领域的实践结果。积极教育旨在培养学生的积极品格以及创造幸福人生的能力。积极教育不仅关注学生的传统的学业技能，还致力于培育他们健全的人格品质，提升他们的情绪管理、人际交往、生活投入、建构意义等核心能力，以帮助学生追求有价值感、意义感、幸福感的蓬勃人生。积极教育涉及教育学、心理学、脑神经科学、公共政策、健康科学等多个新兴的学科领域。积极教育在世界范围内已经得到了大规模的实践及运用。

美国

美国是"积极心理学"的发源地，自 20 世纪 90 年代开始，美国宾夕法尼亚大学的心理学家就在中小学开展了韧性教育，他们致力于通过运用科学实证主义的方法，改变学生的思维模式以及应对问题的方式，从而提升学生的韧性（受挫后能够快速恢复，遇到困难时能坚持到底，最终战胜挑战的能力）。十多年来，积极教育不仅在美国中小学得到了大规模的实践，还取得了丰硕的成果。积极心理教育的成果也得到了实证研究的验证并被大量发表在科学文献中。美国政府还将积极教育的倡导者马丁·塞利格曼教授以及他的团队聘为顾问，高度重视积极教育的理念创新和实践推广。

英国

积极心理学在英国也得到了广泛的实践。英国前首相卡梅伦上任后做的第一件事，就是把品德和积极教育作为英国教育改革的国家战略目标，他还曾邀请国际积极心理学家参与英国教育政策的制定工作。

剑桥大学专门设立了"幸福科学研究院"，以研究如何将幸福科学化，并将研究成果运用到实际当中。2006 年，英国传统贵族学校威灵顿公学在全球率先实践了积极心理教育，为学生开设了幸福课，教授学生幸福的理念与方法，成果斐然，在英国乃至全世界的教育界都引起了轰动。英国教育部每年都召开积极教育大会，在全国范围内推行积极教育。2014 年，英国教育部在全英国的公立中小学都推行了静坐、正念、冥想，要求每位学生上课前都要静坐 5 分钟，此举赢得了良好的社会反响。

澳大利亚

在这些成功范例的鼓励下，澳大利亚的中央政府和地方政府都把积极心理教育纳入了施政方针，比如澳大利亚的南澳省，就把积极心理教育作为建设"幸福省份"的关键指标来推行。2009 年，时任澳大利亚总理陆克文设立国家专项，以推广并实践积极心理学，使澳大利亚成为"幸福国家"。自此以后，澳大利亚每年都会定期举行"国际积极心理学大会"，邀请幸福科学领域的专家来分享成果。

澳大利亚是国际上积极教育的重要倡导者，澳大利亚顶尖私立学校——吉隆语法学校，邀请了宾夕法尼亚大学和其他积极心理学学者进驻校内，把积极心理学的原理与该校实际情况相结合，目前该校已成为全球积极心理教育的模范。墨尔本大学的积极心理学研究中心是全球重要的积极心理学前沿研究机构。

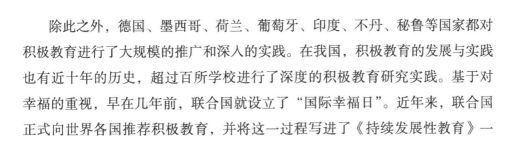

除此之外，德国、墨西哥、荷兰、葡萄牙、印度、不丹、秘鲁等国家都对积极教育进行了大规模的推广和深入的实践。在我国，积极教育的发展与实践也有近十年的历史，超过百所学校进行了深度的积极教育研究实践。基于对幸福的重视，早在几年前，联合国就设立了"国际幸福日"。近年来，联合国正式向世界各国推荐积极教育，并将这一过程写进了《持续发展性教育》一书中。

积极教育的内涵和意旨

国际积极教育联盟及其核心理念

2014 年 3 月 21 日在美国纽约，美国心理学会主席、积极心理学创始人马丁·塞利格曼教授、米哈里·契克森米哈、詹姆斯·鲍威斯基（James Pawelski）、英国威灵顿公学校长安东尼·塞尔顿爵士（Sir Anthony Sheldon）、英国时任首相卡梅伦的顾问和中国积极心理学界代表彭凯平等六位国际积极心理学运动的领军人物，决定在国际上推动一场新的教育改革。这场教育改革旨在提升学生的幸福、品德等积极心理品质。在当天的会议上，成立了"国际积极教育联盟组委会"，并提出了"教育的根本目的是提升人类的幸福"的口号，目的是推动积极心理学和幸福科学在家庭、学校和社会中的广泛应用。会后，六位积极心理学家联合英国国际积极教育运动改革的倡导人和澳大利亚积极教育的倡导人西蒙校长等教育界的人士，决定在世界上成立一个新的组织——"国际积极教育联盟"（the International Positive Education Network，IPEN），并决定于 2016 年 7 月在美国正式宣布成立。这标志着积极心理和幸福科学的教育国际化战略正式启动。

图 1-2 是国际积极教育联盟的标志。这个标志总体呈 DNA 螺旋结构，由两条主线组成，分别代表学业能力和品格与幸福。积极教育的基本理念是：对于一个学生而言，在他的成长过程中品格与幸福及其学习能力是同等重要的。这两条线呈螺旋交错的结构，而且中间由一个加号联结，意味着学业能力及品格与幸福之间并非相互独立，也非相互竞争，而是相互促进、相互支持的，

同时这一标志也代表着这一理念和思想是积极教育的"基因"，是最核心的思想。

图 1-2　国际积极教育联盟标志

积极教育之核心——实证主义之科学

现代科学的哲学基础在于实证主义。在日常生活中，我们有时会说"这不科学"或"这很科学"，其实是指代某件事物不正确或正确。实际上，科学性是指某个结论或做法是否依从了实证主义的思想基础，用科学的研究范式去观察、归纳与验证了自然、人文之中存在的规律，并积累了相应假设的证据。

积极教育的核心特征是以实证主义的哲学为基础，与积极心理学的理论及实验结论相结合，进而形成一套系统的教育实践方法。积极教育的基础理论、教育模式、课程设计、教学指导、实践活动、积极干预等内容皆以实证、定量的心理学研究结论和证据为基础。积极教育持续发展的动力引擎在于庞大的科研系统。对于世界各国的积极教育实践项目，世界各地的心理学家、行为学家、数据学家都在积极地进行定性、定量的研究，他们不断去观察、假设、验证、修正积极教育的基础理论、实验操作与实践方法。举例来说，针对六大模块中的积极情绪模块，我们教授感恩的课程。这个主题并不新鲜，而我们让学生每天花几分钟时间写下三件值得感恩的事情，这个作业本身就是经过大量实证研究证明是有效的积极干预方法。众多研究发现，每天都写下三件值得感恩的事情，在一周后、一个月后、三个月后，人的幸福感会持续地提升，而抑郁感则会持续地下降。

在每一所实践积极教育的学校，我们都提供一套定量的心理与行为测量评估系统。通过成熟的测评方法如科学量表、结构化访谈、田野调查等对学生的身心状态进行定期、定时、定量的测量以掌握学生各项身心指标的变化规律。

家长与学校能够清楚地了解积极教育实践项目在这个学期中会改善学生的哪些指标，如幸福感、焦虑感、抑郁感、自尊水平等，以及验证干涉效果如何。这些数据指标也极大地帮助了我们的教育者、心理学家有针对性地对课程进行反思、调整与提升。

此外，这套心理与行为的测评系统能有效地帮助学校筛选出存在潜在心理问题如抑郁症、焦虑症、行为问题乃至自杀倾向的学生，对他们进行及早干预，以避免心理障碍、暴力行为乃至更严重事件的发生。

积极教育之功效——提升整个群体的心理免疫力

想象一下，如果我们将学生的心理健康状况按照从低到高的顺序放在一条水平线上（如图 1-3 所示），根据统计发现，当学生数量足够多的时候，学生心理健康程度的分布就像图里所展现出来的那样，呈一条正态分布曲线。

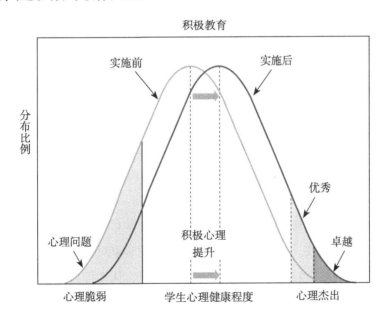

图 1-3　积极教育的预防性原理

在图 1-3 的钟形曲线上，位于左侧低于正常心理健康状态的学生，我们暂且称之为"心理脆弱的学生群体"；位于钟形曲线右侧，高于正常心理状态的学生群体，我们称之为"心理杰出的学生群体"。我们国家要求每一个学校至少要配备一名心理咨询师，建立心理咨询室。我们接触到的大部分地区的学校都已经有较为完善的心理咨询室了，有些学校的咨询室里面还会有沙盘、发泄室，等等。这些努力是非常有必要的，咨询室服务的人群主要是位于钟形曲线左侧的学生——"心理脆弱的学生群体"，而心理健康以及心理杰出的学生群体则较少受到关注。积极教育的不同之处就在于，它所服务和针对的群体是所有学生群体，包括心理脆弱、心理健康以及心理杰出的学生群体。积极教育所致力于实现的目标是将整条学生心理健康的钟型曲线往正向、积极的方向上挪动！学校应要求所有学生都参与积极教育课，课程的核心目标就是增强每一位学生的心理韧性，而非仅仅使少数学生群体受益。作一个比喻，如果说传统心理咨询、心理治疗发挥着类似于医院的作用的话，那么积极心理学就发挥着类似于健身的作用。当人们生病时，人们需要去医院治病，这是非常必要的。而对于如今大部分人来说，他们并没有生病，他们处于亚健康或者健康状态，如果他们想要提升自己的健康水平，那么他们就需要去锻炼身体。通过锻炼身体，增强自身免疫力，强化身体素质，这样自然就会少得病了。

如塞利格曼所言："我们传统的做法（心理治疗）如同在悬崖下放置急救车，去拯救那些掉落山坡的人，但是积极教育所做的事情是在山上放置护栏，防止人们从山上掉下去。"如同传统中医文化所提倡的"上医治未病"，以及俗语"防患于未然"，积极教育通过增强学生的正向、积极、阳光的心理能量来预防心理问题的发生，并促使心理疾病自然疗愈。

积极心理学跟健身的不同之处是，积极心理学对于那些处于痛苦状态的心理疾病患者同样有效。一项实证研究表明，心理学家对患有重度抑郁症的病人采取了三种不同的治疗方案，即积极心理学治疗、认知行为疗法（心理治疗里最有效的疗法之一），以及控制组疗法，结果发现采用积极心理学治疗方法治疗的这组产生了更好的疗效，而且该组患者的疾病复发率更低。在塞利格曼等人研究出来的积极心理学治疗方案中，每次咨询的主题都包括了发现值得感恩的人和事、写感恩日记、发现自己的显著优势、在生活中发挥自己的优势以及品味当下等。

如图 1-3 所示，正确实施了积极教育之后，全体学生的心理健康水平都会有不同程度的提升，不仅"心理脆弱的学生群体"减少了，而且"心理杰出的学生群体"也增加了，原本处在中间的健康群体的心理健康水平也提升了。世界各国众多的关于积极教育实施效果的实证研究均表明，积极教育能有效地降低学生产生抑郁症、焦虑症、行为问题以及自杀事件的发生率，并且能有效提升学生的自尊、自信与乐观的水平。有些研究甚至发现，学生的成绩也随之得到了提升。

"赠人玫瑰，手留余香。"对于广大教育工作者与教师群体而言，能教会学生收获幸福的教师们，必然自己早已从积极心理学与积极教育中获益了，自己的生活与工作状态也都会有所提升。确实，我们怎么能够给予别人自己没有的东西呢？塞利格曼在教授研究生课的时候，曾对我们说："积极心理学这门课程是我教书 40 年中最特殊的一门课，学的人很幸福，教的人也很幸福。"我们在发展积极教育事业的过程中，切实地领悟到了他这句话的含义，教的人幸福、学的人幸福、家长幸福、分管的领导也幸福，所有参与其中的人都能够被幸福之光照耀。

积极教育之特性——良好整合于现有的德育体系

教育者可以将积极教育与传统德育工作、本校教育体系进行良好的融合，而不仅仅是上课、做活动、讲理念。

第一，积极教育与德育课堂相契合。德育工作的教育目标是培养德、智、体全面发展的好孩子。对于目前大部分学校来说，德育工作只是停留在讲故事、课堂灌输等较为表面的形式上，不能深入学生内心，这又能够在多大程度上提升学生的道德修养呢？这值得我们质疑和思考。积极教育的重要目标之一就是用实证主义的方法来培养学生的品格优势与美德，这与传统德育课堂的培养目标不谋而合。积极教育通过大量的实验研究，从各国众多的实践中提取出被证明有效的方法，测评各个学生身上独特的品格优势与美德，并且通过开展系统的、持续的教学活动，以及认知引导、行为指导的方式开发学生的优势品格。

第二，积极教育的理念和实施能够与传统教学科目如语文、数学、英语、历史、地理、体育、音乐等有机融合。举例而言，在语文课上，老师可以让学生写一篇题为"描述一个自己是处在人生巅峰的场景"的作文。这是一个典型的积极自我的干预方法，通过回忆书写来增强学生的成功体验与自信。而题为"描述一件在生活中使用你的显著优势解决问题的事件"的作文，则可以激活学生在日常生活场景中创造性地使用自身优势的潜能，从而提升其自尊水平。针对体育课中的长跑，教师可以先识别出学生的坚毅行为，然后运用行为强化的反馈技术来强化学生这种行为。而教师长期使用这种方法教学则可以培养学生的韧性。在数学课上，如果教师观察到学生做题时常处于焦虑状态，可根据福流理论中的挑战与难度相匹配的原则及时帮助学生调整任务难度，使他们进入高度投入的福流通道。总之，任教者可以在传统课程的教学过程中嵌入积极心理学的核心理论，诸如目标设定理论、福流理论、精深练习等，从而达到教学目标。

当一个教师深谙积极心理学理论时，就能够在自己的日常教学中自如地使用适合的教育方法。

第三，积极教育的理念和方法贯穿于师生的日常交流中。推行积极教育理念和教育目标不仅限于在课堂中使学生受益，而且它还是一种思维方法、是一系列的基础理论、是系统的指导原则。

教育者需要在课堂内外向学生传播积极教育的理念。教师应该在与学生的日常对话中通过积极、适时、有效的回馈技术去欣赏学生的品格优势、强化其品格行为以及激发其形成成长型思维模式。

一个真正发自内心热爱数学，能体会到数学之美的教师，无须说明数学有多么重要，学生也会因教师的行动自然地被数学吸引，发现数字之美。一位活得精彩的教师，无言之中也能够感染全班的学生，让其反观自己，在自己的生活中窥见生命之美。

积极教育的中国本土化

由于大部分的积极教育起源于西方国家，因此有教育学家担心西方的理论体系可能不适合中国文化。这也体现了积极教育本土化工作的重要性。任何一门学科的发展都有其特定的历史条件，我们应当批判性地学习，取其精华，去其糟粕。积极教育在中国的实践已经有十年的发展历程了，我国的教育学家、心理学家和教育工作者都在努力地根据中国文化、当地条件持续地改良以及适应性地发展符合中国国情、具备中国特色的积极教育。至今经清华大学心理系与积极心理学中心直接指导，并深度实施积极教育的学校在全国已有数十所，如清华大学附属小学、凤凰城中英文学校、江阴中学等。经清华大学社会科学院"幸福园丁""积极心理学指导师班"等培训的学校校长、骨干教师超过 1 600 名，自行创立与实施积极教育项目的学校越来越多。

实践基地学校的多样性和差异化程度高，其中既包括小学、初中、高中、职业中学，也包括私立学校、公立学校及国际学校。实践学校根据所处地区的管理规定、本校特色和教学需求，会对积极教育项目进行适当调整并进行再创造，形成自己的特色。从这些实践案例中我们发现，积极教育不仅对美国、英国、澳大利亚等国的学生有效，对于我国培养学生健全的人格、提升学生的学习能力以及获得幸福的能力等方面同样效果显著。

积极教育的核心模型——"六大模块、两大系统"

塞利格曼在 2002 年出版的《真实的幸福》（*Authentic Happiness*）一书中，把幸福分为积极情绪、投入和意义三个要素。经过多年的研究，塞利格曼在 2011 年出版的新书《持续的幸福》（*Flourish*）中又提出了幸福五要素理论，他认为蓬勃人生取决于五个元素：积极情绪（Positive emotion）、投入（Engagement）、人际关系（Relationship）、意义（Meaning）及成就（Accomplishment），简称 PERMA。

清华大学心理系总结了中国的积极教育实践经验，参考上述理论，研发出了"六大模块、两大系统"的积极教育模型。该模型借鉴吸收了世界上具有成功经验的积极教育实践体系，如澳大利亚吉隆语法学校的 PERMA 模型、墨西哥德米罗欧大学的幸福生态系统模型（Well-Being Ecosystem）、澳大利亚圣彼得学院的 SPSC 模型、澳大利亚公立学校积极教育的 PROMIS 模型等，并结合了中国的国情、文化与特色。我们在实践过程中发现，中国学生在自信、自尊、自爱、自我认知、自我接纳等方面所受到的教育相对匮乏，因此将积极自我模块嵌入实践模型会有助于提升其他模块的培养效果。因此，积极自我的模块是积极教育在中国本土化过程的经验总结。

积极教育的六大模块包括积极自我、积极情绪、积极投入、积极关系、积极意义、积极成就（见图1-4）。两大系统包含身心健康调节系统以及品格优势培育系统。六大模块的介绍如下。

1. 积极自我——培养以及提升学生的自我认识、自尊、自爱、自我接纳、自我效能等能力。

2. 积极情绪——培养学生认识与管理情绪的能力，帮助学生了解情绪的基本规律，学会引发和提升积极情绪，调节消极情绪。

3. 积极投入——通过培养学生对生活与学习的内在动机，来提升其专注度与投入度，让其学会主动创造"福流"，投入并爱上所做之事，体会过程中的快乐。

4. 积极关系——发展社交技能、沟通能力、爱的能力，建立和维护有价值的人际关系。了解关系中的自我、他人与情境的关系，学习积极有效的沟通技巧，如非暴力沟通、主动建设性回应等，从而构建积极、稳定、互相支持的人际关系。

图1-4 积极教育的六大模块

5. 积极意义——帮助学生树立正确的价值观，建立人生意义感和方向感，追求有价值、有意义的理想目标，并且激发他们持久的内在驱动力。使学生在更大范围内、更高层次上获得崇高的生命价值感和精神体验。

6. 积极成就——通过培养学生遇到挫折后复原的韧性、坚持不懈的毅力、解决问题的才干、成长型思维模式来提升其实现有价值的目标的能力。

下面简要论述各个模块背后的相关理论支持，并且介绍它们为何应作为积极教育的重要组成部分。

积极自我。积极自我模块致力于培养学生形成积极的自我，使其拥有稳定的自尊、充足的自我效能感与持久的自爱能力。自我感指的是个体对自身的综合性、整体性、集合性的评价。积极自我指个体对自身整体性的评价更倾向于正面的、积极的。贾奇（Judge）等学者进一步将自我感延伸为核心自我评价，即个体对自我以及其在外部世界中发挥的价值功能的基础假设。核心的自我评价与人格特质相关，如自尊、自我效能感、掌控感等。自尊作为自我感的核心要素，是指一个人对自身价值的总体判断，反映个体的自我接纳、自我喜爱与自我尊重的程度。自尊水平对于学生而言，影响重大。由于低自尊的人会过分夸大失败所带来的负面效应，他们在经历了挫败之后，学业表现会变差。高自尊的学生在经历了同样的挫败之后，学业表现却不会受影响。因此，对于学生来说，尤其是他们在面对挫败时，自尊与学业表现呈高度的相关性。积极自我的另一要素是自我效能感，它类似于我们常说的自信心，即人们对自身运用技能完成任务的自信程度。大量的实验研究表明，自我效能感与学习考试的表现、坚持不懈的毅力、面对挫折的韧性、有效解决问题的能力及自律自控的能力息息相关。高自我效能感的人会付出更多的努力去追求成功，从而也更有机会获得成就与社会赞许，而成功的体验与社会赞许又会反过来进一步增强其自我效能感，由此形成正向循环。

积极情绪。积极情绪模块着眼于提升学生认识与管理情绪的能力，教授他们主动创造如感恩、平静、希望等积极情绪的方法以及应对消极情绪的技能。心理学家总结大量研究后发现，频繁地体验到积极情绪有助于促进个体在心理健康、身体健康、社会关系、学业成就、工作效率、创造力、自我效能、自尊等方面的发展。积极情绪模块的核心理论是拓展与构建理论，创造出螺旋上升的积极情绪循环，增进社会关系联结。更为重要的是，此模块关注培育学生识别、理解、接纳自身与他人情绪的技能，从而提升其情商。

积极投入。积极投入意味着个体将兴趣、好奇心、专注力、决心与活力投入学习和生活中。大量研究表明个人的积极投入度与其幸福感、学习能力、学习成绩呈正相关。高度投入的个体往往会对生活与学习展现出高涨的热情和浓烈的兴趣。积极投入的个体常常对达成目标和实现人生的抱负充满激情，同时也怀揣着远大的理想和崇高的追求。积极投入模块重点教授并运用的核心理论是福流理论与学习动机理论。福流被定义为当个体全身心地沉浸于有价值的活动时所达到的一种忘记自我、忘记时间流逝、如天人合一般的巅峰体验。积极教育专注于教授与培养学生创造福流体验、培养学生内在学习动机以及其在生活学习中使用优势品格以达成目标的能力。

积极关系。积极关系的建立是积极教育的重要一环。研究发现，良好的社会支持对儿童与青少年的身心发展至关重要，他们会在社会支持的环境中发展出良好的心理适应性、社会学习能力与平衡健全的身体状态。支持性的师生关系与同伴关系有助于提升儿童和青少年的主观幸福感、韧性、人生意义感。积极关系的重要理论之一是主动建设性的回应方式（Active Constructive Responding），即当对方分享好事的时候，个体语言、肢体和行为的反馈可以让对方感受到被理解与被支持。研究证明，主动建设性回应能够使个体产生积极情绪，强化人际联结，并且将积极体验资本化。学校除了在实际场景中使学生与老师练习主动建设性回应，还增设了正念倾听、非暴力沟通等增进人际关系的技能培训，创造具有高度情感支持的校园文化氛围。

积极意义。积极意义是指为他人和社会谋福祉而获得的崇高的内在价值的体验。研究发现，感受到人生的意义有益于个体的身体健康，提升其生活满意感并建立和谐的社会关系，还能预防抑郁症、躯体疼痛和危险行为的发生，这是因为意义能够给人提供对生命、个人存在的使命感与方向感。更重要的是，体验到人生的意义与生活的价值本身就是人生幸福的重要体现之一，也是塞利格曼"幸福五要素"模型的重要组成部分。研究发现，增进个体意义感的策略包括了做出符合个体价值观的行为，以及使用个人的优势来帮助他人的能力。实践中，我们参考了美国基础教育的"服务性学习项目"将学习课程与社会服务相联系，强化学生的奉献意识，提倡通过为社区、社会特殊群体服务等方式来培养学生的奉献精神、集体意识与社会公民意识。

积极成就。积极成就指的是发展个体的潜力以助其达成有意义的目标，从而提升学生实现有价值目标的能力、遭受困难与挫折时仍能持之以恒的内驱力、在人生重要领域获取竞争力与成就的能力。研究表明，幸福与积极成就的关系是双向的。心理学家进一步发现，心理健康是有效学习的前提条件。巴巴拉·弗里德克森通过实验研究证明，积极情绪有助于激发个体的创造力以及提升个体的思维灵活度。反之，达成有价值的目标能提升个体的积极情绪与幸福感。此外，思维模式与学业成绩的关系研究是心理教育学的重要研究与发现。固定式思维模式指个人认为智力与才能是固定的、难以改变的，而成长性思维模式指个人认为智力与才能可通过持续努力与正确训练而不断发展。美国的一项关于积极成就的实验研究发现，成长性思维能增强学生应对挫折的韧性、实现目标的毅力、创造价值的内驱力，进而提高他们的学业成绩。我们针对中国五所学校的研究表明，提升中国学生的成长性思维模式能促使其提升学业投入度与心理幸福感，而且能有效帮助学生直面挫折而不被击倒。随着当今全球化竞争愈加激烈，学生直面困难的坚毅力、遭遇挫折后的恢复力与取得成就的内驱力至关重要，而这些都与成长性思维模式高度相关。积极教育致力于改善学生的思维模式，努力将固定式思维模式调整为成长性思维模式。

身心健康调节系统。积极教育致力于培育学生持续而有效的行为习惯和技能以维护其身心健康。身心一体理论认为，由于个体的身体和心理之间紧密的联动效应，身体和心理应被视为不可分割的整体。研究发现，维持4个月，一周3次，每次40分钟的中强度跑步对抑郁症的治疗效果与抗抑郁药的效果相当，这可能是由于人体在适当的锻炼过程中会分泌缓解压力的激素，释放增进愉悦情绪的激素，如多巴胺等。人的身体和心理功能紧密地关联，牵一发而动全身，因此积极教育关注一个人整体而全面的健康。积极教育的身心调节系统基于科学实证研究结果，使教育者能系统、渐进地教授学生科学锻炼、规律作息、深度睡眠、放松、正确呼吸、正念减压等方法，使教师和学生都能掌握一套通过调节身体状况改善心理状况的技能，从而使教师和学生对压力、情绪、专注力等进行良好的自我管理。在儿童和青少年时期培养良好的健康行为、增强免疫力和身体素质能对其一生产生不可估量的积极影响。

品格优势培育系统。本着科学性、实效性、系统性的原则培养学生优势品格与美德是整个积极教育的基石。实验证据表明，学生有效识别、发展自身的优势品格以及欣赏他人的优势品格的能力，有助于其获得更高的人生幸福感、更好的学业成绩，以及形成更完善的社会功能，并且降低其出现行为问题的概率。品格优势培育系统贯穿所有教学模块之中。积极教育要求学校制定长远规划并致力于促进学生积极品格的养成，使学生具有稳定、健全、积极的美德与人格特质，为儿童在未来人生道路中获得持久稳定的幸福感提供坚实保障。积极心理学的创始人彼得森与塞利格曼研究归纳了各民族的主流价值观、文化传承等，包括中国的儒释道，总结出人类共有的六大美德、二十四种品格优势。六大美德包括了仁爱、勇气、公正、节制、智慧、超越，并且前五项分别与中国的传统美德、儒家提倡的"五常"，即"仁、义、礼、智、信"相似。在具体的实践过程中，每个学校都会根据自己的要求，优先、重点培养某些美德与品格。详细内容请翻阅第 2 章"品格优势与美德"。

结合在中国多年的实践经验，我们总结出了支撑"六大模块、两大系统"的积极教育模型的心理学、教育学与脑神经科学的基础理论，以及与之对应的教育心理学的应用技术（见表 1-1）。

表 1-1　积极教育核心模型的基础理论与应用技术

主题	基础理论	应用技术
积极自我	·自尊理论 ·自我效能理论 ·自我接纳理论	·识别自身品格优势与美德 ·建立与提升自尊 ·自我接纳和自我关爱 ·成功体验资产化

（续表）

主题	基础理论	应用技术
积极情绪	·感恩理论 ·回味理论 ·情绪调节理论 ·韧性理论 ·情绪 ABC 模型	·关注积极面：三件好事 ·感恩三件事：感恩日记 ·回味练习（过去、当下、未来） ·内部自我对话（如跳出思维陷阱；挑战不合理的信念） ·慈爱冥想
积极投入	·福流理论 ·自我决定理论	·学习任务福流化 ·深化学习兴趣 ·提升教师、家长的自主支持
积极关系	·助人疗法理论 ·宽恕理论 ·回应方式理论	·积极团体辅导（如宽恕、信任） ·善意助人、感恩行动 ·发现他人优势以及回应技术 ·主动建设性回应 ·解决人际冲突七步法
积极意义	·意义理论	·发现学习意义与目的 ·榜样学习（为他人福祉、国家、民族、科学等做贡献） ·发现与追逐梦想（如梦想咨询师、梦之旅活动）
积极成就	·坚毅理论 ·目标设定理论 ·希望路径理论 ·思维模式理论 ·精深训练理论 ·脑神经可塑性理论	·坚毅行为强化技术 ·目标设定教学 ·微交流模型 ·习得性乐观 ·成长性思维训练 ·精深训练 ·脑神经可塑性训练
品格优势培育系统	·品格优势与美德理论	·识别自己的优势 ·发挥自己的优势 ·识别他人的优势 ·优势行为具体化
身心健康调节系统	·身心一体理论 ·认知理论	·建立良好的生活习惯 ·科学锻炼方法 ·音乐鉴赏技术 ·渐进肌肉放松技术 ·正念减压技术

积极教育的基本实践方式

我们观察了过去几年在数十所学校的实践经验，总结提炼出了积极教育实践所需的关键流程，如图 1-5 所示。

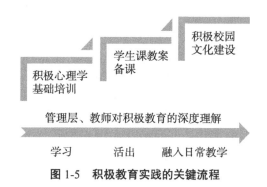

图 1-5　积极教育实践的关键流程

第一阶段：积极心理学的基础培训。在这个阶段教师和学校的管理层都需要经过系统的积极心理学以及教育学的培训，学习相应的理念、知识及应用技能。而这一步的完成效果是积极教育项目能够在该学校产生多大效应的决定性因素。衡量教师接受培训后的效果的指标是教师对积极教育理论的认同度、对技能的掌握度以及将积极教育融入自己生活的程度。作者在美国宾夕法尼亚大学学习的时候，吉隆语法学校的校长曾与我们交流经验。我对他说："我希望能够在中国实施积极教育，你能否给我一些建议？"他对我说："我们在最初几年的失败就是因为教师没有真正从心底认同积极教育的理念，也没有真正将其融入自己的生活，从而也就没有办法教导学生积极。""所以，"他看着我的眼睛说："如果我能给你一条建议，那就是，要先让老师应用积极心理学，让他们自己的生活幸福起来。"

第二阶段：学生课教案备课。在第一阶段的基础上，老师们已经系统地学习了积极教育的相应知识以及技能，也从内心深处认同了积极教育的理论以及功效，并产生了信心。然而，这个时候校长和老师们会开始问一个问题——"我知道积极教育很有用，也很想应用在教学过程中，但是我不知道要怎么用！"这是一个相当核心的问题，原因是了解积极心理学与教授积极心理学是两种能力，即使了解了积极心理学，也并不代表能够将其教授给学生。教授是另一种能力。积极心理学的基础培训帮助教师了解积极教育"是什么",而学生课的教案备课将指导教师具体"怎么做"。我们会给学校一套细致到每一句话,以分钟为单位的学生课教案,而我们在实践中发现,即使如此,教师仍然会对如何上好学生课疑问甚多。在指导过程中,我们需要去讲解课案的设计思路以及每一个知识点背后的科学原理,只有在了解了原理的基础上,教师才能够讲好学生课。我们同时采取观看示范课、录制学校自己的示范课、组建专家与小组交流等形式增强教师对课程的把握能力。

第三阶段:积极校园文化建设。在完成了第二阶段的基础上,学校可进入构建全学校的校园文化氛围的阶段,其中包括了软件建设和硬件建设。在此阶段,积极心理学的理念进一步渗透到教师、学生、家长以及管理层的思想中。在这一阶段学校的表现因地制宜,因校不同。例如,有的学校会每个月定期举办优势品质、感恩拜访等积极心理校园文化活动;有的学校则给学生搭建了"最佳的自我展示舞台",让学生在台上展示自己的优势与特长。硬件方面,我们与北京设计所、清华建筑学院的专家合作,将能够提升人的积极心理品质的因素融入建筑设计的理念中。光线、色调、空间的开放度、社交空间、家具摆放都会极大地影响人的内心感受。然而,目前教育工作者对物理空间与心理空间的交互作用往往所知甚少。

传统教育往往过于关注学生的学业能力,而对优势美德与幸福能力的培养有所忽视。积极教育不仅致力于提升学生的学业能力,还专注于发展学生的美德品格与获取幸福的能力。积极教育追求的是促进学生的全面、完整的发展以使其有能力创造一个有价值、有意义的幸福人生。积极教育在中国的实践与探索证明积极教育能让中国学生受益,是对传统教育有力的支持和补充,是中国教育改革值得探索的重要方向。接下来的章节将会详细介绍积极教育理论模型中的重要理论以及具体的应用技术。

- -

关键概念

积极教育:基于积极心理学的积极教育,旨在培养学生的积极品格以及创造幸福人生的能力，其不仅关注传统的学业技能，更致力于培育健全的人格品质、情绪管理、人际交往、生活投入、建构意义等核心能力，帮助学生追求一种有价值感、意义感、幸福感的丰盈人生。

积极教育模型："六大模块、两大系统"涵盖积极自我、积极情绪、积极关系、积极意义、积极成就以及身心健康调节系统与品格优势培育系统。

积极教育的实践方式：依据实施流程培育幸福教师，创建合作体验课堂，将家庭教育与构筑积极学校相联结。

第 2 章

品格优势与美德

> 梅花优于香，桃花优于色。

——民谚

【本章要点】

- 理解为什么需要学习品格优势与美德
- 掌握品格优势与美德的鉴定和分类方法
- 理解发挥优势比修补弱点更重要的原因
- 掌握发挥优势的具体方法

品格优势与美德理论

背景

让我们来做个小实验：

问问自己："我有什么缺点？"看看你能说出几个来，并注意一下你回答得有多快。

再问自己："我有什么优点？"这次你能说出几个？回答得有多快？

一般来说，你说出的缺点会更多，回答得也更快。

不过不用担心，这并不能说明你的内心特别阴暗或者人品特别糟糕；但我们也不必因此而骄傲，觉得自己特别能自省。这其实是人们的普遍反应：对自己的缺点比优点更在乎，想的也更多。

事实上，如果我们注意一下人类语言对优点和缺点的描述，你就会发现描述缺点的词本来就比描述优点的词多得多。形容一个人好，无非是"善良""热情"等，形容一个人坏，却有"恶毒""自私""无情""冷酷"等五花八门不同的形容词。

语言是我们思维的反映。既然生活在这样的语言环境中，我们看待他人时自然就会更关注其缺点。我们可以再做一个实验：

你们班新转来三个同学 A、B、C，他们在其他方面都一样，但 A 这个人真诚却不负责任，B 这个人负责任却不真诚。现在你对他们的印象如何？

这个实验的结果当然因人而异，但一般来说，最后人们对有一项优点也有一项缺点的 A 和 B 的印象，不如没有优点也没有缺点的 C。这与优点、缺点具体是什么没有关系。换句话说，人的优点和缺点是不能相互抵消的，别人更注意的是缺点。

这是人类的普遍心理规律，心理学家也不例外，他们对人类缺点的研究远远多于对人类优点的研究。他们的研究结果，集中体现在美国精神医学学会出版的《精神疾病诊断与统计手册》（*Diagnostic and Statistical Manual of Mental Disorder*，DSM）上。这个手册的分类较为精确、详细，目前已经出到第五版，是心理学界常用的精神疾病诊断手册。根据这本书的指导，从业人员可以较为准确地为患者做出诊断。

但是，毕竟只有少数人患有需要心理医生通过 DSM 对他们进行诊断的精神疾病，大部分人只是存在一些缺点，比如懒散、虚荣，或者是一些轻微的心理问题，比如容易紧张、消极思考，但这还用不着精神科医生用 DSM 来进行分析。相反，每个人都有优点——大多数普通人都有很多优点，那些有严重心理问题乃至精神疾病的少数人，其实也都有着闪光点，但心理学界缺乏对人类优点的系统研究。

这就造成了一个非常负面的局面：心理学对你可能患有哪种精神疾病和心理问题能够做出相对准确的判断，并且可以给出有一定效果的治疗方案或建议，但对你可能有哪些优点和品格，却无法形成科学、系统、有效的意见。

从另一个角度来说，社会对一门关于人类优点、品格和美德的科学的需求越来越大。家长希望学校能培养孩子良好的品格，企业希望能招聘到优点突出的员工，而社会则要依靠全体成员的道德水平的不断提升来达到和谐和兴盛。针对人类缺点、精神疾病、心理问题的研究当然必不可少，而且这些也是心理学界值得骄傲的对人类的贡献，但目前有更多人需要知道如何用科学的方法来发现、培养、发挥品格优势和美德。

从积极心理学的角度来说，马丁·塞利格曼在《持续的幸福》一书中指出："积极心理学研究的不是幸福（happiness），而是全面的蓬勃人生（well-being或 flourishing），它有五个支柱——积极情绪、投入、人际关系、意义和成就，而这些支柱的基石，则是品格优势和美德。在蓬勃人生理论里，24 个优势支撑着五个元素，该理论旨在帮助我们运用自身最强的优势获得更多的积极情绪、意义、成就，以及发展更好的社会关系。"

塞利格曼用图 2-1 来表示其中的关系：

图 2-1　品格优势与美德

正是由于品格优势和美德如此重要，因此塞利格曼在发起现代积极心理学运动之后，就争取到迈耶森（Mayerson）基金会的支持，开展了一项研究，以对人类的品格优势和美德进行分类。他借鉴了 DSM 成功的精髓，即精确的定义是解决问题的第一步。如果一个病人来到一个精神医师的诊所，而医师却无法确定他患的是什么病，那治疗就会很困难。相似的，如果我们想挖掘出一个人的优势，就必须先找到他的优势是什么，才能帮助他更好地发挥优势。

奇妙的是，这个逻辑反过来也成立，即标签能影响问题。在医生误诊健康的人患有胃病后，他就会常常觉得胃部隐隐作痛。然而，当医生后来告诉他"对不起，我上次误诊了，其实你的胃很健康"时，他的胃痛可能就会立刻停止。而如果我们把人"诊断"为拥有某一种美德，比如说我们发现某人有"善良"的美德，并且明确地告诉了他，那么他在现实生活中就会变得更加乐于助人。这就是标签的力量，心理暗示会对个体在现实生活中的状态产生影响。

DSM 能够帮助医师诊断，塞利格曼希望积极心理学也能有自己的 DSM，由此心理学家就能将人类的品格优势和美德进行分类，使积极心理学从业者也可以在面对每一个人时准确而迅速地找出他的优势，促进他们发挥自身优势。下面就来介绍一下他们的研究成果。

品格优势与美德的分类

塞利格曼曾邀请密歇根大学心理系教授克里斯多弗·彼得森来到宾夕法尼亚大学，和他一起组织关于人类的美德和品格优势的分类研究。他们研究了丰富的世界文化体系，从古希腊的柏拉图、亚里士多德，到中国的老子、孔子，甚至参考近现代的《富兰克林自传》，最后归纳出全人类都珍视的六大美德，以及构成这些美德的二十四项品格优势。

他们又邀请了对各个品格素有研究的学者，针对该品格写了详细的总结，包括定义、理论、测量、影响、发展、促进、干预、未来研究方向，并将这些内容汇编成了《品格优势与美德：手册与分类》一书。这是积极心理学领域中的一本非常重要的参考书，书中详细讲述了以下六大美德、二十四项品格优势。

1. 智慧和知识——使获取和应用知识成为必要的认知品格优势

- 创造力 [独创性，原创力]：运用新奇和有效的方法来实践；包括但不仅限于艺术成就。

- 好奇心 [兴趣，寻求新奇，对体验开放]：对当前体验过程本身感兴趣；找到引人入胜的主题和论题；开拓与发现。

- 思维开放性 [判断力，批判性思考]：全方位地考虑问题；不急于下结论；能够依照事实证据调整思路；公平衡量所有证据。

- 好学：自发地或者认真地学习新技能和知识；这点和好奇心有很强的联系，重点在于系统地扩充自己的知识。

- 洞察力 [智慧]：能够给他人明智的忠告；能够以一个对自己和别人都合理的方法来观察和诠释世界。

2. 勇气——展现意志以完成目标和面对内、外部对抗的情感品格优势

● 勇敢 [英勇]：不屈服于威胁、挑战、困难或者痛苦；在自己的观点只有少数人支持的时候也据理力争。

● 坚韧 [毅力，勤奋]：善始善终；即使存在障碍依然坚持不懈；执行力强；能够完成任务。

● 正直 [真实，诚实]：坚持真理，诚恳真挚；不虚伪；对自己的情绪和行为负责。

● 活力 [热情，富有激情，充满活力，有能量]：积极地对待生活；不半途而废或者三心二意；以探险的心态面对生活。

3. 人道——对他人友善和帮助他人的人际品格优势

● 爱：珍惜和他人的亲密关系，特别是相互关爱分享；亲近他人。

● 善良 [慷慨，培育，关照，同情，利他，友善]：做善事；帮助他人；照顾他人。

● 社会智能 [情商，人际智能]：了解自己和他人的动机和情感；在不同的社交情景下举止得体；明白如何让他人认同。

4. 公正——作为健康的社会生活基石的公民品格优势

● 公民精神 [社会责任，忠诚，团队合作]：作为团队成员努力工作；对团队忠诚；按时完成自己的任务。

● 公平：以公平和公正的态度对待所有人；不会让人感觉到对他人有偏见；给予每个人平等的机会。

● 领导力：鼓励自己所在的团队完成任务并保持团队和谐；组织团队活动并了解团队状况。

5. 节制——使我们不过度的品格优势

● 宽恕和慈悲：宽恕做错事的人；接纳他人的弱点；给他人第二次机会；不报复。

● 谦卑 / 谦逊：不因自己的成就而骄傲；不炫耀；不认为自己比别人特殊。

- 审慎：对自己的选择谨慎；不过分冒险；不鲁莽行事。
- 自我规范 [自我控制]：规范自己的情感和行为；自律；控制自己的饮食和情绪。

6. 超越——锻造我们同宇宙更广泛的联结和给生命带来意义的品格优势

- 欣赏美和卓越 [敬畏，惊喜，崇敬]：欣赏生活中美丽的风景，并且培养生活多领域（自然、艺术、数学、科学和日常生活各个方面）的杰出技能。
- 感恩：感激美好事物的发生；花时间表达感激和感恩。
- 希望 [乐观，前瞻，未来取向]：规划美好的未来并努力去创造；相信可以生活得更美好。
- 幽默 [游戏感，玩心]：经常微笑和开玩笑；为他人带来欢笑；看到光明的一面。

彼得森和塞利格曼选取这些品格优势和美德的主要标准如下。

1. 优势能帮助自己和别人成长，使人生更加美好。一项优势，必然能帮助人实现自我，而不仅仅是解决生活中的现实问题。这也是积极心理学的品格优势及美德分类和那些企业界常用的优势分类的区别，即品格优势和美德是人的本质。

2. 优势能带来实际的好处，比如领导力能让你更好地带领团队，正直让你受人爱戴，社会智能让你能更好地与人相处，坚韧让你能完成艰巨的任务，创造力让你能创作出别人想不到的作品，**但是，优势的价值并不需要用实际好处来衡量。**哪怕某些优势并没有明显的实际好处，比如谦逊可能会让你失去机会，宽恕可能会让别人占你的便宜，但优势本身就有价值，它们被选取的标准不是实际结果，而是社会、文明是否在道德上推崇它们（从长期看，这些优势最终会带来好处，比如谦逊会让人们更愿意和你合作，宽恕会为你打开更多的机会之门）。

3. 一个人的优势并不会妨碍其他人，而是会激励和促进其他人进步。换句话说，当你发挥优势时，别人不会嫉妒你，而是会敬仰你。因此，品格优势与美德一般是以双赢的形式出现的。

4. 优势的反面应该是坏品格，比如善良的反面是冷酷，正直的反面是卑鄙，正面的优势是社会推崇的，而反面的坏品格是社会排斥贬低的。假如有一项特质，它的反面并非坏品格，那就不能被称为品格优势。比如，灵活也是一项优点，可以为你的事业带来好处，但它的反面——顽强、坚持——也是优点，因此灵活就不能成为一项品格优势。

5. 优势是一种心理特质，它稳定地存在于一个人身上，并且个体在不同的情景中都会显现出这种特质。 比如，你偶尔一次没有说谎，并不能代表你就正直；偶尔一次原谅了别人，也并不代表你就有宽恕的美德。

此外，由于彼得森和塞利格曼是在对古今中外所有的主流文明进行考察后，总结出人类普遍拥有的品格优势和美德的，因此每一项品格优势都必须具有普适性，即在任何一种文化中都受到推崇。这个标准并不像我们想得那样难以企及，各个民族、文化基本上都重视同样的品德，积极心理学所研究出来的六大美德、二十四项品格优势（如图 2-2 所示），在世界各个文明中都能找到。

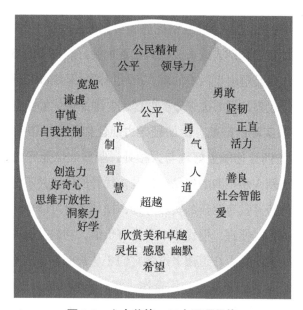

图 2-2 六大美德、二十四项品格

比如，中国儒家提倡的仁、义、礼、智、信就大体上能和人道、勇气、节制、智慧、公正相对应（其中公正和勇气的某些品格与信、义的对应关系并非泾渭分明，比如公民精神更近于义，而正直里面有信的成分）。至于超越，虽然儒家在表面上对此并不十分讲究（"未知生，焉知死"），但中国文化传统中另外非常重要的两家——道家和佛家——都是非常重视"超越"的，而儒家修身到精深处，仍然是要超越的。

塞利格曼在《真实的幸福》一书中还指出，优势必须是可以后天培养的。如果一项特质主要是由先天因素决定的，那就只能叫作天赋，而不能被称为优势。所有这二十四项品格优势，都应该是可以让人们通过后天的努力来提升的。任何一个人，只要他愿意付出努力，采取正确的方法，就可以提升自己的优势。

品格优势与美德的测量

在对目标定义清楚后，下一步顺理成章就是测量了。因此，塞利格曼在给品格优势与美德进行分类后，随即开发了一套可以进行测量的量表。为了保证信度和效度，他们为每个优势都编制了 10 个标准，一共有 240 个标准。在这里我们为每一项品格都摘录了一个标准。

创造力：我喜欢运用一些新的方法去解决问题。

好奇心：我有很多兴趣爱好。

思维开放性：我总能看到事物的整体。

好学：我喜欢阅读非小说类的书籍当作消遣。

洞察力：别人认为我的智慧超越了我这个年龄应有的水平。

勇敢：面对强烈反对时，我经常捍卫自己的立场。

坚韧：我从来不会在任务没有完成前就放弃。

正直：别人相信我能帮他们保守秘密。

活力：人们形容我为一个热情洋溢的人。

爱：我身边有人像关心自己一样关心我、在乎我的感受。

善良：能为朋友做些小事让我感到很享受。

社会智能：我知道如何在不同的社交场合扮演适合自己的角色。

公民精神：为了集体的利益，我愿意牺牲个人利益。

公平：作为一个组织的领导，不管成员有过怎样的经历，我都对他们一视同仁。

领导力：我的优点之一是能够让团体成员很好地协作，哪怕他们之间存在分歧。

宽恕：我很少怀有怨恨。

谦逊：我从不表现得特殊。

审慎：我总是经过一番思考以后再讲话。

自我控制：就算美食当前，我也不会吃过量。

欣赏美和卓越：美好的事物总能触动我内心深处的情愫。

感恩：我对生命中所得到的一切都充满感激。

希望：我期待新的一天的到来。

幽默：我抓住每一个机会，用欢笑点亮别人的生活。

灵性：我注重精神生活。

积极心理学认为，每个人都拥有这二十四项品格优势，只是不同的个人在每项品格上的强度不同。这个测试会根据你对所有问题的回答，把你的品格优势按照强度排列出来，排名最靠前的优势就是你的最强优势。

最强优势中包含着你的标志性优势。所谓标志性优势，就是你不仅在这项优势上表现强大，而且你自己也真心喜欢、珍惜、认同这项优势。比如，塞利格曼的前五项优势是好学、自我控制、领导力、创造性和灵性，但其中领导力这项优势，他并不喜欢。他曾担任美国心理学会的主席，一手开创了积极心理学运动，自然有着出类拔萃的领导力，但他不喜欢当领导。他说："我当领导时，总觉得精疲力尽，一心盼望着这一切早点结束。"去掉这些你不认同的优势（如果你喜欢所有的前五项优势，也很正常），剩下的就是你的标志性优势。当你运用这些优势时：

- 你会有兴奋、投入、富有激情的感觉；
- 你会迅速成长；
- 你会想方设法地找到运用这些优点的新途径、新项目；
- 你会感到越来越兴致盎然，而不是越来越累。

标志性优势是我们最喜欢发挥的优势，它们与我们作为一个人的本质相关，折射出我们的价值观，反映着我们的情感，并且铺就了我们通向蓬勃人生的道路。

发挥优势 vs 修补弱点

著名的美国咨询公司盖洛普曾经问过众人一个问题：

"了解你的优势和了解你的缺点，你认为哪一个更能提升你的能力？"

结果，在调查研究中认为了解优势更重要的人的比例为：美国为 41%，英国和加拿大皆为 30%，法国只有 29%，最低的是中国和日本，都只有 24%。这里面固然存在着文化差异，但是就算在最看重优势的美国，认为了解优势更重要的人也不到一半。换句话说，全世界大部分人都认为，了解个体的缺点更重要。

这背后隐含的逻辑就是，修补缺点比发挥优势更重要。但事实却与人们的猜想完全相反：无论是在工作、学习，还是个人幸福方面，发挥优势都比修补缺点更重要。

一个人在发挥优势时更容易投入到当前的活动中去。优势能让人更有掌控感，也更有认同感。相反，如果一个人被逼着在自己的劣势领域里做事，那他就很难产生投入的感觉，而结果也会不尽人意。比如，盖洛普的一项研究发现，如果鼓励员工使用、发挥自己的优势，那么他们的工作投入度就会比对照组高一倍以上。

更重要的是，在 21 世纪各行各业的工作也最需要员工投入。员工如果连自己的身心都没有投入到当前的工作中去，自然也就很难胜任高挑战性的工作。

所以，让员工发挥优势比让员工修补缺点更能提升业绩。盖洛普在调查了 2 000 多名经理后发现，注重发挥下级员工优势的经理，成功的可能性高达 86%；另一项以 51 家公司中的 10 885 支团队里的 308 798 名员工为调查对象的研究则发现，若能够发挥员工的优势，企业在赢得顾客方面表现优异的可能性会提高 44%，在生产力方面会提高 38%。

另一项对 29 个国家、7 个行业的 34 家单位里的 19 187 名员工的调查则发现，当领导在跟员工讨论业绩表现时，若能注重业绩优势和员工的个人优势，员工的业绩能提高 36.4%，但如果领导注重的是业绩劣势、员工的个人劣势，那么员工的业绩则会下降 26.8%。

反过来，当你在选择职业时，也不一定要选择物质回报最大的职业，而是可以根据自己的兴趣和优势来选择。当你在工作中可以自然发挥优势时，你会变得更快乐、更健康，工作效率更高，而且也会觉得人生更有意义。

彼得森将优势按照"关注自己 vs 关注他人""用脑 vs 用心"划分为四个象限，并在其中为每个优势都找到了坐标（如图 2-3 所示）。

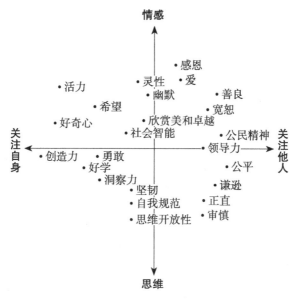

图 2-3 彼得森象限

他的建议是，如果你的优势大多集中在左上侧（用心、关注自己），那么你适合做领袖；如果在右上侧（用心、关注他人），那么你适合做教师；如果在右下侧（用脑、关注他人），那么你适合做行政管理人员；如果在左下侧（用脑、关注自己），那么你适合做学者。

用发展性思维看待优势

谈到优势，许多人可能会认为自己天生就具有某方面的优势，不用经过特殊练习；另一些人可能会觉得自己生来就没有某个方面的优势，因此灰心丧气。事实上，每个人刚出生的时候都不会走路，甚至连爬行都不会，然而随着不断练习，我们一点点地学会了如何站立、走路，甚至奔跑。正像其他技能一样，我们是可以通过练习加强我们的优势的，优势并不是一成不变的。如果在日常生活中不断地运用优势，优势就会得到加强。同样，如果对目前还不是优势的品格和能力进行特意训练，这个品格或能力也会得到加强，甚至发展成为新的优势。

心理学家卡罗尔·德韦克（Carol Dweck）将这种认为"优势可以通过练习不断加强"的思维方式称为"发展性思维"（growth mindset），将另一种认为"优势没法改变"的想法称为"固定性思维"（fixed mindset）。德韦克经过研究发现，发展性思维有助于提升学习投入、学习成绩、人际关系，以及未来的工作成就和生活满意度。因此，用发展性思维看待品格优势是十分有益和必要的。

发展性思维是指一个人相信他的基本特质，如品格、才能、智慧、天赋是能通过毅力、决心和辛勤努力而不断发展的。我们在日常生活中经常说的"屡败屡战""罗马不是一天建成的"也是这种思维方式的体现。具有发展性思维的人相信尽管每个人的基因确实有所不同，但现有的品格优势、聪明才智只是一个起点，它们像是种子，通过我们对其不断精心培育而逐渐长大。这种观点会激发学生在生活和学习中不断运用自己的品格，培养自己的优势，同时也会让他们在面对困难时更坚韧，因为他们相信眼前的困难是可以解决的，只要自己不断努力练习就会有所提高。他们在做事时想的更多的是"我能够从中学习到什么""我应该怎么改进"。一个具有发展性思维的老师在面对学生的问题时，也会更多地看到学生的潜力，看到他的品格优势，给予学生鼓励和支持。他们会想这个学生只是暂时有一些问题，他会改进的，而不会认为这个学生"无可救药"。

固定性思维是指一个人相信他的基本特质，如品格、才能、智慧、天赋等是固定不变的。它们不会被挥霍，也不能被提升，就像是一块石头，不会变小也不会变大。具有固定性思维的人往往会花许多时间在为自己的天赋自豪或者自怜上，而不考虑如何去发展自己的品格和优势。他们更依赖测试的结果，如果具有某项品格优势，他们就会觉得这是他们理所应当拥有的，而对于那些自身不具备的品格优势他们也无能为力。他们相信仅仅依靠天赋就能获得成功，而不是通过辛苦的努力。这样的学生在遇到困难的题目时会轻易放弃，而考试成绩不好时会受到很大打击或者表现得不屑一顾，他们会想"我没有这方面的天赋，我也没办法"或者"这次考试我没有认真，我只要认真一点儿就一定能考好"（然而他们几乎每一次都"不认真"，因为如果认真了还没考好就真的说明自己没有天赋了，他们会尽力避免这种事情的发生）。当一位具有固定性思维的老师在教学过程中遇到有困难的学生时，一方面会想是这个学生"太差劲，没救了"，因此放弃对这个学生的教育；另一方面也会对自己是否具有"教学的天赋"产生怀疑。这样不仅影响工作效率，也影响自己的心理健康。

表 2-1 中列举了持有固定性思维和发展性思维的人在面对不同情境时做出的不同反应。

表 2-1　两种思维在面对不同情境下所做出的反应

	固定性思维	发展性思维
挑战	避免挑战	拥抱挑战
当看到别人成功	感到威胁	感到鼓舞
遇到困难	容易放弃	坚持
把努力当作	不得不做	学习的必经之路
面对批评	忽略有用的负面评价、感觉受伤和被否定	学习的机会
考试成绩	自尊的评价标准	有效的反馈
潜力	不能成为最佳的自己	不断挑战极限，创造不可能

运用发展性思维看待优势意味着优势品格是可以培养和发展的，如果我们本身就具备一些品格优势，就可以通过各种方法去提升它，而如果暂时缺乏一些品格优势，我们就可以通过学习和练习来进行自我培养。同时，品格优势的顺序是可以根据情境的不同而有所调整的。例如，一个学生在学校时更多地表现出好奇心和创造力的品格优势，但当他被选为社团活动负责人或者班干部的时候，他会发展出公平和领导力的品格优势，甚至可能经过长期积累，这两项

品格优势会变得比好奇心和创造力还要明显。

不过对老师来讲，有一点值得注意，发展性思维并不意味着每一名学生都可以做任何事情，或者所有的学生都可以像全班第一那样学习优秀。尽管每个学生都是可以成长的，但对于不同的学生来说，学习不同事物的速度和潜力是不同的。老师需要发现学生之间的差异，更关注于发挥和提升学生的品格优势，而不是过度关注学生的劣势，尽管劣势在必要的时候也需要有所弥补。

优势教育

为什么要进行优势教育

发起现代积极心理学运动的塞利格曼在 1998 年以历史最高票当选为美国心理协会主席之后，需要准备他的就职演讲，以告知美国乃至全世界的心理学家们，他准备在自己的任期内把心理学带向何方。他意识到自己肩上的责任重大，必须要认真思索心理学在新世纪里的使命是什么。

有一天，塞利格曼一边思索着这个问题，一边在自家后院里除草。五岁的女儿妮可在一旁捣乱，又唱又跳地把草扔到空中，气得塞利格谩骂了她几句，并把她赶走了。过了几分钟后，妮可又回来了，说有话要跟爸爸讲。塞利格曼早已不生气了，就让她把话说出来。妮可说："爸爸，你还记得我五岁以前的样子吗？我从三岁到五岁一直都在抱怨，每天都要说这个不好那个不好，当我五岁时，我决定不再抱怨了，这是我这辈子做过的最难的一件事。如果我能停止抱怨，你也可以改改你的坏脾气。"

塞利格曼后来在《真实的幸福》一书中写道："女儿妮可的一句话正中我的要害！"他不仅反思了自己作为一个父亲对待孩子的态度，更重要的是，他反思了自己作为一个心理学家对人性的看法。

我明白了要教育好妮可是不能通过校正她的缺点来做到的。她自己可以改变自己，只要她肯下决心。我的任务应该是培养她的优势，依据她表现出来的优势去引导和启发她……

如果心理学的作用是把人放对位置，使他们能够发挥自己的优势并对社会有益的话，那么心理学家们应该有很大的发挥空间。我们是否可以有一门讨论生命中美好的东西的心理学？是否能有一套优势和美德的指标，使人们的生命充满价值？父母和老师能否应用这门科学教育出坚强且有活力的孩子，并让他们为进入社会做好准备，为争取更多的机会而发挥他们的优势？成年人能否通过学习这门心理学，使自己变得更幸福、更充实？

妮可所要的，以及全世界其他孩子所需要的，都是积极的动机（爱、仁慈、能力、选择及尊重生命）。它们和消极念头一样都是动机，但积极动机却会带给我们满足、幸福和希望。积极心理学要问：孩子怎样才能获得优势和美德？因为发展优势和美德才能得到积极体验。

由此，塞利格曼在他的美国心理学协会主席就职演讲中正式提出了积极心理学——一门研究幸福、意义、成就、爱、公义等美好心理和品格的科学。这一切，竟然是起缘于一个孩子对自身品格优势与美德的展示，是她让身为心理学家的父亲认识到，品格优势与美德早已存在于每个孩子的心中，我们教育孩子时，不能只关注他们的缺点，让他们修正自己的行为，更重要的是关注他们的优势，让他们能够发挥出自己与生俱来的潜力，成长为真实的自己，这样的人生才能为他们带来幸福，使他们为社会做出最大的贡献。

这也不仅仅是积极心理学家的理论，而是在实践中得到验证的事实。美国阿兹塞太平洋大学的一项研究发现，在进行了优势教育后，学生不仅对学习更投入，考试成绩更好，而且他们的一些负面行为也有所减少，因为优势教育的本质，是让一个学生可以更好地表达自我品质中积极的一面（Cantwell，2005）。当他们在学校里可以发挥自己的团队精神、社会智能、好奇心、勇气等品格优势时，他们会更喜爱学习，自然也就不会再通过其他危险途径寻找心理安慰。

但是，正如上一节里关于"优势和缺点"的调查所示，大部分人还是会习惯性地关注缺点，而非优势。这种表现在教育领域，就是教师更多地关注怎样矫正孩子行为的问题，而非发挥、提升孩子本身已有的优势。比如，学校在安排学生进行心理测量时，一般都是测抑郁倾向、暴力倾向等问题，进行心理问题排查和干预，而很少测量学生的幸福、乐观、品格优势与美德等。

这等于是把学生看成了可能会出问题的危险人群，而非可能发挥出巨大潜力的优势人群。用问题取向来看学生的教师，会有一种战战兢兢、提防警惕的心态，而用优势取向来看学生的教师，则有一种开拓进取、欣赏的心态。

哈佛大学的研究发现，教师对学生的看法，会影响他们的表现。如果教师认为学生满是缺点，那么他们的缺点就会被放大，而如果你认为学生身上充满优势，那么他们就更可能发展出更多更强的优势。

什么是优势教育

美国学者安德森（E. C. Anderson）将优势教育定义为一种新型的教育理念，它需要教师在工作中有意识地发展和应用自己的优势，以持续学习、提升教学水平、设计和实施教案、创建活动，来帮助学生在学习过程中发现自己的天赋，发展和应用自己的优势，以学习知识、获得学习技巧、发展思考和问题解决技能，最终取得优异的成绩（Lopez & Louis，2009）。

澳大利亚维多利亚省教育局在他们的《优势教育》手册中厘清了优势教育到底是什么，以及一些常见的误解（如表 2-2 所示）。

表 2-2　优势教育是什么

优势教育是	优势教育不是
对所有人都一视同仁，关注孩子能做什么，而非不能做什么	只关注"正面"
如实描述学习和进展	逃避现实
在孩子的最佳发展区和潜力发展区构建能力	纵容坏行为
理解当人遇到困难和挑战时，需要关注和支持	不管不问
当学习和发展顺利时，找出关键因素，以在未来复制、进一步发展和加强	给人贴标签的工具

所以，优势教育并不意味着教师就可以对学生的缺点置之不理了。优势教育的目的是纠正以往教育界过于看重缺点的倾向，但并不是要彻底用优势关注取代缺点关注。如果学生有巨大的缺点，如说谎成性、欺凌同学，那么教师就必须加以重视，及时予以纠正。但是，就算是在纠正学生的问题的过程中，我们也

可以想办法让学生发挥自己的优势去纠正它，而非一味地强迫他们去改正。

优势教育有五大原则（Lopez & Louis，2009）。

第一，测量优势。 如前所述，目前学校都会记录学生的成绩、行为问题（如逃学、违纪等），很多学校也开始测量学生的心理指标，但多以负面指标为主。为了进行优势教育，首先学校和教师就必须掌握孩子的优势状况，因此必须定期测量他们的优势。

需要注意的是，孩子的心理有其自身特点，因此他们表现出来的优势分布也经常与成人不同。我们可以参考彼得森所绘制的这幅孩子与成年人的优势对比图（如图 2-4 所示），来更好地理解孩子们拥有的优势状况。

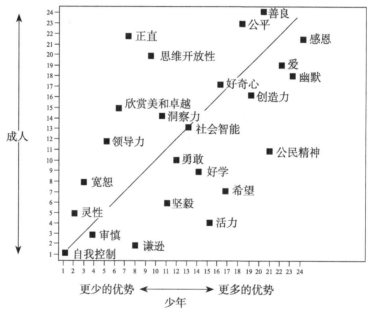

图 2-4　孩子与成年人优势对比图

从图 2-4 中，我们可以发现：孩子和成人在自我规范、审慎等方面都比较弱，而在感恩、善良等方面都比较强；孩子在活力、希望、合作精神等方面就比成人强很多；而成人在正直、思维开放性、对美和卓越的欣赏方面则比孩子强很多。

第二，教师一定要认识到每个学生都是独特的，对每个学生都要按照其独特的优势来进行有效的教导。 为此，教师需要了解每个学生的优势和他们目前的能力状况，并且允许学生根据自己的处境来制定个人化的目标。

第三，教师要为学生提供支持网络，支持他们发展优势，在他们因发挥优势而取得好成绩时，要及时予以表扬。学生需要根据别人的反馈确认目前的状况和进展，因此教师应该密切关注学生的动态，在发现他们发挥优势或者发展出更强的优势时，给予积极的反馈，并且要动员和提示其他人也一起提供言语上的支持。

第四，提供机会，引导并鼓励学生在课堂内有意识地使用自己的优势。比如说，与学生讨论他们的优势，一起制订优势使用计划，为他们举出使用优势的榜样，或者用自己的亲身经历，来讲述优势发展过程，传授提升优势的经验。

第五，利用一切资源，为学生在不同场景下尝试使用优势的新方法提供条件。发展和使用优势，有时候需要探索新的使用场景，因此教师应该为学生创造这方面的有利条件，比如指导学生选那些可以帮助他们发展、发挥优势的课程，使用学校的体育馆、艺术教室、音乐设备等资源，组织课外、校外活动，等等。

怎样进行优势教育

教师层面

1. 向每一个学生表示尊重和善意

应当鼓励教师对每一个学生都表示关注，问候他们，让他们感觉到自己是有价值的。

2. 提升归属感

应该给学生提供一个安全的环境，让他们能够表达自己的观点，发挥想象力，自己做出决定，与人合作，帮助他人，并能为社会做贡献。比如，帮助低年级或者有需要的同学参加课外活动等。这些活动可以提升学生的自豪感和归属感。

3. 建立良好的关系

良好的关系可以增强学生的自信心和抗逆力。学生需要知道他们可以与教师和同学建立非评判的、充满信任和尊重的关系。教师通过倾听、表示尊重和同情来给学生提供支持。教师不评判学生，而是理解学生在尽最大努力。这种支持可以帮助学生变得乐观和充满希望。

4. 认可每个学生的价值

庆祝每一个微小的成功，认可创造性的观点。

5. 强调合作而不是竞争

鼓励每个人，而不是只表扬做得最好的人，让学生感到温暖。

6. 树立较高的积极期望

看到学生的优势，并帮助学生认识到它们，这样有助于增加学生的内在动机。

7. 帮助学生发现他们的优势

许多学生根本不知道自己的优势，因为他们从来没有得到过鼓励。让学生想象他们在某一方面出类拔萃，激发出他们的热情。设定完个人目标后，再和他们一起想办法实现它。

8. 同家长的关系

让家长意识到他们是孩子最重要的老师，要做好榜样。

班级层面

1. 学生应该有机会评估自己的学业并为之设定目标

给学生作业提供建设性的回应，而不仅仅是批改对错，这样可以让学生对自己的作业质量有正确的认识。让学生看到自己的表现和预期的差距并明确努力的方向。

2. 学生为自己的功课设定标准

面对一项新任务，教师要花时间和学生讨论一下怎样进行才能取得成功。学生通过研究优秀的范例和设定标准，就能够明确努力的方向，这样可以减少学生在努力过程中产生的沮丧情绪。

3. 学生有机会合作完成任务

在鼓励合作的班级中，学生有机会和同学建立积极的关系。学生通过相互学习、相互支持不断加深关系。

4. 学生参加班会共同讨论班级问题

班会的环境让学生有机会交换彼此的想法，培养倾听他人的能力，给学生传达这样的信息：问题并不可怕，我们有能力解决它。

5. 学生要有机会做决策

选择可以很简单，比如选择去读一本书。这样的选择可以让学生有机会表达自己。

6. 学生感觉到自己属于一个班级

班级更像是社群，而不是基于权威的机构。在这种安全的环境下，学生可以自由表达，培养幽默感和积极的同伴关系，还有对他人的宽容。

7. 学生为班级的维系制定规则

自己建立规则有助于培养学生负责的态度。

8. 享受成功

从最有可能成功的事情开始，以发展学生的内在动机。

9. 学生理解他们具有抗逆力

帮助学生理解他们有能力给发生在他们身上的一切赋予意义。

10. 学生经历成长的机会

包括提出一系列鼓励自我反思、自我觉察、批判性思考的问题。鼓励学生进行各种创作（如制作艺术作品、影视作品），或者帮助别人（帮助同学或者参与社区服务）。

优势教育实践方法

帮助学生发现自己的优势

我们在这里也介绍一个很简单的方法，这一方法可以帮助我们找到自己或别人的标志性优势：讲一个"最佳的我"的故事。

"最佳的我"的故事是积极心理学的一个干预方法，也叫"积极自我介绍"。它的原理是：通常我们向别人介绍自己时，都是侧重于介绍教育、职业等方面的，这能让计算机把我们的背景完美地存储在数据库里，却无法让别人了解我们作为有血有肉的人有着什么样的情感、是什么样的性格、喜欢做什么样的事等等。无论是统计研究，还是日常生活中的经验，都已经一再表明，后者和前者一样重要。若想让别人深入了解我们，最好的方法就是讲一个自己的故事。

当然，对于推崇谦逊的中国人来说，讲一个关于自己的故事，可能没那么容易，尤其是要讲一个"最佳的我"的故事，就更有骄傲自满、自夸自大之嫌了。但是，由于"负面偏差"使我们更多地注意别人和自己的缺点以及事情的负面，因此，我们需要经常有意识地运用一些心理干预方法，注意别人和自己的优点以及事物的正面，其目的不仅仅是为了让我们感觉良好、踌躇满志，更重要的是纠正我们的"负面偏差"，从而使我们对别人、自己、事物有一个更准确的认识。

这已经成为积极心理学课程的一个经典方法，在课堂上被反复使用。比如下面这个彼得森教授的"积极自我介绍"的故事。

我在另外一所大学里的一个朋友，要开始教授一门新的课程，但在备课过程中她发现学校图书馆里没有任何与该课程相关的电影或者视频资料。我们都知道，在课堂上播放这种视频资料能够使课程更生动。那么她该怎么办？我所在的学校有很多视频资源，于是我帮助了她。我到图书馆查找了很多在公开领域发表过的相关录像带。我买来了空白录像带，向一个在密歇根工作的同事借来了她所在实验室里的复制机，并向她解释了我的用途。她说可以借给我。于是我坐下来开始复制录像带，一坐就是4个小时。每隔一段时间，我的同事走过我的身边，都会发现我还坐在那里。最后她终于忍不住对我说："这样也太耗费时间了，你为什么不让你的学生来替你做这个？毕竟，你的朋友也不会知道那是不是你亲自做的。""确实，"我说，"但是，我自己知道。"

这是我感觉最棒的时刻，我为自己的行为感到自豪。注意，我并不是每一天都这样，没有人会把我当作特雷莎修女，但那是很不错的一天。但当我按错了按钮，之前完成录制的部分又要重新录制一遍时，我也沮丧极了。不过确实，那是非常有意义的一天。

在这个故事中，讲述者和听众要关心的不是彼得森教授取得的成就和具体事件，而是教授品格中的优势。使用这个方法，有助于我们发现别人的标志性

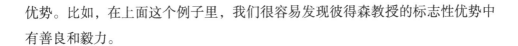

优势。比如，在上面这个例子里，我们很容易发现彼得森教授的标志性优势中有善良和毅力。

换个场景使用优势

如前所述，发展优势时，我们需要不断地扩展到新的场景，找到新的途径使用优势。比如本章作者的标志性优势中就有创造力、好学及对美与卓越的欣赏，这些都可以用在我的积极心理学研究和应用中，但也可以用在我的家庭生活中。我在带孩子时，就经常使用这两项优势，比如，在给孩子讲故事时，不按照书本上的故事讲，而是自己即兴编故事，或者跟孩子拼乐高时，不按照使用说明上的图案拼，而是和孩子一起拼一个新造型，并且鼓励孩子发挥他的创造力。好学和欣赏则应用在带孩子参观动物园、博物馆上面，孩子看到新奇的东西都非常开心、兴奋，同时我也学到了新的知识，看到了更多美妙与新奇的动物和人类的成就。这样下来，我和孩子都发展和发挥了优势。

用优势把你不喜欢的事变成喜欢的事

你见过喜欢洗碗的孩子吗？

塞利格曼家有三个！

他是怎样把天生讨厌做家务的孩子变成喜欢洗碗的呢？答案很简单：发挥他们的优势。

塞利格曼测量了他的三个孩子的优势，发现最小的孩子虽然年龄小，但是标志性优势中却有领导力这一项，于是就把三个孩子组成了"洗碗小组"，任命他为小组长。其他的两个孩子也类似，利用他们仁爱、团队精神等优势，把这些优势与洗碗这个任务联系起来。这下子他们的干劲就完全上来了，每天都恨不得饭还没吃完就开始洗碗。

怎样用优势来做你不喜欢的事情？这需要一些创造力。我们首先要进行发散性思考，想一想这项你不喜欢的事情有哪些属性，然后进行联想性思考，把它与你的标志性优势联系起来，于是你就可以用优势来做你不喜欢的事了。

培养发展性思维

成长对学生和老师都很重要。具有发展性思维的人会主动寻求机会发挥并提升自己的品格优势，在遇到困难和失败时会努力去克服。相反，具有固定性思维的人则认为品格优势是固定不变的，遇到困难的时候也会因为觉得失败是无法避免的而放弃努力。一名具有发展性思维的教师在孩子遇到困难的时候会认为这是暂时的，通过努力是可以克服的，因而也会鼓励和帮助孩子进步；相反，一名具有固定性思维的老师则会认为这个学生太笨了，永远都学不好了，所以会忽视甚至责骂学生，学生当然也就不会进步。当遇到日常生活中出现行为问题（如淘气、不合群等）的孩子时，具有发展性思维的老师也会更宽容和从容，因为他们相信孩子是可以改变的，他们认为孩子在不断成长，问题都会得到解决。而具有固定性思维的老师则会显得比较焦虑或者生气，觉得这些孩子真是不听话，甚至是"无可救药"了，这样不仅无法教育好学生，对自己的心情和工作状态也是不利的。在教育过程中，若能保持发展性思维，发现和培养孩子的品格优势，不仅孩子学得开心，老师教得也舒心。

培养学生发展性思维的众多方法中最主要的一个是向学生传递成长性的信息。卡罗尔•德韦克（Carol Dweck）曾在一个实验中发现，仅仅是分别表扬学生"聪明"（固定性信息）和"努力"（成长性信息）就可以让本来学习成绩相同的学生在随后的实验中产生差异。在这个实验中的第一轮，研究者随机选取了一些成绩相当的五年级学生，让他们完成一些数学题。不管真正完成的情况如何，都给予他们这样的反馈："哇！这道题完成得很不错！你做对了 × 道题，分数很高。"不同的是，这些学生会被随机分为两组，其中 A 组的孩子还会听到："你一定很聪明！"而 B 组孩子则会听到："你一定是做题的时候很努力！"经过不同的表扬后，在随后的实验中，被表扬聪明的孩子为了证明自己是真的聪明，保住自己胜利的果实，会更不愿意挑战困难的题，在遇到不会做的题时会更焦虑，并且在最后一轮测试中成绩下降了 20%。被表扬努力的孩子则相反，他们更愿意挑战难度较大的题，遇到问题时会更努力地集中精力去克服，并且在最后一轮测试中成绩提升了 30%！

传递成长性的信息可以让学生理解：（1）努力、勤奋是有价值的，这些甚至比天赋更重要；（2）品格优势以及能力都是可以通过不断练习来提升的；（3）遇到困难并不意味着灾难降临，他们是可以想办法克服困难，并且从中积累经验和教训的。

以下是一些例子，例子中会先展示一个传递固定性信息的说法，其次会分析这种说法为什么有问题，最后会提示一种传递发展性信息的说法。

例 1：

固定性表达： "哇，你做得真快，你真聪明！"

孩子收到的信息： "如果我以后做题没这么快，就代表我不聪明。"（因此孩子会找简单的题做，以保证做题的速度。）

成长性表达： "哇，你做得真快！看来这个题对你来说比较容易，我们做一些更有挑战性的题，你可以从中学到更多！"（因此孩子会挑战更难的题，不断提高自己的技能。）

例 2：

固定性表达： "你得了 100 分！真棒！我为你骄傲！"

孩子收到的信息： "如果我不能得 100 分，你就不会为我骄傲。"（因此会避免做有难度的题，以保证能得 100 分。）

成长性表达： "哇，你得了 100 分！你一定很用心、很努力地准备了这次考试吧！你的努力有了回报，真好！"（因此孩子下次会更用心和努力地准备。）

例 3：

固定性表达： "你现在考出好成绩，将来才能找到好工作！"

孩子收到的信息： "我的老师和父母想让我找个好工作，我只有找了好工作他们才爱我。"（这样的话，孩子如果没有考出理想的成绩，就会感到很焦虑，觉得自己很无能，不被爱。）

成长性表达： "如果你想找一份好工作，现在就需要不断努力发挥自己的最佳水平。不过每个人的个人条件和所处的环境是不同的，最重要的是发挥自己的优势，做最适合自己的事。"（这样孩子会努力进取，但也会了解到人和人的不同，发挥自身优势，并找到适合自己的目标。）

教师在培养孩子的过程中也需要具备发展性思维，通过不断地向学生传递成长性的信息可以培养他们的发展性思维，这样学生就会在生活中不断运用自己的品格优势，他的品格优势也会不断地提升。这样对学生的品格优势发展很有好处，同时对弥补一些弱项也是有帮助的，更会提高他们的学习成绩并培养他们的积极心态。

- -

关键概念

PERMA 理论：积极心理学之父马丁·塞利格曼在《持续的幸福》一书中提出，积极心理学研究的不是幸福（happiness），而是全面的蓬勃人生（well-being 或 flourishing），它有五个支柱：积极情绪、投入、人际关系、意义和成就，英文缩写为 PERMA。

品格优势与美德：塞利格曼和彼得森经过研究归纳出全人类都珍视的六大美德，以及构成这些美德的二十四项品格优势。

优势教育：教师在工作中有意识地、系统地发现自己的天赋，发展和应用自己的优势，以持续学习、提升教学方式、设计和实施教案、创建活动，来帮助学生在学习过程中发现自己的天赋，发展和应用自己的优势，以便学习知识、获得学习技巧、发展思考和问题解决技能，并在教育环境中达到优秀水平。

发展性思维：指一个人相信他的基本特质，诸如品格、才能、智慧、天赋是能通过毅力、决心和辛勤努力而不断发展的。

- -

第 3 章

积极情绪

我们就像玉簪花，积极情绪就像阳光。积极情绪让我们像花儿一样"绽放"。我们能够看到更多、想到更多、创造更多，让我们能跟身边的人更和谐、更亲密地相处。

——巴巴拉·弗里德克森

【本章要点】

- 十种积极的情绪

- 拥有积极的情绪到底有哪些好处

- 如何让学生获得积极的情绪

- 如何管理消极情绪

我们在日常生活中经常会使用或听到别人使用"情绪"一词，比如"我今天情绪低落，浑身无力""这孩子又在闹情绪了""运动员情绪高涨，正在紧张备战""情绪就是喜、怒、哀、乐"等。我们经常使用情绪一词，那到底什么是情绪呢？彭聃龄在《普通心理学》一书中给出了这样的定义："情绪和情感是人对客观事物的态度体验和相应的行为反应。"情绪和情感统称为感情，在这一章我们只谈情绪。

情绪分类有多种方式。常用的分类是把情绪分为积极情绪和消极情绪。积极情绪通常会带来愉悦的体验，而消极情绪则会带来不愉悦的体验。当外界客观事物或情境符合个体的愿望和需求时，个体则会产生积极肯定的情绪。例如，个体在书店找到一本喜欢的好书则会引起其满意与愉悦的体验。当外界客观事物或情境无法满足个体的愿望或需求时，个体则会产生消极否定的情绪，比如失去亲人朋友时的悲痛，受到无端指责时的愤怒等。

我们喜欢积极情绪，是因为积极情绪会给我们带来愉悦的积极体验，比如喜悦、自豪、感恩。我们不喜欢消极情绪，是因为消极情绪会给我们带来不愉悦的消极体验，比如愤怒、焦虑、抑郁等。情绪没有好坏之分，不管是积极情绪还是消极情绪，都有它们各自的功能和进化适应的意义。

消极情绪，比如愤怒、恐惧、厌恶等，在人类进化过程中具有重要的作用。愤怒的个体会产生攻击行为，恐惧会使个体产生逃跑行为，厌恶会促使个体产生驱逐厌恶事物的行为。处于消极情绪状态的个体的思维会越来越受限，这种思维的窄化过程会使个体把注意力投放到其当前面对的危险刺激中去，身体肌肉变得紧张，血流速度加快，随时做好逃跑或战斗的准备。比如，我们的祖先在打猎时遇到了剑齿虎而不是野鹿，那这个时候我们的祖先肯定会立刻体验到恐惧害怕，肾上腺素含量飙升，动用全身的能量赶紧逃跑，不然命就要不保了。所以，消极情绪对人类适应环境、生存繁衍具有不可忽视的意义。

现在的我们追求的是快乐、安稳、幸福的生活，这个时候消极情绪就没法帮助我们了，因为它最多也只能让我们免于危险的伤害，而不能进一步提升我们的幸福水平。这个时候就轮到积极情绪登场了。积极情绪不仅会让我们感觉良好，它还能带给我们很多其他方面的好处。

有研究指出，积极情绪可以通过使个体更加健康，从而使人们拥有更长的寿命。后来，临床心理学家发现，积极情绪可以有效地缓解抑郁症患者的抑郁症状。临床心理学家对那些抑郁症患者进行了积极情绪体验方面的训练，一段时间后他们发现，那些抑郁症患者的抑郁症状有所改善。可见积极情绪可以有效减轻消极情绪带来的消极影响。

后来的很多研究还表明，积极情绪可以提升人们的主观幸福感，积极情绪的表达可以促进心理健康，积极情绪可以使那些生病的人身体康复得更快，积极情绪通过提高人体的免疫系统功能进而促进人们的生理健康。

20 世纪末，心理学家们在对预防心理疾病进行研究时发现，能够有效抵御心理疾病的是人类身上那些积极的力量，比如希望、韧性、乐观、勇气等。美国著名心理学家塞利格曼等积极心理学家们指出，积极心理学的研究主要包含三个方面：第一部分是积极的个人特质（包括个性力量、天分、兴趣等），第二部分是积极的组织机构（包括家庭、社会、商业机构、社区等），第三部分是积极的主观体验（包括幸福、愉悦、感激等）。其实积极的主观体验主要就是积极情绪，所以积极情绪是积极心理学三大研究领域之一，其重要性不言而喻。人们生而追求快乐，但是在纷繁复杂的现实世界里总会受到很多干扰，特别是负面而消极的干扰总是会夺去人类的太多关注，从而使人们忽视了生活中那些美好的事物。研究积极情绪，可以让人们知道如何去关注正面的好事，如何去排除消极事件的干扰，如何利用科学的方法提升积极情绪，从而为幸福的生活打下坚实的基础。

探索十种积极情绪

当提到满意、开心、自豪、快乐等词的时候，我们能识别出这些词表示的是积极情绪。那么到底积极情绪包括多少种，又分别是哪些呢？研究者们对积极情绪的定义不同，导致他们对积极情绪的分类也不相同。在积极心理学研究领域，研究积极情绪的一位代表人物是巴巴拉·弗里德克森，她把积极情绪分为十种，分别是：喜悦、感激、宁静、兴趣、希望、自豪、逗趣、激励、敬佩和爱。

喜悦

当我们获得奖励或奖赏时，当我们被别人夸赞时，当我们考试取得好成绩时，当我们和好朋友愉快地玩耍或聊天时，当周围环境对你来说安全又熟悉的时候，一切都按照你的预期发展，甚至比你预期得还要好，不需要你付出太多努力，这些都是获得喜悦体验的条件。这种喜悦的积极体验会让你心情愉快、脚步轻盈，让你觉得整个世界是如此的美好。你会满带微笑地投入各种各样的活动。

感激

当别人为你做了好事的时候，你就会产生感激之情。同样，当你给予他人帮助时，他们也会对你产生感激之情。值得我们感激的不仅仅是身边的人，也可以是身边的事物。比如，值得我们感激的可以是清晨清新的空气、干净明亮的天空，可以是我们拥有的健康身体，可以是一直陪伴自己的宠物猫……无论何时，当我们把那些平凡的人和事物看作是珍贵的礼物时，感激就出现了。

宁静

你静静地倚靠在沙发上，身旁的小猫依偎在你的腿边，你手捧着一本喜爱的书，慢慢地沉浸在字里行间，这就是宁静的感觉。宁静是一种聚精会神的状态，它让你沉浸在当下，品味当下的感觉。弗里德克森称宁静为夕阳余晖式的情绪，因为它经常在其他积极情绪出现之后才出现。比如，参加了比赛获奖之后会产生自豪的积极情绪，你抱着奖牌回到自己的房间，对自己说："这一切太美好了。"

兴趣

孩子们对周围的一切都很好奇，当他们蠢蠢欲动地想要去探索的时候，就是兴趣在驱动他们了。环境中会有一些新奇的事物引发你的兴趣，调动你的探索欲。它们会吸引你的大部分注意力，形成一种神秘的推助力促使你去行动，并需要你投入足够的努力和关注。兴趣会牵引着你去投入当下的探索，当你发现一本充满新奇观点的书时，当你观看有关海底动物世界的节目时，当你发现一条从未走过的幽静小路时……你都能体会到兴趣。兴趣让人们感觉充满了生机，让人们心胸开阔，让人们具有更宽广的视野。

希望

大多数积极情绪都是在你感觉到安全和满足时出现的，但有一种积极情绪例外，它就是希望。当事情的发展对你不利，但你觉得事情还有转变的可能时，希望就出现了，希望往往就在你快要绝望的时候产生，因为你相信事情将会通过自己的努力出现转机。"野火烧不尽，春风吹又生""山重水复疑无路，柳暗花明又一村"等诗句表达了希望给人们带来力量。深入希望的核心，你会发现，它也是一种相信事情能够向着好的方向发展的信念。

自豪

当我们要为一些负面行为负责的时候，我们就会产生内疚、羞耻等消极情绪体验。自豪则刚刚相反，它是在我们做了一些好事的时候出现的。好事往往是你取得的成就，你投入了自己的时间和精力，并获得了成功。成功可以是你修好了一把小凳子，可以是你顺利地完成了老师布置的作业，可以是你在操场上跑满了 5 000 米，可以是你帮助了需要帮助的人之后收获了感激……自豪能够点燃我们的成就动机，当我们体验到自豪的积极情绪时，更有可能完成艰巨的任务，获得成功。

逗趣

一些意想不到的事情引起你发笑，这个时候你体验到的积极情绪就是逗趣。比如，小孩在打翻了吃饭的碗后朝你做了个鬼脸，或者一位好友跟你分享他最喜欢的笑话。你并不是预先就打算从这些事情中获得乐趣，这种乐趣是你意料之外的。引发逗趣需要两点：一是引发的逗趣是社会性的，虽然有时候我们也独自发笑，但这种笑不是社会性的；二是逗趣的发生需要在安全的情况下。如果你的孩子打破碗割破了手，你就体会不到逗趣了。逗趣是带有娱乐性质的，由衷的逗趣使你产生抑制不住的笑，让你想要与他人分享你的快乐，从而产生与他人的社会性联结。

激励

激励是一种能够把我们从自我专注的封闭空间中拉出来的积极情绪，让我们能够和那些比我们自身更加宏大的事物之间产生联结。世界上有很多真正让你觉得很振奋、能够激励你的事情。比如，你看到街上乞讨的流浪汉在大地震发生时也会跑到公共募捐的地方给灾区捐款；你阅读一本能够打动人心的书籍；你看了一场顶级足球比赛；你听了一场洗礼灵魂的音乐会；你看了一场振奋人心的电影，等等。激励能够让你的注意力更加集中，吸引你投入到将事情做到最好的状态中，促使你达到更高的境界。

敬佩

敬佩与激励的关系很紧密，当你被伟大彻底征服的时候，敬佩的积极情绪就会产生，这是一种超越自我的积极情绪。面对大自然，我们经常赞叹它的伟大和神奇。当你面对着无边无垠的大海时，当你在山脚下仰望高耸入云的青山时，当你看到险峻的岩壁间生长着顽强不息的劲松时……你都会产生由衷的敬佩之情。敬佩虽然是一种积极情绪，但是它离人类的心理安全边界过于接近，以致人们在体验敬佩时，还会伴有消极情绪。举个例子，当你目睹海啸发生时，那种宏大的场面，携带巨大能量的海啸带来的那种震撼会让你同时产生敬佩与恐惧感。

爱

爱不是一种单一的积极情绪，而是上述所有积极情绪的复合情绪。我们之前提到的喜悦、感激、兴趣、激励、敬佩、自豪、逗趣、希望和宁静，将这九种积极情绪转变为爱的是它们的情境。当这些良好的感觉与一种安全的亲密关系相联系时，我们称之为爱。在亲密关系的早期阶段，双方对彼此的一言一行都充满兴趣和关注，会一起分享逗趣，一起体验喜悦。随着关系的深入，你们更加了解彼此，一起分享着对未来的希望。你感激对方为你做的一切，你会为他的成就感到自豪，被他的良好品格激励着，你有时候也会想，是什么神奇的力量让你们走到了一起，这个时候就产生了敬佩之情。

想一想：你最常体验到的积极情绪是哪几种？分别是在什么情境下？体验这些积极情绪给你带来了什么？

积极情绪的力量

在开始这部分内容之前，我想请你思考几个问题。

你什么时候会感觉浑身充满能量，思维特别敏捷？

你什么时候会感觉好点子、好想法层出不穷，创造力十足？

你什么时候会感觉到特别的平静满足，感叹生活的美好？

你什么时候会感觉到自己非常积极主动，马上就想行动起来？

我们介绍了十种积极情绪，体验这些积极情绪除了能够让我们感到愉悦，还能够带给我们什么呢？上面的四个供你思考的小问题可以帮助你了解积极情绪的诸多益处。积极情绪到底有什么样的益处与功能，又能给我们带来哪些积极的力量呢？

积极情绪开阔我们的视野与思维

吃完晚饭后，小明在自己的屋子里做数学作业，妈妈则在一旁边叠衣服边陪伴小明写作业。但是小明一直没动笔，而且时不时挠头。妈妈见此情况便过去询问怎么了。

原来是小明有好几道数学题不会做，所以才停笔思考。我们来看看两种不同类型的妈妈是如何对此做出反应的。

A："这几道题你都不会做，这么简单的题都做不好，这几道题不是前两天老师刚讲过的知识点吗？肯定是你上课没好好听讲，真笨！我来教你，是这样的……"

B："明明，是不是遇到难题不会做了？没关系，慢慢来不着急，好好想想题目想要考察什么知识点，或许你可以查查数学书。这样吧，休息一会儿，喝点水，吃点水果，然后再来做剩下的几道题。"

如果你是小明，你喜欢哪种类型的妈妈？我想大多数人都会选择 B。哪一种类型的反应更有利于小明解决数学难题呢？我想大多数人也都会选择 B 的反应。其中的原因究竟是什么呢？答案的关键就在于不同的反应会引发小明不同的情绪，而不同的情绪又会对小明产生不同的影响。

A 这种反应方式带有责问和训斥的味道，这会使得因遇到难题本就很苦恼的小明更加着急、紧张和难过。如此引发的消极情绪对小明解决数学难题非常不利，即使最后可能在妈妈的指导下做出来了，也并不是靠着小明自己的探索与思考解决的，而且小明心里也一定不好受。

而 B 的反应方式则完全不同。首先，B 对小明表达了关切，让他不要着急，慢慢来。这就已经可以缓解小明由于不会做题带来的焦虑和失落了，随后 B 又给予了可能解决问题的建议以及对小明的关爱（先休息一会儿，吃点水果等），这种满带爱意与支持的回应更能激发小明的积极情绪和解决问题的动力，从而能够让思维变得灵活开阔，更有利于帮助小明做出数学难题。

这就是我们这部分内容要说的积极情绪的功能。

弗里德克森经过对积极情绪的多年研究，提出了积极情绪的扩展建构理论（broaden-build theory），该理论解释了积极情绪的两大重要功能：扩展功能和建构功能。我们先来说说扩展功能。

积极情绪的扩展功能是指能够扩展个体即时的知—行范畴，包括拓展个体的意识、认知和实际行动的范围。在小明的例子中，B 对他带有支持、鼓励与关爱的话语调动了小明的积极情绪，从而能够让他的思维更加开放灵活，更有可能去查阅数学书上的相关知识点，想出更多可以尝试的解题思路。而 A 那种带有责问与训斥意味的反馈则会催生出更多的消极情绪，会将小明卷进消极情绪的旋涡，思维会局限在难题上，越着急越不容易想出解题的思路。很多考生在考场上遇到难题不会做时非常紧张，导致平时能够做出来的题也没法正确解答了，原因就在于他们被消极情绪局限了思维。

不管是积极情绪还是消极情绪，都是为了人类更好地适应生存而发展出来的。消极情绪与特定的行动倾向有密切联系，比如当你愤怒的时候你会想要攻击，当你恐惧的时候你则想要逃跑等。但研究表明积极情绪一般不伴随着特定的行动倾向，只有一般性的激活，如高兴、愉快伴随着无目的的激活，兴趣产生探索的倾向，个体通过探索、研究来整合新信息。经常带着孩子去接触大自然，可以激发他们的兴趣，兴趣促使他们去探索，如观察植物，寻找小动物，并从这些探索行动中获得知识。

有研究表明，在团队讨论交流的过程中，如果整个团队充满积极情绪，比如愉悦、高兴、幽默等，那么这样的团队成员的思维就会更灵活、更开放，能够想出更多的好点子和解决问题的办法。

这就是积极情绪的扩展功能。

积极情绪的缓释功能

具有拓展认知—行动范畴的功能的积极情绪还可以缓释消极情绪对个体思维"窄化"的影响，这一现象被称为积极情绪对消极情绪的"缓释效应"。可以将这一功能看作是扩展功能的衍生功能。积极情绪通过缓释作用能够解除消极情绪对个体身体和心理的束缚，使得个体思维更加开放，思考更不受局限。

积极情绪的缓释功能主要体现在两个方面：一是消极情绪会导致个体心跳加快、血管扩张、血压升高，积极情绪可以使躯体平静下来；二是积极情绪可以放松消极情绪对个体思维的局限和控制，促使个体主动探索思考和行动的新方法。

比如，学生之间闹矛盾，双方都非常气愤，被消极情绪所控制，然后老师把两个人叫到办公室，用幽默的笑话把两个学生逗笑，由此两人产生了积极情绪，并且都得以平静下来，不再仅仅关注刚刚发生的负面事件，同时减少两个学生对他们之间矛盾的关注，从而使他们能更理性地思考问题，也更容易接受老师的调解。

前文中我们着重介绍了积极情绪的扩展功能及其衍生出的缓释功能，接下来我们来介绍积极情绪的第二大功能——建构功能。

积极情绪帮助建构各类资源

消极情绪通过窄化知—行范畴使得个体在战斗或逃跑的情境中获益，这种好处是直接的、即时的。积极情绪的扩展功能即让个体的思维更加专注和开放，能够帮助个体建构健康的身体和心理，这种获益是间接的和长期的。所以这种建构功能是在拓展功能的基础上实现的。

总体来说，积极情绪具备惊人的建构功能，可以帮助个体建构包括生理资源（动作技能、健康）、智力资源（知识、理论）、社会资源（友情、社会支持）和心理资源（心理韧性、乐观）这四类资源（见图 3-1）。这四类资源既包括个体内的资源，如增强心理韧性和生理恢复力，也包括个体间的资源，如社会联系与社会支持，有利于个体积极地参与活动。

图 3-1　积极情绪的建构功能

积极情绪建构智力资源

我们在前文中提到的考生的紧张焦虑感会导致其本来会做的题也不会做了，这就会引起学生成绩的下滑。如果在考场上考生特别开心、快乐，他们的成绩会不会提高呢？

有学者就做了相关的研究。只不过不是在考试过程中引发考生们的积极情绪，而是在考试之前。研究者发现让学生在考试之前回想以前令他们快乐的事情，学生们的学习成绩会有所提升。

　　这是为什么呢？因为使学生们回想以前令他们快乐的事情，会激发出他们的积极情绪，积极情绪让学生们在考前思维更加开放和灵活，记忆力更好，从而使学生更好地记忆复习的内容。

　　积极情绪可以帮助我们建构智力资源。积极情绪开拓我们的视野，拓宽我们的思维，使我们保持开放性。这种开放性能够帮助我们从周围的环境中积极主动地获得更多的信息与经验，从而学到更多的新知识，更容易从多种角度分析问题，有利于问题的解决。

　　兴趣能够激发孩子们探索周围环境的欲望。孩子总是对周围的事物感兴趣，大人们应该积极培养孩子们这种天生的兴趣，因为它能保持孩子们思维的开放性，激发他们不断去探索，进而使他们获得更多的信息，学习到更多的知识。有研究表明，相较于依托外在奖励才能进步的孩子，那些发自内心对知识感兴趣的孩子更能够积极有效地理解和整合学到的知识。

　　积极情绪帮助我们建构的这些智力资源，包括学习新知识和解决问题的能力等，这并不是积极情绪一时的效果，这些效果会不断积累，产生持久性的变化，从而为我们建构长期的智力资源。

积极情绪建构生理资源

　　积极情绪帮助个体建构的生理资源主要包括动作技能与身体健康。积极情绪状态下的个体不仅有更广阔的视野，同时也倾向于探索外界与实践行动，这种行动可以帮助个体习得一些必要的动作技能。例如，快乐可以促使玩耍行为的出现，有很多灵长类动物的幼崽在玩耍时经常尝试爬树，这一行为同样出现在它们成年后躲避捕食者时，可见积极情绪可以促使幼崽习得在它们成年后很有用的爬树技能。

　　孩子们经常能够在游戏中体验到快乐，而这种积极情绪反过来又可以促使孩子们更愿意将时间和精力投入游戏当中，在游戏中他们的身体肌肉和心血管功能就会得到锻炼，同时他们也能够学会一些动作技能，比如奔跑、跳远，加强身体的爆发力与柔韧性的技能等，这些技能的习得可以帮助个体在未来从容应对困难和挑战（Fredrickson，1998）。

积极情绪不仅能够帮助个体习得动作技能，还对个体的身体健康大有好处。我们知道，生病会破坏我们的积极情绪体验，并给我们带来消极情绪，因为生病时我们会体验到不舒服甚至痛苦。然而，科学家们发现，积极情绪对我们的身体健康大有裨益。那些体验到更多积极情绪的个体发现自己更健康了，比如，他们的胃痛频率降低了，原因可能是生病带来的消极情绪被积极情绪缓释掉了，即积极情绪赶走了消极情绪的负面影响，从而使他们感觉自己更加健康了。

积极情绪不仅能降低血压、减少疼痛，还能够提升睡眠质量，提高人体内的多巴胺水平，加强人体内免疫系统的功能，减少身体对压力的炎症反应。科学家们已经证实，积极情绪可以通过建构个体的健康资源来延长个体的寿命。

积极情绪建构社会资源

想一想，你是喜欢与那些乐观开朗、笑口常开的人交朋友，还是喜欢跟那些悲观消极、整天愁眉苦脸的人交朋友？

绝大多数人都会选择与那些笑口常开的人交朋友，为什么呢？因为他们的积极情绪会感染我们，会让我们体验到开心快乐，从而与他们达到情绪上的共鸣。这样的人容易交到更多的朋友，即积极情绪会帮助他们跟更多人建立人际关系。

人类处于婴幼儿期时就懂得了如何与身边的人建立关系，婴幼儿的微笑可以通过镜像神经元（Mirror Neuron）的作用使大人们产生积极情绪，从而使大人们更愿意与婴幼儿建立稳定的情感联结与依附关系（Santrock, 2011）。渐渐地，孩子发展出了社会性微笑，只对熟悉的人微笑，使得双方都体验到愉悦的积极情绪，从而维持并加强与他人建立的社会关系。

社会关系就是我们的社会资源，包括与人建立友谊以及获得来自他人的社会支持。积极情绪可以使我们保持开放性，这种开放性对人际关系的建立至关重要。经常表达积极情绪的个体会拥有更多的吸引力，因为积极情绪具有感染力，你的快乐会点燃其他人的快乐，使得他人更愿意与你做朋友、一起共事，这是构建社会关系的重要过程。

我们在日常生活中会发现，有些人有很多朋友，而有些人却几乎没有朋友。我们发现，快乐的人因为经常表达积极情绪，所以能够吸引更多的人来与他交朋友或者建立合作关系。青少年和幼儿往往能在与他人一起玩耍和游戏时结交好朋友，这正是因为游戏的过程能激发双方的积极情绪，从而使得游戏中的孩子们更加容易建立起友谊。

在长期的亲密关系中，积极情绪的作用是巨大的。我们的伴侣是我们最重要的社会支持来源，与友情、亲情共同构成了我们赖以生存的社会支持系统。科学研究表明，伴侣之间经常分享彼此的积极情绪，如快乐、兴趣、逗趣等可以有效加深两个人之间的亲密关系，使得双方能够一起建立重要的储备资源，以帮助彼此在未来渡过一些不可避免的困境。

积极情绪通过帮助个体更好地建立和维持各种关系来建构社会资源，比如亲子关系、夫妻关系、伙伴关系等，这些关系都是个体重要的社会资源，这些长期、稳固的关系会在个体遇到困难时为其提供资源与支持，使得个体能够更好地应对和解决问题。

积极情绪建构心理资源

在面对逆境和失败的打击下，为什么有些人能够快速地恢复到原有的状态甚至能经历创伤后成长？为什么有些人在打击之下一蹶不振、意志消沉，最终自暴自弃呢？

答案是前者拥有更多的心理资源，能够有效抵抗困难和挫折带来的压力。那么如何才能建立强大的心理资源储备呢？积极情绪就可以帮助我们建构心理资源。

积极情绪建构的心理资源包括心理韧性、乐观和创造性等。积极情绪能够帮助我们有效应对消极情绪，而开放且灵活的思维能够有效地整合上述三类资源（生理资源、智力资源、社会资源），从而使我们提升整体的心理资源，逐步提升心理的适应能力，更卓有成效地解决问题，达成目标。

积极情绪可以有效提高个体心理韧性的水平。韧性在物理学上是指物体受到外力挤压时反弹。心理韧性则是指在面对严重威胁时，个体的适应与发展仍然良好的现象，也指个体拥有一系列能力使得自己在遭受压力与危险时能够迅速恢复与成功应对的过程。

个体在受到压力与创伤的影响时，往往会产生消极情绪，陷入恶性循环。而积极情绪可以有效地消除不良情绪的影响，使个体停止恶性循环，清除消极情绪的恶性影响，也让个体的血压迅速恢复到正常水平。

心理韧性是一种非常重要的内在心理资源，积极情绪可以帮助个体建构这类资源。研究发现，个体体验到的积极情绪越多，个体的韧性水平就越高。在进行一次有许多听众的演讲过程中，那些拥有高水平心理韧性的个体比拥有低水平心理韧性的个体更能够从消极情绪里迅速而有效地恢复到正常的生理水平，如心跳、血压等。这些具有较高水平心理韧性的个体尽管在演讲中也会感到紧张，但是他们也更能够享受演讲的过程，并能引发自身的愉悦体验。

积极情绪不仅可以提升个体的心理韧性水平，还能让个体保持乐观的心态。乐观的个体在面对问题、身陷困境时不仅能看到事情消极的一面，也能看到事情积极的一面，从而能够想出更多的办法应对问题。积极情绪的扩展功能能够使得个体打开自己的眼界，拥有更加开放灵活的思维模式，无论是在信息的收集上，还是在分析与解决问题上，积极情绪都能够让个体保持乐观的心态去面对当下的困境。

长期来看，积极情绪可以帮助个体建构各类资源：智力资源可以帮助个体学习新知识、解决棘手的问题，生理资源可以让个体发展各种技能、保持身体健康，社会资源则能让个体拥有长久稳定的社会支持网络，心理资源则帮助个体积极有效地应对各种问题与困难，保持开放乐观的心态，从而让个体获得蓬勃发展的人生。

在拓展建构理论里，拓展功能和建构功能之间是相互影响、互相促进的。积极情绪的体验拓宽了个体的注意和认知，促进了个体有效地应对问题以及建构各种资源，而良好的应对问题的经验和资源的建构又可以带给个体更多的积极情绪。这是一个循环的过程，是一个螺旋向上的过程，通过这种向上过程的不断推进，个体不断得到锻炼和成长（如图 3-2 所示）。

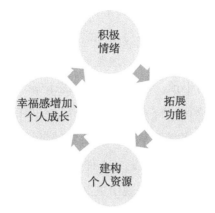

图 3-2 积极情绪的螺旋式上升

如何培养积极情绪

1. 表达感恩

今天是光棍节，我收到了很多朋友送的糖果，很感谢她们。

我期中考试考得不理想，化学老师在上课的时候总会盯着我，并且问我跟不跟得上，我很感谢老师的帮助。

下午，也许是受凉了，胃病突然犯了，疼痛难忍，只好趴在桌子上忍受疼痛。但我的同学觉察到了，他们问我怎么了，还给我药吃，当时挺感动的，尽管胃还在疼，但是心里很暖。

以上的内容是一个天津高一学生写的感恩日记摘录。我们经常提到要知恩图报，要感恩，那到底什么是感恩呢？感恩是一种积极情绪，是受惠者接受他人的恩惠之后，内心产生的一种想予以回报的冲动。研究感恩的美国心理学家罗伯特·埃蒙斯（Robert Emmons）是这样描述感恩的："个体在认识到他人是以一种对自己造成损失，对接受者有价值，并且是有意使得个体自己获得积极结果时，感恩便出现了。感恩既是一种短期的积极情绪，同时也是一种特质。比如，有的人很容易对细小的事物产生感恩的情绪，那么就称这个人具有感恩的特质。

研究表明，最能预测一个人主观幸福感的就是感恩，即你的感恩水平越高，你的主观幸福感就越高，生活得就越满意和幸福。研究发现，具有感恩特质的人的生活满意度会比常人更高。埃蒙斯和同事做过两个实验，实验 1 是对大学生进行为期 10 周的干预，每周写一次感恩记录，要求大学生记录下 5 件事情。要求三组被试分别记录 5 件感恩的事情、5 件有争议的事件和 5 件有影响的事件，记录感恩事件的为实验组，其余为对照组。实验 2 是对大学生进行为期 13 天的干预，要求被试每天记录 5 件事情，分组情况同实验 1 相同。结果表明，两个实验组均比对照组表现出更高的感恩水平、生活满意度和更多的积极情感，以及更少的消极情感和身体不适等。

我们在进行感恩教育时，需要区分感恩和负债感这两种情绪。感恩在认知层面发现的非预期的"得到"是无条件的，而如果这种"得到"是有条件的，比如强调付出者做出了巨大的牺牲，言下之意是得到者必须要做出回报。如此，虽然可以引发得到者回馈的行为，但不能使其产生感恩的积极情绪，而产生的是负债感（一种消极情绪）。所以教育者在进行感恩教育的时候，要将感恩与负债感进行区分，因为有时候感恩和负债感所对应的行动很类似。比如，个体在进行感恩的时候可能会因为触动了内心而自发地流泪，但是负债感会让个体产生内疚甚至是悔恨，进而刺激个体产生号啕大哭的行为。

我们可以通过一些方法培养感恩，进而持续提升自己的幸福感。

方法一：感恩日记。在每天结束的时候，列举 3～5 件当天发生的值得感激的事情。这些值得感激的事情可以是很小的事情，比如，同学给你糖果吃，也可以是你受到同学的关怀与照顾等使你感到温暖的事情……只要是你觉得值得感激、给你带来了积极情绪体验、让你觉得幸福快乐、让你觉得很有意义的事情就都可以记录下来，就像之前我们摘录的高一学生感恩日记的范例一样。

方法二：感恩拜访。感恩拜访要求个体选择一个自己想要感谢的人，然后给他写一封感恩信，然后拿着感恩信去拜访这个人，当场把感恩信读出来给你要感恩的人听。

实践效果表明，在你写完感恩信之后，就算由于腼腆或其他原因没有进行感恩拜访，仅仅是写完感恩信也能够让你更加幸福与满足。

2. 学会宽恕

"紫罗兰把香气留在那踩扁它的脚踝上，这就是宽恕。"美国著名作家马克·吐温（Mark Twain）说过的这句名言，无疑是对宽容最生动的诠释。积极心理学家塞利格曼也曾说，快乐的第一法宝是宽恕的心；密歇根大学心理学家克里斯托弗·彼得森认为，宽恕是所有美德之中的王后，也是最难拥有的。宽恕，甚至能给自己和别人带来重生的机会。

美国耶鲁大学、加州大学、密歇根大学联合进行的一项跟踪调查发现，对人宽容、乐于助人的老年人更长寿。从心理学角度来看，宽容是心理养生的"安全阀"，待人宽容不仅能体现个体的气度和胸襟，更是人格坚强、有力量的表现。不宽恕别人，则会增添自己的心理负担。想得开、肯宽恕，自然就会心平气和，心跳、血压平稳，对心脏健康大有好处。

英国圣安德鲁斯大学的一项最新研究显示，宽恕能让人忘记负面事件。李建明认为，选择宽恕，消除负面记忆，能将你从受害者的阴影和无力感中解救出来。此后，你就不会再把生活建立在对他人的指责上了，你开始明白自己随时可以开始新生活，担起让自己幸福的责任。拥有一颗宽容的心，能减少焦虑和压力，降低血压和心率，使我们拥有更好的人际关系和更强的幸福感，还可以给自己和对方都带来重生的机会。

我们在与他人相处的时候，会产生矛盾，可能是你们交流讨论时意见不一致，可能是他人看你不顺眼而欺负你，也可能是因为嫉妒你而故意伤害你、疏远你。我们会因此而不开心、痛苦或是愤怒，这样的我们就会被消极情绪包围，体验不到生活的乐趣。学会宽恕别人，则可以把我们从消极情绪的泥淖里解救出来，那怎样做才能够宽恕别人呢？

有一个宽恕模型把宽恕作为目标，宽恕的过程总共分为三步（Gordon, Baucom & Snyder, 2004）：第一步是要实事求是地评价两个人的关系；第二步是消除对侵害方产生的固有的负性情绪；第三步是淡化受害方想要惩罚或报复对方的愿望。这种宽恕的方法提高了受害方对侵害方的同理心，宽恕使得受害方受到的创伤和负性感受慢慢地随着时间减弱并消退。

当我们提到宽恕时，通常意义上是指宽恕别人，其实宽恕的对象也可以是自己。宽恕自己被定义为"自我宽恕"，是指消除因觉得自己做错了事或违反了规则而产生自我怨恨感的过程。宽恕的对象还可以是一个情景或事件，如龙卷风、洪水、地震等。个体也会因为这些自然灾害带来的伤害而感到愤怒、憎恨，宽恕这些自然灾害是为了让个体更好地投入到生活中去，并释放掉对生活中一系列"倒霉事"的怨恨情绪。

3. 品味生活

假如你是一个从来没有见过橘子的外星人，你拿起橘子，先用手去抚摸橘子的表皮，感觉它外表的凹凸不平。你还能够闻到橘子独有的香气，你把橘子剥开，掰下一瓣儿来仔细观察其颜色和纹路，一口咬下去，橘子的汁带给我们酸酸甜甜与冰冰凉凉的口感，当你全身心地投入到吃橘子的整个过程中时，你会体验到吃橘子的快乐延长了。

以上描述的慢慢吃橘子的过程就叫品味。

弗雷德·布莱恩特（Fred Bryant）把品味定义为旨在领会以及放大某种积极体验的思想和行动。根据这个定义，品味可能以三种时态形式出现。第一种是预期或是享受即将到来的积极事件，当新年假期快要到来时，个体想到马上就要跟家人团聚了，就可以体会到满心的欢喜。第二种是活在当下，或者思考和从事能够强化和延长积极事件的事情，比如你在全神贯注地吃一个橘子的时候，是什么样的感觉？第三种是回忆，重新体验那些快乐的事情可以让我们找回当时的快乐，重新体验当时出现的积极情绪。比如，你拿着相册，翻看以前存留下来的照片时，你会重新回忆起当时的美好画面，这种对过去美好记忆的重温，会让你获得快乐的积极体验。

从时间的角度来看，品味分为过去、现在和未来三类。品味可以采取的形式则是多种多样的，包括跟他人分享、祝贺自己、沉浸在当下、细数自己的幸运、翻看旧照片、书写过去美好的事情等。这些不同形式的品味，可以让我们体验积极情绪以及放大和延长我们的积极体验。

4. 冥想

如果你看到了这一段，我想请你先放下这本书，也停止其他活动。找一个相对安静的环境，在一个比较舒适的椅子上坐下来。摘下你的手表、手环、眼镜、耳环等，挺直你的腰背，双脚自然地放在地上，双手放在大腿上，手心或手背向上都可以，自然舒服就行。然后慢慢闭上双眼。开始做深呼吸，用鼻子吸气，用嘴巴呼气。把你的注意力专注在呼吸上，鼻子吸气时，想象你吸入的是沁人心脾的清凉空气。嘴巴吐气时，想象你肺部的废气都随之排出体外，一身轻松。做 30 次这样的呼吸。如果做的过程中你的注意力不知不觉从呼吸跑到了其他事情上，没关系，不要着急，不要责备自己，慢慢将注意力拉回到你的呼吸上就可以了。现在就花三五分钟体验一下吧，配上自己喜欢的轻音乐效果会更好。

如果你做了上面的小练习，做完之后你就会觉得神清气爽、头脑清醒、平静舒服、充满能量。这就是冥想中最简单的呼吸冥想。

我们在之前的内容中提到过积极情绪的功能，它会自然地打开我们的思维，就像是花儿在阳光雨露下会绽放一样。然而，积极情绪和开放性是相辅相成、相互促进的，即积极情绪可以拓展你的思维，让你保持对外界的开放性，反过来，这种身心的开放性也会使积极情绪随之而来。所以，为了获得积极情绪，保持开放性是个不错的方法。

人类的身体本来就是一个系统，是一个开放的系统，它时刻保持着与外界进行物质和能量的交换，比如我们吃饭喝水、我们吸气吐气。同样，我们的心灵也是一个开放的系统，我们时时刻刻都在感知着周围的环境，时刻与环境进行信息的交换，比如我们的视觉、听觉、触觉为我们感知最基本的信息，我们与他人交流的过程中也在不断地将信息传递出去。心灵作为一个系统，必须保持开放，只有心灵开放才能够保持信息的自然流动，心灵只有获得了丰富的信息刺激才能不断成长。

如何提高开放性呢？若想要提高开放性，冥想是一个非常不错的办法。冥想最初指的是瑜伽中最珍贵的一种技法，是实现入定的途径。但是，随着科学对冥想的进一步研究和探索，使其变得大众化，人们可以通过简单的冥想练习，帮助自己减少消极情绪，增加积极情绪，重新把控自己的生活。

根据不同的功能和体验，冥想可以被分为好多种。比如，觉知力冥想可以打开我们的思维，开启我们的心扉，仁爱冥想可以帮助我们体验与他人之间的联系，引发深刻而由衷的积极情绪。

对于在校学生们来说，冥想是一种不错的放松方法，既能拓宽思维，又能提升积极情绪。事实上，不少学校已经将冥想融入校园活动。有的学校在课间时间进行冥想训练，帮助学生们缓解压力，放松心情。据调查，经常进行冥想练习可以让学生放松下来，有效地缓解他们的学习疲劳，恢复精力，帮助他们更加积极主动地投入到学习中去，上课学习时更加聚精会神。

学校引入冥想练习时可以根据不同年级的不同特点，选择适合相应年龄段的冥想主题和设定冥想时长。一般对于学生来说，冥想时间不宜过长，而且一般学生比较适合运用放松类的冥想方式。

5. 帮助学生发挥他们的优势

学生们在做自己擅长的事情的时候会体验到流畅感和成就感，这又促使他们不断地完善自己的能力和优势。经常能发挥自己优势的学生自尊心更强，也更有自信，做自己擅长的事情时更有动力，也更容易找到途径去达成目标。经常听到很多学生说不知道自己的优势是什么，现在的学校教育太过于重视分数，导致学生们觉得分数才是评价他们的唯一标准。所以，首先我们要帮助学生发现他们的优势，可以运用 VIA、克里夫顿优势识别器等来发现他们的优势，当然是否是优势还要经过实践的检验；其次是让学生认识到自己的优势并经常使用它们。

发挥优势的时候，学生们能够显著地衍生出积极情绪。因为在使用自己的优势做事的时候，学生们会非常自信，自我效能感也会很高，自然而然就会产生如愉悦、自豪等积极情绪。这种积极情绪的体验反过来又会不断促进个体去培养自己的优势，发挥自己的优势。

除了上述这些培养积极情绪的方法，还有很多可以激发积极情绪的方法。比如，经常与你的好朋友在一起，与大自然接触，享受大自然的美好，等等。这些方法都可以有效激发你的积极情绪，你可以去尝试每一种方法，找到你最喜欢的、最适合你的方法，并把它主动地运用到你的生活中去，体验更多积极情绪会让你的生活更快乐、更幸福、更有意义。

管理消极情绪

我们详细介绍了什么是积极情绪、积极情绪的种类和功能、积极情绪给我们的身心带来的益处以及培养积极情绪的方法。我们给别人的祝词一般都是类似的短语，比如"一生幸福""笑口常开""永远开心"等。其实我们就是希望我们所祝福的人能够体验到更多的积极情绪，最好是每时每刻都是开开心心的、幸福美满的。这是我们美好的祝愿，但是现实情况是没有人能够时时刻刻保持积极情绪，所有人都体验过消极情绪。消极情绪和积极情绪就像是一枚硬币的两面，相伴相生。消极情绪和积极情绪一样，也是我们身心的一部分，虽然它会给我们带来不好的体验，但是它也有存在的价值和意义。

尽管消极情绪在人类进化过程中发挥着重要作用，但是在现代社会，体验过多的消极情绪会带给我们很多破坏性的影响，消极情绪会降低免疫细胞的有效性，危害健康；体验过多的消极情绪还会使我们在看待世界时变得消极悲观、愤世嫉俗，从而影响我们的生活质量。所以我们要管理我们的消极情绪，减少或尽量避免它给我们带来危害。

悦纳消极情绪

我们对事物了解得越清楚、越全面、越深入、越是能够理解它们存在的合理性与价值，就越能够接纳它们。情绪也一样，我们若想要管理好自己的消极情绪，首先得认识和理解我们的消极情绪，并在理解的基础上悦纳它。

接下来，我们将会从几个方面入手，讲述消极情绪的进化作用、消极情绪发生和运作的特点，以及如何在理解的基础上接纳自己的消极情绪。

消极情绪的进化作用

我们在本章开头介绍情绪的时候就提到过，情绪是我们身心的一部分，消极情绪虽然让我们感觉不好，但它们并不是"坏情绪"，它们有自身存在的合理性与意义。在远古时代，复杂多变的危险环境需要我们的祖先具备消极情绪来应对潜在的危险，以提高自己的生存概率。不管是恐惧、愤怒，还是焦虑、厌恶，都有其进化层面的意义和价值，下面我们来具体介绍五种最常见的消极情绪的进化意义（如表 3-1 所示）。

表 3-1　消极情绪的行为倾向及进化意义

消极情绪	行为倾向	进化意义
恐惧	导致你逃跑	逃离危险；安全
愤怒	导致攻击或示威行为	提醒你受到侵犯；保护自己
伤心	导致你关注失去	提醒你可能会失去很重要的东西
厌恶	导致你远离	远离有害、恶劣的事物
焦虑	导致你高度集中注意力，应对危险	警告你危险就在身边或不远的未来

在表 3-1 里，我们可以看到各种消极情绪的行为倾向和它的进化意义。例如，恐惧，当个体遭遇威胁或是存在潜在威胁的情境时，个体就会体验到恐惧的情绪，这种情绪会调动个体全身的能量和注意力准备逃跑，以逃离危险源，进而保证自己的人身安全。愤怒，其行为倾向是攻击或者示威，目的是提醒个体受到了侵犯，保护个体不受侵害。伤心，这一消极情绪会促使个体关注失去，提醒你这种失去可能会对个体的生存造成威胁。同样，焦虑和厌恶也有相对应的行为和进化层面的意义。

虽然消极情绪拥有这么重要的进化层面的价值和意义，但是我们现在的生存环境和生活条件比我们远古的祖先好太多了，我们不用整天提心吊胆地提防随时会偷袭我们的野兽，我们有坚固高大的房屋为我们遮风挡雨，我们还有充足的食物来获取能量而不用担心下一餐在哪里，我们还有发达的现代医疗为我们的健康保驾护航……但是，应对外界环境负性刺激的消极情绪及本能的生理和行为反应却深深刻在我们的基因里，几百万年来几乎没有什么改变。所以，有时候我们会过多地体验到消极情绪，但其实很多可能存在的危险、威胁、伤害等都是我们想象出来的，这些确实给我们造成了实实在在的困扰，这也是我们要去管理消极情绪的原因。了解消极情绪的进化价值和意义，是理解和接纳消极情绪的重要一步。

消极情绪的特点：越抵抗，越强大

实际上当消极情绪来临时，你没法阻挡它。消极情绪带给个体糟糕的体验，所以人们本能地想要否认它们的存在，尽一切办法想要将它们消除掉。但是你越是这么做，消极情绪就越会缠着你不放。

消极情绪有一个很明显的特点：你越是抵抗它，它就显得越强大，越是难以消除。现在做一个小测试，在你的脑海里一直重复这句话："我不要想一只粉色的大象，我不要想一只粉色的大象……"如果你的脑海里一直浮现这句话，那么你的大脑想的就全都是粉色的大象。消极情绪就像这只粉色大象一样，你越是想压抑它，它就越是影响和干扰你。学校教育都在教学生们做一个大度、胸怀宽广的人，当学生遇到消极事件而生气的时候，老师和家长们可能会说"这么点儿小事儿你也生气，太小气了，你应该大度一些，这没什么大不了的"。这时候大人们其实就是在让孩子压抑他们自己自然产生的消极情绪，殊不知越是这么做，消极情绪就越难以排解掉。久而久之，会对孩子们的身心产生不利的影响。

研究表明，逃避回想创伤性和焦虑性的事件往往会促使这些事件不断地在脑海里重现，从而引发恶性循环，使得这些消极事件持续地影响我们。在有关抑郁症的研究中，对抑郁念头压抑得越是厉害，越是讨厌抑郁症的人，他们的抑郁症就越严重，也越难以痊愈。

消极情绪与积极情绪共用同一通道

心理学家把情绪分为消极情绪和积极情绪是因为他们有不同的性质和特征，也是为了便于研究。其实，消极情绪和积极情绪在人类的大脑神经系统里是共用一个通道的。当我们在生活中体验到消极或是积极情绪时，它们就会从同一个通道流出来。

就像我们的家用水管一样，情绪通道有时候也会发生堵塞。那什么时候情绪通道会发生堵塞的情况呢？当我们因为一些开心的事情体验到积极情绪的时候，我们不会去压抑积极情绪，我们会自然地表达我们的喜悦之情，还会想和其他人分享，让积极情绪自由自在地流动，这时候积极情绪在情绪通道里顺畅地流动起来。所以，积极情绪并不会使得情绪通道阻塞。

当我们因为某些消极事件体验到消极情绪时，这些消极情绪本可以在情绪通道里自然地流动，带给我们它们存在的意义和价值。但是当我们压抑我们的消极情绪时，消极情绪就会淤积在情绪通道里，导致通道不畅通。我们的血液循环系统中的血管堵塞会形成血栓，它会阻碍血液的流动，危害个体的身体健康。同样，情绪的通道如果长期受到堵塞也会影响个体的身心健康。

有些家长会因为孩子摔坏东西或是打骂同伴等顽劣行为对其进行责骂。孩子们受到责骂通常会体验到委屈、伤心等消极情绪，会以哭泣的方式排解消极情绪。而此时有的家长会一边责骂一边用威严的命令式口吻说："不许哭！"这种做法是非常不恰当的。哭本来就是一种疏解消极情绪的方式，可以让消极情绪自然流通，但是父母的呵斥就阻碍了这一过程，导致孩子的消极情绪长时间排解不掉。

消极情绪和积极情绪是共用同一通道的，如果消极情绪堵在通道里，积极情绪也无法自然地流淌出来。所以关键在于我们不应该压抑我们的消极情绪，我们应该接纳它，而不是否认与压抑它。只有承认并接纳自己的消极情绪是自然的，消极情绪才会在通道里顺畅流通，也才不会阻塞通道，阻碍积极情绪的流动。

接纳自己的消极情绪

接纳自己的消极情绪并不是一件容易的事情，但确实是可以实现的。如果你对一件事物不了解，你就没办法理解它，也就没办法很好地接纳它。

我们无法消除消极情绪，当情绪产生的时候，我们只有两个选择：承认或是拒绝。你越是压抑、否认消极情绪，它就会反弹得越厉害，我们只能选择接纳它。有些人会假装接纳了，但是你骗得了别人，却无法欺骗自己，而且假装接纳不会有任何作用。

　　觉察、认识与理解消极情绪之后，我们应该给自己充足的时间与空间去感受自己的情绪，如焦虑、愤怒、悲伤等。只有真正体察到自己的情绪，我们才能真正了解它，才能够承认它的存在，才能够为进一步全然接纳它做好准备。著名的美国心理学教授纳撒尼尔·布兰登（Nathaniel Branden）曾说："愿意经历并接纳自身的情绪并不代表要让情绪完全主宰我们，也许我今天不想工作，我可以意识到自己的情绪，体验它、接受它，但我依然需要工作。通常只有当我们选择全然地接受负面情绪时，我们才能更好地释放它们。只有让它们有发言权，它们才会交出它们霸占已久的中心舞台。"

　　积极地接纳自己的情绪并不代表自己就被情绪控制了。相反，我们是在接纳并引导消极情绪。积极接纳自己的情绪，认可事情本来的样子，然后选择我们认为最适当、最有价值、最有利的行为。这意味着，我们在生命中的每一刻都可以进行选择。在心怀恐惧时选择勇往直前，在感到嫉妒时选择大度。真正的积极接纳是全面而深刻地理解事物。

管理消极情绪四步法

　　我们讲述了消极情绪的进化意义，消极情绪的特点是越压抑越反弹，不管是消极情绪还是积极情绪都共用一个情绪通道，以及如何去接纳自己的消极情绪。那当我们遇到一个具体的负性事件产生了消极情绪时，我们如何才能够有效应对和管理消极情绪呢？下面我们就来阐述下管理消极情绪的方法，一共分四步：（1）分析 ABC；（2）接纳消极情绪；（3）反驳消极思维；（4）主动面对，积极行动。

分析 ABC

　　管理消极情绪的第一步是分析 ABC。这里的 ABC 指的是情绪 ABC 理论的 ABC，此理论是由著名心理学家阿尔伯特·艾利斯（Albert Ellis）提出的，A（Adversity）指的是任何挫折、逆境，以及能引发后果的事件；B（Belief）是指什么导致了事件的发生，事件的含义是什么；C（Consequence）是由事件和信念导致的情绪和行为构成的。该理论告诉我们情绪源于个体对事件的认知和解释，是高度个人化的。同样一件事情，不同的人有不同的认知解释，会导致个体产生不同的情绪反应，进而产生不同的行为。

遇到引发消极情绪的事情时，我们首先要分析事情中的 ABC 成分。我们可以用跟自己对话的方式询问自己："我体验到了什么样的情绪（C）？这样的情绪是由什么事件引起的（A）？我对此事件是如何看待的（B）？"例如，小刚期末考试语文分数不及格（A）。然后小刚就会一直不停地想："我的语文太差劲了，我太笨了，学不会语文（B）。爸妈知道了肯定很不高兴。"小刚感到十分伤心，没精打采，特别沮丧，很有挫败感（C）。

接纳消极情绪

管理消极情绪的第二步是全然接纳自己的消极情绪。小刚因为语文考试不及格而陷入了自责、伤心、懊恼的消极情绪里。这时的小刚应该接纳自己的情绪，对自己说："没考好，难过伤心是正常的，任何人遇到这种情况都会伤心，我要接纳自己的情绪体验，给自己时间消化这些情绪，慢慢地我就会好了。"

接纳自己的消极情绪是非常关键的一步，如果抵抗消极情绪，只会越来越糟，也就没法为后面的两步打下基础。接纳自己的消极情绪需要一个过程，每个人消化和处理消极情绪的能力和速度不一样，要坦然接纳自己。

反驳消极思维

消极情绪的产生往往是由消极认知思维导致的。小刚的语文考得不好，他觉得自己太笨了，这样就全盘否定了自己，也许综合来看，小刚的总分还不错，英语考得也很好，也许语文没考好是因为复习不到位，考试过于粗心大意导致的。也许小刚觉得考得不好，父母会不开心，同学们也会嘲笑他笨，但是小刚也可以这么反驳自己的消极思维："这只是一次考试而已，并不代表以后也会这样。失败只是暂时的，只要下次努力，就一定会有进步。"

在这一步里，我们要关注我们的消极思维的漏洞，找到合理的理由来反驳自己的消极思维。在反驳消极思维的时候，我们往往能够更加全面地看待发生的事件，而不再仅仅关注局部的不足。

主动面对问题，积极行动

在前面三步的作用下，个体会逐步认识到自己的消极思维带来的危害，也能够全然接纳事情的全部以及自己的消极情绪体验，这个时候就需要个体主动出击，积极地面对问题，找到解决问题的方法，积极行动。经过前面三步的小刚，会主动找出语文不及格的原因，并向老师请教错题如何改正，他还可以向自己的好朋友和爸爸妈妈说说这件事情的经过，以寻求支持。

这种积极主动的行动会赶走消极情绪和消极思维，使得个体获得解决问题的方法，从而更加积极主动、从容自信地解决问题。

关键概念

情绪和情感： 情绪和情感是人对客观事物的态度体验和相应的行为反应。

积极情绪： 个体对有意义的事情的独特即时反应，是一种暂时的愉悦。包括喜悦、感激、宁静、兴趣、希望、自豪、逗趣、激励、敬佩和爱。

积极情绪的拓展功能： 积极情绪能够扩展个体即时的知—行范畴，包括拓展个体的意识、认知和实际行动的范围。

积极情绪的建构功能： 积极情绪能够帮助个体建构持久的资源，包括身体、智力、心理和社会资源。

第 4 章

投入

那是一种神奇的状态，你感觉自己几乎不存在，我时常有此般体验。我的手似乎不在我的身上，当时的情景与我无关。我只是坐着敬畏又惊奇地享受着音乐。

——佚名

【本章要点】

• 福流到底是怎样一种体验

• 如何创造福流

积极心理学之父塞利格曼在他的《持续的幸福》一书中这样描述投入："投入（engagement）与福流（flow）有关，指的是个体完全沉浸在一项吸引人的活动中，自我意识消失，时间也好像停止了。"投入与积极情绪不同，甚至是相反的，正在体验福流的人被问到"你在想什么，你有什么样的感觉"时，他们会回答说："我什么也没想，什么感觉也没有。"如果什么感觉也没有，那么这些人也就不会体验到积极情绪。处于福流状态的人们好像达到了物我两忘、天人合一的状态了，他们集中了全部的注意力，动用了全身心的认知资源和情感资源，因而无暇思考和感觉。

专门研究福流的积极心理学家契克森米哈在接受采访时总结说："无论你是做什么的，福流都可以助你成功，解除你的压力与焦虑，我们大部分的压力与焦虑都源于我们对自身的关注，而非手中的任务。"

福流的价值越来越被人们所接受，因为人们发现，福流在人生的方方面面的应用都可以使人们的生活质量得到提高，进而达到最优化。

福流：一种沉浸体验

跳舞时，我的身体不知不觉地与音乐融为一体。一开始时我对身边的事物有所知觉，容易受到干扰，但是一旦我进入状态中，跳舞时我就可以完全融入音乐中，那是我表达的方式，很难用语言来说明，因为它是由心而发的感觉，跳舞时我会不知不觉地跳出有节奏的舞步，我不用刻意去想下一步怎么跳。

那是一种神奇的状态，你感觉自己几乎不存在，我时常有此般体验。我的手似乎不在我的身上，当时的情景与我无关。我只是坐着敬畏又惊奇地享受着听音乐的时光。

上面两段话是契克森米哈从10 000多名世界各地的被访谈者语录中选出来的，分别出自一位舞蹈家和作曲家对他们自己福流体验状态的描述。

福流的概念最早是由契克森米哈在二十世纪六七十年代发现并提出的。契克森米哈在观察画家、棋手、攀岩者以及作曲家等在自身领域有杰出成就的人时发现这些人往往能够全神贯注地投入他们的工作或活动，时常忘却时间，有时感觉不到时间的流逝，注意力非常集中，对身边发生的事情缺少感知，不易受到干扰。

结合对这些访谈资料的总结和研究，契克森米哈针对福流给出了两种不同的描述。

第一种描述： "当人们全神贯注地投入到某种活动中时，会获得一种贯穿全身的感觉，在这种状态下，动作非常连贯，似乎受到了一种内在逻辑的牵引，无须主体有意识地进行干预。这种连贯性就好像是一股流。此时，自我与环境之间，刺激与反应之间，过去和现在以及未来之间的差异微乎其微。"

第二种描述： "当游戏者完全被活动吸引时，他们会嵌入一种共同的经验模式，会窄化个体的思维意识，让个体丧失自我意识，只对清晰的目标和具体的反馈有感知和反应，其他一切不相关的知觉与想法都被忽略掉了。"

上述的两种描述其实是从不同的角度描述了处于福流状态的特征以及想要达到福流状态需要满足的若干条件。

所以福流被定义为一种最佳的投入状态，个体认识到行动挑战，这些挑战既不会阻碍个体充分发挥现有的技能，也不会使其备感吃力，个体能专注于清晰的目标。

契克森米哈是从很多画家、棋手、作家等专业人士入手研究福流的，但是他指出福流不仅仅局限在专业人士或创造者的身上，也包括大众群体，如热爱学习的青少年、热爱工作的白领上班族，以及热爱洗衣做饭的家庭主妇等。福流体验的发生跟年龄大小、性别、工作活动的不同等都无关，任何人都有可能体验到福流。只要个体全身心地投入到活动当中，集中注意力在具体的活动上，有明确的目标和及时的反馈，他就能够体验到福流。

福流模型：挑战与技能的 8 种组合

从福流的定义和对福流状态的描述中，我们可以看到要想进入福流状态，最关键的条件是个体的技能与当下活动的挑战难度相匹配。

契克森米哈在早期研究福流时，通过对个体能够知觉到的挑战难度和个体的技能之间关系的分析，得出了 3 种个体能够体验到的状态：（1）福流，挑战与技能相匹配；（2）厌倦，个体的技能水平高，挑战难度偏低；（3）焦虑，个体技能水平低，而挑战难度偏高。

自契克森米哈提出了早期的福流模型至后来的 20 多年里福流的概念变化不大，但是技能与挑战的均衡模型得到了不断升级，如图 4-1 所示。

在早期福流模型中，心理学家认为当个体的技能与挑战相匹配的时候，个体就可以体验到福流。如当挑战难度很低你的水平很高时，以及你从事的活动并不需要那么高的技能水平就可以应对时。例如，你跟一个 8 岁的儿童下围棋，这一活动并不会给你带来什么挑战性，你也无须发挥高超的围棋技能就可以轻松应对，这个时候你会体验到什么样的状态呢？研究表明，当个体发现挑战和技能均低于个体的平均水平时，会体验到冷漠；当它们都高于平均水平时，才会体验到福流。

我们根据获得的大量资料，对挑战与技能的关系进行了全方位的梳理，最终得出了以下 8 种组合关系。经过实际调查数据的比较发现，该图非常贴切地表示了那些接受问卷调查的人们所反映的情况：当处于不同的挑战和技能水平时，人们的确有不同的心理状态。

（1）高挑战和中等技能：激励。

（2）高挑战和高技能：福流。

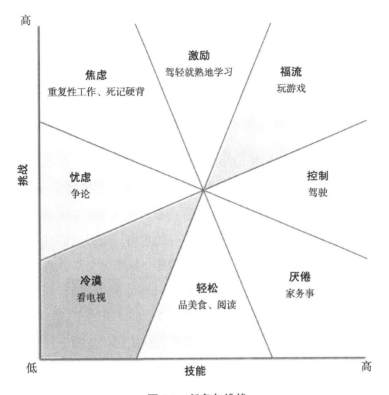

图 4-1　任务与挑战

（3）中等挑战和高技能：控制。

（4）低挑战和高技能：厌倦。

（5）低挑战和中等技能：轻松。

（6）低挑战和低技能：冷漠。

（7）中等挑战和低技能：忧虑。

（8）高挑战和低技能：焦虑。

当前的福流模型显示，要想体验到福流，除了要求个体技能与当下的挑战相匹配之外，还要求觉知到的挑战与技能要在个体平均水平之上。比如，你与那些经验丰富、技能高超的人下围棋，你会不断地经历挑战，你的技能也会得到锻炼，这样你就更有可能体验到福流。如果个体的技能与挑战是其他组合，以及考虑到与平均水平的关系，则个体就会体验到福流之外的几种状态如冷漠、厌倦、放松、控制、焦虑等。

投入与福流的脑神经机制

当孩子们全神贯注地听课时，当孩子们全身心投入足球比赛时，当孩子们专注在好玩儿的团体游戏时，他们的大脑里在发生什么？

当我们全神贯注地投入当下的活动时，我们的注意力全部放在了活动过程的内容上，它可能是一首歌、一段视频、一场足球比赛或者是一连串的动作。我们的注意力分为两种：无意注意和有意注意。无意注意是指我们没有意识到我们把注意力放在了某些事物上，比如你一边走路一边打电话，走路就属于无意注意，因为你根本不会去思考下一步该迈哪一条腿，一切就自然而然地发生了；而打电话则属于有意注意，你清楚地意识到对方讲话的音调和内容，并且清晰地思考着下一步你要说的话。

负责无意注意活动的神经网络多数都是大脑底部的皮层下神经回路，我们的有意注意活动的神经网络则处于大脑顶部的新皮层。皮层下神经和新皮层之间是相互联系、互相影响的。负责无意注意活动的皮层下神经回路能够自下而上地向位于顶部的新皮层发送信号，这样我们才能够意识到无意注意活动的内容与结果，在认知科学领域，这被称为"自下而上"的神经运行方式。与之对应的则是"自上而下"的运行方式，即发生在新皮层的有意注意活动，会对皮层下的神经回路进行调节或下达命令。所以，我们的大脑有两种不同的神经回路在同时运行。下面我们来看看它们各自都有怎样的特点。

我们先来看一下自下而上的神经运行方式的特点：这种运行方式是自动的，永远处于开启状态，它的运行速度更快，需以毫秒为单位来计算，我们可以称之为快思维；属于直觉性的，易受情绪驱动；它通常会指挥我们的习惯性行为和行动，所以能够同时处理多个任务。

与之相反，自上而下的神经运行方式的特点是：运行速度较慢，我们可以称之为慢思维；需要个体努力去保持自主性和主动性；这种运行方式具有自我控制功能，能够监管和压制自动的行为反应，还能够抑制情绪冲动；它还能让个体自主学习新东西并制定目标；这种方式的缺点是个体一次只能处理一件事情。

有意注意与选择注意属于自上而下的运行方式，无意注意、反射性注意、冲动行为以及行为习惯都属于自下而上的运行方式。我们用心读书，专心给他人挑选礼物属于自上而下的方式，我们自然地呼吸，已经养成习惯骑自行车的动作则属于自下而上的过程。实际上，日常生活中，我们一直在这两种方式间来回切换。

有时候自上而下驱动的行为可以逐渐转化为自下而上的自动驱动的行为。我们在刚开始学习骑自行车时，需要投入高度的专注，时时思考下一个动作是什么，该怎么做，有时候一不留神就可能从自行车上摔下来。在这个刚开始学习的阶段我们采用的就是自上而下的运行方式。随着动作越来越娴熟，对自行车的控制越来越熟练，骑车已成习惯，骑自行车对我们来说就是一项已经掌握了的技能，这个时候我们就可以一边骑车一边跟好朋友聊天了。此时，自上而下驱动的行为就变成了自下而上的方式了。

人类大脑追求节能、高效的能量经济原则，所以会尽可能地将自上而下的行为与动作通过学习、练习转化为自下而上驱动的行为方式，这样就能够消耗更少的认知资源与能量。练习的次数越多越熟练，原本需要投入很多注意力的动作就慢慢演变成了习惯性的机械行为，最终就被自下而上的神经回路接管了。

我们的大脑会在自下而上与自上而下这两种神经回路之间分配任务。当个体对任务越来越熟悉，这时就会由底层神经代替顶层神经来执行该任务，即由自下而上的过程取代自上而下的过程。若想要实现这种转换，我们就需要逐渐减少专注力的投入，直至为零，此时的任务就变成了完全的自动执行了。

我们可以看到，当个体的技术、动作、技能达到了炉火纯青的境界时，即使没有有意注意的参与，他们也能完成高难度的任务和动作。如果个体动作、技能不够熟练，那么在其从事相对应的活动时就有可能需要投入高度集中的注意力。高水平、大师级的个体在从事已经熟练掌握的相关技能活动时，在认知上就不需要付出额外的努力，即进入了自下而上的运行方式。

那处于福流状态时，我们的大脑到底是由自上而下的神经回路主导，还是自下而上的过程占上风呢？其实，当你投入一个活动并处于福流状态时，整个过程既需要自下而上回路的参与，也需要自上而下回路的配合。那些高水平的画家、棋手、作家、运动员在他们各自所擅长的领域里经常能够体验到福流。那些参加顶级足球赛的足球运动员，在巅峰对决时常常非常投入和专注，对决的难度与他们的足球水平相匹配，他们可以很娴熟地传停带射，这个动作就是自下而上的过程。比赛的攻守切换速度往往很快，球员还要集中注意力，不断观察场上的局势变化，随时与队友配合或攻或守。这个过程就是自上而下的神经回路在做主导。

所以，福流的状态是由"自上而下"和"自下而上"两个过程配合来完成的，两个过程的进行都非常流畅且两个过程之间能够很自如地切换。

福流状态的体现

根据前文对福流状态的描述，个体在福流状态中会呈现出多种表现，比如注意力高度集中在当下的活动，行动与觉知相融合，拥有掌控感及时间感等。下面我们针对几种最常见的福流状态的表现进行阐述。

行动与意识相融合

在生活中有一种很常见的现象，就是个体想的不是他正在从事的活动。有的学生在教室里坐着听课，但是他的思绪可能已经跑到教室外面去了，在想放学后跟朋友一起打球、一起吃饭。我们做事的时候常常会分心，会被一些其他的人和事情干扰。比如，上班族在周五的时候就会想周末怎么过，你刚刚学习打网球的时候，会想旁边的人怎么看你，会不会嘲笑你。然而，在福流体验中，我们的意识非常集中，全部的注意力都会放在所从事的活动上。挑战与能力势均力敌时就要求个体的精神必须非常集中，明确的目标和不断反馈可以帮助个体做到这一点。

不易受到干扰

福流体验的一个典型的要素是我们要把注意力全部集中在当前的活动上，因此我们只会觉察到与此时此刻有关的信息。如果音乐家在演奏的时候分心，考虑自己的财务状况，他就有可能敲错音符；在气氛紧张的足球比赛中，如果运动员因为跟女朋友分手而思虑万分，他也不可能很好地投入快节奏的比赛，极有可能会频频失误，而被教练换下场。福流是个体注意力高度集中于当下的结果，它让我们摆脱了对日常生活中的焦虑和抑郁的恐惧。

不会担心失败

当处于福流状态时，我们的注意力会充分集中，所以不会考虑到会不会失败。有些人把它描述为"一切尽在掌握之中"的感觉，但事实上我们并没有完全控制局面，只是我们没有时间去考虑可能的结果。一旦你去考虑结果会失败，就会引发你的焦虑，把自己拖出福流的通道。失败的可能性之所以不会成为干扰我们的问题，是因为在福流状态下，我们清楚地知道我们要去做什么，并相信自己的能力能够应对在实现目标过程中会遇到的问题。

自我意识消失

人类是群体性动物，我们与其他个体的关系对我们的生存适应性至关重要。因此，我们总会在意身边的人的看法，随时留心自己会不会遭到他人的忽视、嘲笑或是侮辱，以便能及时进行反击，捍卫自己，也可能会处处留心如何做才能给他人留下好印象，因此变得忧心忡忡。这些自我意识都是一种负担，有了这些负担，我们做事的时候就不可能集中精力、全神贯注，更没法进入福流状态。这种自我意识其实也是一种自我保护。在福流状态里，我们对自己正在做的事情太投入了，因此不会去自我保护。但是在福流状态结束后，我们便会产生非常强烈的自我意识，我们会意识到自己已经成功地应对了挑战。我们可能还会觉得自己好像走出了自我边界，成为了更大存在体的一部分。音乐家觉得自己与音乐融为了一体；足球运动员可能觉得自己成为了整个团队不可或缺的一部分；小说的阅读者可能在跌宕起伏的情节中沉浸了好几个小时，久久不能自拔。

时间感扭曲

一般来说，当我们处于福流状态时，我们会忘记时间，感知不到时间的流逝，几个小时感觉好像只有几分钟。很多人认为所谓福流或者投入就是感到时光飞逝的状态，事实上这种说法过于片面。诚然，日常生活中最常见的福流状态就是感到时光飞逝，像是跟家人去旅游、跟朋友踢一场球、钻研一道数学题、专心写文章。当我们从沉浸状态中抽离时，会感觉时光被人偷走了似的。

其实，投入也会对时间施展其他的魔法。例如，对于每一个世界级短跑运动员而言，在短跑中感受到的时间似乎被拉长了。因为每一秒他们都做出了无数的动作，他们在不断地感知自己的身体，感知周围的状况。对于芭蕾舞舞者而言，时间似乎走得无比精准，不快也不慢，因为他们在跳舞的同时也在感受着时间的韵律，令自己的动作与时间结合。

活动本身具有了目的

小说家纳吉布·马哈富兹（Naguib Mahfouz）曾说："我爱我的工作本身甚于它所产生的附属品。无论结果如何，我都会献身于工作。"有些人之所以能够产生福流体验，是因为他们重视的是活动本身，而不是结果，无论结果好坏，活动本身就是他们的目的。换句话说，就是只要参与了活动，他们的目的就达到了。

以上描述的这些福流状态的特征可以帮助我们辨别自己在参与哪些活动时进入到了福流状态里，从而在生活中多多参与这些"福流"活动。

想一想：你在什么状态下或是活动中会出现上述的一种或几种特征？

福流状态的条件

我们介绍了福流的概念、福流模型、福流产生的脑机制以及福流状态的各种表现，那究竟如何才能在生活的各类活动中体验到福流呢？我们从福流的定义中可以知道达到福流状态所必需的、最重要的条件就是个体的技能水平与任务挑战难度相匹配，此外，要想更好地体验福流，还需要一些其他条件，如下所述。

1. 挑战与技能相平衡

想要获得福流体验，很重要的一个条件是：必须满足参与者的技能与面临的任务难度相匹配。在日常生活中，有些活动我们觉得太难，有些活动我们觉得很容易。面对太难的活动，由于我们的技能没法应对，因此我们会变得沮丧而焦虑；面对太容易的活动，我们的能力又远远超出活动所需的能力水平，我们会因此感到无聊与乏味。在打乒乓球或是下象棋的时候，如果对方是个高手，很快就把你打败了，你肯定会觉得很沮丧，因为你觉得自己太失败了，能力太弱；如果对方是个新手，你又会觉得一点挑战性都没有，因此觉得无趣，甚至产生厌倦感；但是当双方势均力敌时，局势会变得跌宕起伏、你来我往、不相上下，就算最终有一方被打败了，你也会觉得特别痛快，因为你进入了福流状态。

2. 每一步都有明确的目标

在日常生活中，我们经常会制订计划，设定目标。但是有时候设定的目标太大，往往会导致在实际操作的时候仍然不知道该怎么做。要想体验到福流，投入到自己当下的活动中去，我们需要每一步都有确定的目标。也许刚开始我们设定的是一个大目标，但是我们必须把大目标切分成具体的、具有实际指导意义的小目标，只有这样我们才能知道接下来的每一步到底该怎么做。足球运动员知道自己的位置和作用以及该怎样进攻和防守；音乐指挥家知道自己的每一个动作意味着什么，会产生什么样的旋律组合；农民知道何时耕地、何时播种、何时除草与施肥；攀岩者知道自己现在迈的一步对整个攀登目标的意义。无论我们进行什么样的活动，想要投入进去，达到福流状态，就必须在每一步都有目标指引着我们。

3. 行动会马上得到反馈

想要获得福流体验，我们就要设定目标，但是如果我们只有目标，没有得到及时的反馈，我们就没法知道当下的状态是怎么样的，任务完成到了哪一步，以及还有哪些需要注意的。所以，在拥有明确目标的同时，我们还要获得及时的反馈才能够进入福流状态。有了反馈，我们就知道下一步要做什么了，并与下一步的目标相结合。音乐家知道曲子进行到哪一步了，知道接下来该如何演奏，如果某个音符弹错了，音乐家马上就能意识到，并及时做出调整；攀登者知道脚下的这一步到底对不对，对后续的攀登有利还是不利；外科手术大夫知道这一刀下去位置切得对不对；农民知道庄稼的长势如何，缺水还是缺肥，该除草还是该除虫。所以，对于想获得福流体验的个体来说，获得及时反馈非常重要。

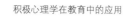

福流的价值

提高效率

福流体验是在一个活动中精神高度集中或者全身心投入的状态。在教育情境下，高度的投入状态可以提高我们的学习效率。研究发现，较之于普通的青少年，才华出众的同龄人在课堂和学习活动中更能够集中精神，但是在看电视和社交活动中的精神集中程度却较低。这一研究表明，将精神集中于更为复杂的活动中的能力或许是学业成就和才能发展的一大标志。全身心地投入到活动中，动用全身的能量，屏蔽掉周围的干扰，肯定能够提高我们做事的效率。

摆脱消极情绪，产生积极情绪

人们处于福流状态时能够体验到积极情绪，如愉悦与满足，即使个体在从事难度较大的活动时也不例外。但这种积极体验主要是在之后的回顾中产生的，因为个体在投入到活动的过程中时，所有的注意力都集中于当下的任务，无暇顾及其他事物。这里的其他事物既包含了刚刚提到的积极情绪，也包含了各种消极情绪。例如，当我们全身心地投入到足球比赛中时，我们的所有注意力都在传球与接球以及与其他队员的配合上，我们时刻观察着周围球员的动向。在这样的福流状态下，没有人会想着今天的晚饭吃什么，或者明天要交多少水电费。当我们处于福流状态时，各种各样的干扰都会远离我们，各种烦恼也都与我们无关。

获得成长

有研究显示，福流可以帮助我们成长。要达到福流的状态，我们当前正在进行的任务就必须要有一定的挑战性，这种挑战性要与我们的能力相匹配。以下棋为例，对手实力太强的话，我们会感到焦虑、挫败；对手水平太低的话，我们又会感到索然无味、没有挑战性。只有当对手的水平与我们不相上下时，我们才最容易进入福流的状态。在福流状态下，我们会充分发挥自己的能力，将个人技能水平发挥到极致，再加上精神高度集中，我们也就更容易突破自我，获得新的认知与技能。

提高幸福感

　　福流能够帮助我们摆脱消极情绪，产生积极情绪，进而提升我们的幸福感和生活满意度。研究表明，长时间处于福流状态的女性有着更积极的自我概念。在教育领域里，如果学生们在学业领域有更积极的自我概念，就会对校园生活有更高的满意度，学生们自然就会对学习生活有更高的投入度。所以，经常处于福流状态可以提升我们的幸福感。

　　在福流状态下，自我意识消失了，所有的生活琐事与干扰都消失了，每个动作、每个想法都很自然和流畅，我们就像是在跟随某种旋律跳动。我们全身心投入，并且最大限度地运用着自己的技能。当我们每时每刻都投入生活时，我们的人生就变成了一个大的福流。

如何激发学生的福流体验

　　学生们如果能够经常体会到福流体验，他们就会更愿意投入更多的时间去学习、去运动、去与他人交流沟通、去跟他人结成好伙伴。那怎样才能让学生更经常地体验到福流呢？

有清晰的规则

　　我们可能都有这样一种体验，当我们刚开始接触某一种游戏的时候，由于大多数人都会把精力集中于记忆游戏规则上，导致无法集中精力真正参与到游戏中去。对游戏规则的陌生会让我们举棋不定，因为我们不了解规则，所以不知道我们的行动会得到什么样的反馈。在我们完全掌握游戏规则后，就能够全身心地投入到游戏中去，体验游戏的乐趣了。

　　学习与打游戏的道理是一样的。预习的时候你要知道怎样预习效果才会最好，在答卷的时候思考答题的顺序以及遇到难题应该怎么办，这些因素都会影响效率，如果不清楚规则就无法投入其中。许多关于针对阅读理解、数学问题的学习方法教学的研究发现：在仅仅简单地解释和举例之后，就让学生进行实践练习是不够的。为了让学生更加全面地理解这些阅读技能和解题方法并且能够在他们自学的过程中使用它们，学生需要明确而详细的解释以及使用策略的认知模型。所谓认知模型，简单地讲就是只针对特定的一个活动，但是将加工、决策和其他指导该活动的过程语言化。举个例子，在布置作文之前，让学生默念："第一步，读题，找到关键词；第二步，联想与关键词相关的内容；第三步……"我们还要教给学生监控自己完成作业的方法，比如在独自阅读时怎样监控自己对阅读内容的理解；怎样检验计算结果；教会学生在做作业的过程中该怎样做（保持镇定、查找书上的定义、检查自己的逻辑等），以及完成作业后需要做些什么。

总之，只有有了具体、清晰的规则与指导，学生们才知道每一步该怎么走，学习才能事半功倍。学习和掌握规则是需要一定时间的，但是掌握之后可以终生受用。对于低年级的学生，教师可以给予直接指导；而对于高年级的学生，教师可以鼓励他们多做尝试、交流和调查，只有真正明白规则到底是怎样的，他们才能更好地投入活动。

挑战与能力相匹配，提高控制感

今天数学老师布置了 20 道一元二次方程题作为作业。李浩对一元二次方程不够熟悉，但基本知道该如何解答，这些题刚好可以用来练习，加深他对一元二次方程的理解以及解题的方法，做作业对他来说完全是一种享受。玉婷已经完全掌握了一元二次方程的相关知识与解题方法，而且已经做了大量的练习，对此非常熟练，所以当她做这份作业的时候会感到有些无聊。当郑刚拿到这份作业的时候却有着完全不同的感受。因为他完全不明白一元二次方程到底要如何解答，完全看不懂题目，也根本不知道要如何解答，导致他特别烦躁、焦虑。

同样的家庭作业，不同的人却有着完全不同的感受，其中很大的一个影响因素就是个人的能力是否与活动所带来的挑战相匹配。如图 4-2 所示，当个体的能力高于挑战水平时，就容易感到无聊。当人们要求一个成年人完成一道小学一年级的数学题时，他就会产生无聊的感觉；当个体的技能水平低于挑战水平时，往往会感到焦虑，比如如果现在要求我们跟世界围棋冠军下围棋，或者是完成一份大学水平的奥赛题，我们就有可能产生这种焦虑的感受；只有当活动带来的挑战恰巧与我们的能力相匹配时，我们才容易进入福流状态。所以，无论我们是学习还是进行其他活动，都要考虑到自己的技能水平与当下的任务挑战难度是否相匹配。只有任务难度与我们的能力水平相匹配时，我们才能更好地投入到活动中，才更容易体验到福流。

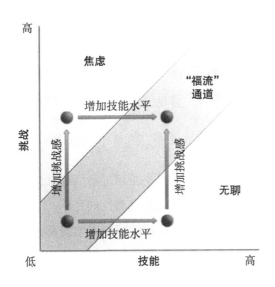

图 4-2 挑战与能力相匹配

明确的目标

美国著名哲学家、文学家拉尔夫·沃尔多·爱默生（Ralph Waldo Emerson）曾经说过："一个一心向着目标前进的人，整个世界都会为他让步。"没有目标，我们就不知道如何行动。同样，对于任何一个活动而言，如果没有明确的目标来指引我们行动，我们就没法全身心地投入进去，因为我们不知道目标是什么。所以，福流体验需要明确的目标。

如何设定目标呢？什么样的目标才是明确有效的，并能起到指导的效果呢？下面我们来介绍下目标设定的 SMART 原则，这一原则是由乔治·多兰（George Doran）在 1981 年最先提出的，这一方法最初被企业使用，随后各个领域都开始争相使用它来提高目标设定的效用。SMART 原则有五个具体的特征，如下所示。

具体性

设定的目标必须是具体的，具体的目标能让我们知道每一步的小目标，这些小目标会提示我们该怎么做。但是对于绘画、写作等富有创造性的活动，目标可能就没有那么显而易见了。在这种情况下，我们可以专注于其中的某个成分，如关注作文的结构或用词。在绘画时，或许我们无法在一开始就想好自己具体要画成什么样子，但是在画到某个程度的时候，我们可以判断出这是否是自己想要的，这同样是一种目标。很多好的画家、作家以及作曲家，都在心中有对"对"和"错"的判断能力。当我们失去了这种内部判断能力的时候，就难以进入福流状态。

可衡量性

只有当目标可以衡量的时候，我们才能知道自己有没有真正达到自己的目标。同时，也需要避免一些本身具有极大变动性的目标，如下次考试进入班内前十名或者是下次考试超过某个人。这样的目标看似很具体，但实际上却极具变动性。其结果有可能是自身因素导致的，但也很有可能完全是外界因素导致的。所以即使我们达成了目标，可能也并不会非常欣喜。此外，这种目标如果不能被我们转化为具体的行为指标，同样会失去意义。

可实现性

这一点同挑战与能力相匹配是一致的，过高或过低的目标都是没有意义的。张辉是一名学习十分刻苦的学生，平日表现也非常不错，但是考试成绩总是排在中游，一直无法达到他设定的目标。经过进一步接触，咨询师发现他本身缺乏自信，不认为自己能考好，因此产生了自我预言效应，产生了各种发挥失常的现象。

因此，在我们设定可以达到的目标时同样需要思考，我们真的相信自己可以达到这个目标吗？如果我们在心底里不相信自己能够达成目标，那么我们需要先着重处理这种不合理的信念，然后才能够真正达成目标。

相关性

目标的相关性是指此目标与其他目标的相关情况。或许大家觉得，我们制定的小目标当然都是为了最终实现大目标，但在实际操作中，我们往往会把目标定偏。比如，某位学生正在准备英语的单元测试，他把回顾英文课文设立为其中的一个子目标。但是在复习中，他只关注课文的内容，对课文中的生词和语法没有进行深入的复习。这就是一种目标上的偏差。同样的，有些非常认真的学生将浏览整理笔记作为复习的一个环节，但结果是重新抄写了笔记，使页面变得更加整洁，但是对内容的掌握程度却没有太大的变化。这些都是我们需要注意避免的。

时限性

目标设定的时限性是指我们在设定目标时，不管是大目标还是小目标，都要给目标设定一个截止日期。人都有拖延的习惯，不设定一个目标达成的截止日期，往往会导致完成事情的进度滞后。有了目标的截止日期，我们就可以更加合理地分配时间和精力，把控整体事物的进度。

及时的反馈

在个体活动的过程中，及时的反馈是非常重要的。只有及时给予反馈，个体才知道任务进行得怎么样了，是做得好还是不好，还需要做什么样的调整。及时的反馈是福流体验一个不可或缺的部分。契克森米哈等人的研究表明，及时的反馈是产生福流的重要因素。如果当前有一个找错别字的小游戏，当我们做完了20个题后都不知道自己的答案是否正确时，我们还会有兴趣继续做下去吗？如果在做完每个题或者每3个题时得到反馈又会如何呢？哪怕得到3个题全部做错的反馈，也会比毫无反馈更有乐趣。这里就体现了及时反馈的优越性。我们需要及时的反馈来不断检验自己是否完成了自己的目标，自己是否走在了正确的道路上。因此，我们鼓励学生们去寻找更多的及时反馈。比如说，在背单词的时候，盖住单词释义来进行回忆，就为自己提供了一个很好的反馈机制，这样可以让学生们了解自己对单词的掌握情况，合理地分配注意力，同时也让活动变得更有趣。因此，我们可以让学生背5遍单词，每次背完后盖住释义进行回忆。这样做的效果远比单纯背5遍单词再进行检验要好很多。及时的反馈在其他活动中同样会产生神奇的效果，很多游戏都使用了这种策略。大多数游戏都会设置大关卡，每一个大关卡又会分为若干个小关卡，而且当个体每完成一小关就会获得相应的加分或是奖励。正是这种反馈机制，让孩子们沉浸在游戏中难以自拔。引导学生们找到及时的反馈，可以大大提升学生的学习兴趣，让学生们进入福流的状态。

引发内在动机

契克森米哈提出，福流体验中非常重要的一点就是投入到整个过程中，享受过程。也就是说，个体从事当下的活动是出于兴趣，而不是为了获得达成目标后的奖励，任务本身就是奖励。个体需要对所从事的活动有充分的兴趣，这样才能调动内在动机全神贯注地投入进去。我们在做某些事情的时候，本身就具有内在动机，但我们对有些事情的内在动机是需要逐步培养的。要产生内部动机需要几个步骤：

1. 在外部动机的促使下进行尝试，如为了奖励或者是获得称赞；

2. 在尝试的过程中获得针对性的技能和积极反馈；

3. 找到活动或是任务本身的乐趣，培养内在动机。

在教育中，我们常常通过奖励、惩罚的方式培养学生的外部动机，而未能成功地将学生的外部动机转化为内部动机。很多时候，教师需要不停地督促学生前进。我们应该做的是激发学生的兴趣与内部动机。让学生体会到学习过程中的乐趣，而不仅仅是为了考试。我们要将学生的注意力从外部动机引到活动本身的乐趣上。

比如说，词汇识记可以与形象记忆能力相联系，就好像在玩一种考验图像记忆力的游戏；也有人会用联想的方法来正确记忆词汇，例如很多人分不清"拔"与"拨"，一个学生可能会创造出"拔走了一撇"这样的记忆诀窍，或者让学生把复杂难记的元素周期表编成便于识记的顺口溜。那么活动本身的乐趣就是进行创造。学生们在学习中体验到乐趣，自然就会激发出自身的求知与探索的内部动机了。

从优势出发

唐纳德·克里夫顿（Donald Clifton）的研究表明，当一个人的优势被他人关注时，其投入度会显著提升；相反，当一个权威人士关注一个人的缺点时，这个人无法投入当前任务的概率会增加27%。对于中小学学生来说，教师就是权威人士。这个研究表明，教师在教学中更多地关注学生的优势能够提高学生的学习投入度。那么当学生自己关注自己的优势时又会怎样呢？

胡玲平日十分刻苦，但她做题速度特别慢，总是无法按时完成答卷，这让她痛苦不已。通过交谈，老师了解到，她是一个十分小心谨慎的学生，所以她在做题的时候每一题都做得十分细致，导致自己使用了过多的时间。了解到这一点后，老师告诉她，谨慎不仅要体现在做每一道题上，也应该体现在安排做题的时间上。而后老师推荐给她几种安排答题时间的方法，要她回去尝试。果然，在之后的考试中，胡玲将谨慎的这个优点迁移到了对时间的安排上，此后，她的成绩在不断提升。

胡玲的改变是如何产生的呢？优势心理学之父克里夫顿的研究表明，当一个人能够专注于自己的优势而非弱势，并且每天从事他所擅长的事情时，会"六倍于平日的投入""三倍于平日的概率使他获得非常高质量的生活"。当人们能在从事的事情中发现自己的擅长点时，人们会更乐意去做这件事。如果教师能够帮助学生培养他们的优势，给他们机会来发挥自己的优势，学生们就会更愿意投入到学习中并且能够获得更好的成绩。

培养优势的过程与培养运动员的过程是类似的，培养运动员通常是从他们自身的优势出发，逐渐向其他方面延伸的，由此才能使他们逐渐发展成能力均衡的运动员。同时，运动员在这一过程中也需要反复练习，这一点同样与运动的发展相似。有意地去利用优势，就更可能使优势得到强化。

帮助学生发掘自己的优点，教会学生更好地、合理地利用这一优点，让学生不断使用自己的优点，便能让学生更加快乐地学习和生活。当我们碰到某件很有挑战性的事情或者使自己产生负面情绪的事情的时候，不妨想一下我们可以利用哪些自身的优势来完成这项活动，这可以带给我们极大的信心，同时为我们提供一种解决问题的思路。

帮助学生学会识别他人的优点同样是有意义的，通过发掘他人的优势，学生可以自发地去赞扬和模仿对方的良好行为，如"他做题总是很专注，或许我也可以"。在优势教育的过程中，教师可以专注于帮助学生培养可以使他们从失败中汲取教训、不被失败打垮的特质。发掘和应用自身的优势以及发掘别人的优势可以增加自身的幸福感，提高自我评价，同时也更容易使个体积极地参与生活中的各项活动。

培养兴趣爱好

学生们的兴趣爱好是他们做事的动力，只有对事情的过程或结果感兴趣，他们才会有强大的动力去做。常常听到有学生说不知道自己对什么感兴趣，也没什么爱好。这可能就是学校和家庭过于强调学习成绩的重要性的结果。这样的学生可能学习成绩还可以，但是除了学习几乎没有其他的兴趣爱好，这岂不是一件很可悲的事情吗？没有兴趣爱好，学生们怎么会有动力，怎么会充满活力呢？

不管他们的兴趣爱好是学习方面的、运动方面的还是其他方面的，我们一定要鼓励他们发展自己的兴趣，我们还要创造条件去帮助他们挖掘和培养自己的兴趣，学生们从中能体验到投入，收获乐趣。这也能培养他们的自控力和毅力，这些能力是能够迁移到学习和生活的其他方面的，这样会使他们学得更好。

- -

关键概念

1. 福流：人们全身心地投入到某活动中的一种心理状态。

2. 内在动机：是指由个体内在需要引起的动机，例如学生觉得学习有意义或有趣，就会积极主动地学习，这就是内在动机。

3. SMART：目标管理里的原则，分别代表着明确性、衡量性、可实现性、相关性和时限性。

4. 福流体验要素：（1）挑战与技能相平衡；（2）每一步都有明确的目标；（3）行动会马上得到反馈。

- -

第 5 章
积极关系

狐狸说："对我来说，你只是一个小男孩，就像其他成千上万的小男孩一样。我不需要你。你也不需要我。对你来说，我也只是一只狐狸，和其他成千上万的狐狸没有什么不同。但是，如果你驯养了我，我们就会彼此需要。对我来说，你就是我世界里独一无二的了；我对你来说，也是你的世界里的唯一了。"

——《小王子》

【本章要点】

- 理解什么是人际关系
- 理解建立积极关系为何重要
- 有助于建立积极关系的方法
- 如何在教育领域发展积极关系

勒内·A.斯皮茨（René A. Spitz）是著名的奥地利精神分析学家，他最广为人知的贡献在于对母育剥夺的研究。斯皮茨通过对当时孤儿院机构的长期观察，探讨了婴幼儿缺乏与抚养者的社交互动所产生的后果。大脑的后续发育得如何主要取决于神经系统的成熟过程，在这个过程中个体不仅有基本的生理需求，还有对人际互动的需求。

斯皮茨研究了一些刚出生就遭到抛弃的婴儿，在那个育婴堂，这些婴幼儿的生理需求都能得到满足，他们能吃饱穿暖，但没有任何可持续的、养育性的互动，比如正常家庭里抚养者和婴幼儿之间常见的拥抱、抚摸、交流等。这些婴幼儿无一例外全都开始变得孤僻、无精打采、体弱多病。如果情绪上的饥饿超过三个月，他们眼睛的协同能力就会衰退，眼珠子转得特别慢。这些弃婴每天只会安静地躺在婴儿床上。其中三分之一的孩子在两岁前死去。那些幸存下来的孩子四岁时还不会站立、行走、说话。

斯皮茨用大量的证据和深刻的分析使人们相信，从人一出生开始，人际间的互动交流，尤其是抚养者和孩子之间的交流就是必须的且至关重要的。这种需求如果被剥夺，往往会导致婴儿的发展延缓，婴儿还可能会遭受认知、情感和健康上的极大损伤。

人际关系

人际关系的五个层次

关系是一个人生活的核心：首先，因为我们生活在人群之中，每天都在和他人互动；其次，我们需要与他人维系关系来获得关照、爱、欢乐、支持和信心等。人类是社会性动物，我们需要彼此，需要归属感，我们之中的大部分人都在寻找能滋养身心的关系。从婴儿时期的依恋关系，到儿童时期的同伴关系，再到青春期的伙伴关系等，关系贯穿于我们每一个生命阶段并反映出我们做的许多事情的本质。因此，我们需要知道如何在不同的关系中建立积极的联系。

我们可以通过一张表格来理解"关系"由浅入深的五个层次（如表5-1所示）。虽然我们不必与所有人都建立最深层次的人际关系，但这张表格可以在我们需要的时候提示我们，目前的关系正处于哪个层次，以及有必要的话还可以朝哪个方向努力。

表 5-1　关系的五个层次

层次（由浅入深）	举例
1. 打招呼 肤浅的社交应酬开始语，有助于开启对话和建立友好关系。	A："你好！""今天天气真好！""吃了吗？" B："你好！""嗯，是呢。""吃过了，你呢？"
2. 讲事实 讲述客观事实，没有加入个人意见，也不牵涉人与人之间的关系。	A："你是哪里人？做什么工作？" B："我叫陈丽，在一所中学当老师。"
3. 谈想法 双方都已建立了信任，可以谈自己的看法。	A："你为什么选择来参加这次的培训？" B："我希望学会一些新东西，回去后能让我的团队成员更有投入感，满意度更高。"

（续表）

层次（由浅入深）	举例
4. 谈感情 在互相信任的基础上，并产生了安全感之后才能做到。双方处在这一层次时会自然而然愿意说出自己的想法。	A："最近遇到了什么困难吗？" B："坦白讲，公司最近业绩不好，我作为销售经理也烦透了。和家人在一起也忍不住发脾气，影响了家庭关系，我想有所改变。"
5. 一致性 沟通的高峰，感受对方、帮助对方，理解对方的体验和感受，并尽力提供帮助。当建立了真正亲密的关系时，双方能敞开心扉，达到心与心的共鸣。	A："谢谢你跟我分享你的感受。遇到这样的业务压力，的确很容易影响心情，如果没找到排解的办法，心里一定堵得慌。如果你愿意多聊聊，我们午餐时间可以继续说。"

在塞利格曼的 PERMA 幸福理论中，我们已经知道幸福由五个元素组成，每个元素都能促进幸福又相互独立，每个元素都可以成为某种终极追求而非追求其他元素的途径。R 代表的就是积极关系，它会给幸福带来深刻正面的影响。有人曾经要求积极心理学创始人之一——克里斯托弗·彼得森，用两个字来描述积极心理学讲的是什么，他回答说："他人。"他人是我们在人生低潮期的最好和最可靠的解药。许多幸福的人之所以觉得幸福，不是他们未曾经历过沮丧、愤怒、压抑等负面情绪，而是与其他人相比，他们可以更快地从困境中走出来，处理负面情绪的免疫系统更强大。他们之所以有强大的免疫系统，重要原因之一是他们有非常好的人际关系，他们与父母、爱人、兄弟姐妹、朋友等都保持着良好关系。

一段积极的关系，需要彼此都有付出的动机且有所行动；一段积极的关系，能使彼此一同成长。在积极关系中，付出是一个有来有往的过程："我付出的同时也感受到了支持，这种人与人之间的联结，让我对自己和这段关系都感觉很好。"

人际关系的起源

20 世纪 60 年代，英国心理学家鲍尔比（Bowlby）发现，婴儿对抚养者（主要是父母）的依赖会以不同的模式表现出来，"害怕与父母分离，害怕被父母抛弃"是进化造成的人类天性。1978 年，鲍尔比的学生安斯沃斯（Ainswarth）根据进一步研究，将婴儿与父母之间的互动模式分成了三种，并用了一个名词予以总结——依恋（attachment）。

当婴儿需要照顾时，父母总是在身边、有回应、时刻关注着孩子的行为，婴儿就会感受到安全、爱和自信，这种婴儿会比较爱笑、喜欢和其他人交往，发展出"安全型依恋"。

如果父母对孩子的照顾时有时无、无法预测，婴儿就会开始用各种行为试图引起父母的注意。由于不确定照料者什么时候会回应，婴儿会表现出紧张和过分依赖，发展出"焦虑—矛盾型依恋"。

当婴儿有需求时，如果父母总是不出现，并且态度冷漠，婴儿就会认为他人是无法信赖的，从而对他人充满怀疑，甚至陷入抑郁和绝望，发展出"回避型依恋"。

这三种依恋类型形成之后，婴儿在以后对人际关系的处理、对新环境的反应上都会出现差异。后续的研究者发现，成年人在处理关系时也会表现出类似的反应，并和童年时受到父母对待的方式和依恋模式一脉相承。

但事实上，依恋是个终生建构的过程，这一关系建立以后并不是一成不变的，儿童会在其后的生活和学习中，通过与父母、其他身边的重要的人进行不断互动和交流，使原有的依恋关系呈现微妙的动态变化。即使成年之后，一个人的依恋模式也可能会因为自我成长、良好的婚姻关系、与朋友之间的关系而发生改变。

积极关系为何重要

拥有积极关系，身体更健康

77 年前，哈佛大学开展了一项史上历时最长的成人发展研究，调查了 268 位男性（从少年到老年），以探寻影响人生幸福的关键要素。

1938 年，时任哈佛大学卫生系主任的阿列·博克（Arlie Bock）教授觉得整个学术界都在关心人为什么会生病、失败、潦倒，怎么就没有人研究人怎样才能健康、成功、幸福呢？

博克提出了一项雄心勃勃的研究计划，打算记录一批人从青少年到人生终结的所有的状态境遇，点滴不漏，即时记录，最终总结出了什么样的人，最可能成为人生赢家。

人生赢家的标准十分苛刻。主持这项研究整整32年的心理学者乔治·瓦利恩特（George Vallant）揭示出赢家必须"十项全能"：十项标准里有两条跟收入有关，四条和身心健康有关，四条和亲密关系及社会支持有关。譬如说，必须80岁后仍身体健康、心智清明（没活到80岁的自然不算赢家）；60~75岁时与孩子关系紧密；65~75岁时除了妻子儿女外仍有其他社会支持（亲友熟人）等；60~85岁时维持着良好的婚姻关系；收入水平居于前25%。这就是著名的"格兰特研究"（The Grant Study）。该研究的名称缘于最初的赞助者、慈善家威廉·格兰特（William T. Grant）。如今，这项研究已经持续了整整76年，花费超过2 000万美元。

每隔2年，这批人都会接到调查问卷，他们需要回答自己的身体是否健康，精神是否正常，婚姻质量如何，事业成功还是失败，退休后是否幸福。研究者根据他们交还的问卷给他们分级，E是最糟，A是最好。每隔5年，都会有专业的医师去评估他们的身心健康。每隔5~10年，研究者还会亲自前去拜访这批人，通过面谈采访，更深入地了解他们目前的亲密关系、事业收入、人生满意度，以及他们在人生的每个阶段是否适应。

■ ■ ■ 最终得出了怎样的结论 ■ ■ ■

与母亲关系亲密者，一年平均多挣8.7万美元。跟兄弟姐妹相亲相爱者，一年平均多挣5.1万美元。

在"亲密关系"这项上得分最高的58个人，平均年薪是24.3万美元。得分最低的31人，平均年薪没有超过10.2万美元。

一个拥有良好人际关系的人，在人生的收入顶峰时期（一般是55~60岁）比处于平均水平的人每年多赚14万美元。

智商超过110的人之间的收入差距并不明显，家庭以及经济社会地位高低对收入影响也不大，外向或内向也无所谓，也不是非得有特别高超的社交能力，家族里有酗酒史和抑郁史也不是问题。

真正能影响"十项全能"，帮你创造繁盛人生的，是如下因素：不酗酒、不吸烟、锻炼充足、保持健康体重，以及童年被爱、共情能力高、青年时能建立亲密关系。

瓦利恩特还表示，爱、温暖和亲密关系会直接影响一个人的"应对机制"。一个活在充满爱的环境里的人，在面对挫折时可能会选择拿自己开个玩笑，和朋友一起运动流汗宣泄，接受家人的抚慰和鼓励等，这些"应对方式"能帮一个人迅速进入健康振奋的良性循环。反之，一个"缺爱"的人，遇到挫折时往往得不到援手需要独自疗伤，而酗酒吸烟等常见的"自我疗伤方式"，则是个体过早衰亡的主要诱因。

一项新的调查显示，个体与社会隔绝可能会对其产生一定的负面影响，尤其是在早期生活阶段，如青少年时期。2004—2012 年，史泰普托教授（Andrew Steptoe）研究了 6 500 名英国人，他在研究期间发现，被研究的人当中和社会隔绝最为严重的 26% 的人已经死亡，即使除去一些不可控因素如衰老和患病后，死亡率还是比那些在社会上活跃的人的死亡率要高。

首先，被隔离的人意味着没有人会去关心他是否患有疾病，或者是疾病恶化的症状使其错过了最佳的治疗时机，最终导致其死亡，更重要的是，社会联系对个体生理状况有显著的影响，举个例子来说，仅仅是握着爱人的手就有降低血压和减轻痛苦的效果。研究还表明缺乏亲密的肢体接触会引起压力荷尔蒙的上升和炎症的发作。社会联系本身就有具体的生物性影响，这对人体健康来说十分重要。

一个人处在相互关心爱护、关系密切融洽的人际关系中时，更容易心情舒畅，也更有益于其身体健康。积极的人际关系能使人保持心情平稳、态度乐观。不良的人际关系，可干扰人的情绪，使人产生焦虑、不安和抑郁。严重不良的人际关系，还会使人惊恐、痛苦或愤怒。现代医学研究表明，恶劣的情绪实际上是对身心健康的最大摧残。美国科学家的研究发现，有 20% 的美国人因习惯于生气而使健康受到严重威胁。俗话说健康之道在于"和"，这个"和"是指身体内在的和，也指个体与自然以及社会的和，同样也指人和，即和谐的人际关系。

拥有积极关系，帮助大脑重塑

随着神经社会学的发展，人们对人际关系对大脑的影响有越来越多的发现。纺锤形细胞是一种最近被发现的神经细胞，它的反应速度极快，可以帮助人们在社交场合迅速做出决定。科学家们已经证实这类细胞在人类大脑中的数量要远远超过其他物种大脑中该类细胞的数量。

镜像神经元是脑细胞的一种，它可以使人们察觉他人将要做的动作，并迅速做好模仿的准备。当一对情侣互相凝视的时候，双方的大脑就会分泌一种可以使人产生快乐情绪的化学物质——多巴胺。社会神经学家发现不良的人际关系会导致压力荷尔蒙的急剧增加，从而损害抗病毒细胞的某些基因，这就是神经系统的工作机制。

上述丹尼尔·戈尔曼（Daniel Goleman）的每一个发现都反映了"社交脑"的特点。社交脑是影响人际交流活动和人们对待周围的人以及人际关系的神经系统。社交脑与其他所有生理机制最大的不同就是它不仅可以影响我们，还会反过来受到我们社交对象心理活动的影响。

通过"神经可塑性"，人际交流甚至可以在某种程度上重塑人们的大脑。也就是说，人们的经历可以影响神经细胞的形状、大小、数量以及它们之间的连接点。如果一个特定情景被不断重复，其中的人际关系就可能会逐渐重塑某些神经细胞。事实上，不管与我们长年累月生活在一起的人们是长期伤害我们，还是给我们带来愉悦的情绪，我们大脑的某些特征都会因此而改变。这些发现告诉我们，短时间来看，人际关系对我们的影响非常微小，但是假以时日，影响就会越来越强烈持久。

拥有积极关系，更具幸福感和心理韧性

目前已有较为成熟的研究结果表明，积极关系在心理层面对人们有三方

面显著的影响：幸福感、心理韧性和预防暴力。丹尼尔·卡尼曼和一个研究小组调查了 1 000 多名美国妇女，请她们评价自己某一天内的活动，内容包括她们的行为、她们的伙伴和她们的感受。结果发现，对她们的幸福感影响最强烈的并不是她们的收入和工作压力，也不是她们的婚姻，而是她们的伙伴。

从内因上看，个体的社交技巧、共情能力、亲社会行为、情绪管理能力、乐观思维、自我效能感等都是幸福感和心理韧性的保护因素，其中的前 4 个因素都涉及个体建立积极关系的能力。从外因上看，积极关系本身就是极其重要的外在保护因子，尤其是对于儿童和青少年来说，他们最初的幸福体验与心理韧性的建立，就是以他们在积极关系中获益的经历为基础的（如安全的母婴依恋关系、健康的亲子关系等）。

首先，那些与父母有着积极关系的儿童和青少年，具有更强的心理韧性及更高水平的幸福感。积极的亲子关系通常被描述为"温暖的、有情感支持的，同时又有权威性的"。父母对孩子的养育投入度（对孩子成长的关注程度、愿意花多少时间与孩子相处）和对孩子自主性的支持，是亲子关系中对孩子的学业成就及学习胜任力影响最大的两个因素。

当孩子与某个成年人建立了显著的情感联结时，无论这个成年人是父母还是其他人，孩子都能更有创造性地面对挑战，也更容易成功。同时也有研究表明，那些具有更强的心理韧性的青少年更喜欢去寻求那个与之建立了情感联结却又不是父母的成年人的支持，如某个老师、某个邻居、某个长者。在学校能建立一种这样的积极关系，对学生在学业上取得成功和增强心理韧性是非常有用的。

其次，感受到同伴的接纳，拥有积极的同伴互动关系，可以显著提高儿童和青少年的自信，并使他们将来踏入社会时能更容易与其他人进行积极的互动。在童年时期，那些拥有至少一位好朋友的人，孤独水平更低，更少体验到焦虑，更少被欺凌。同时，同伴关系的质量比数量更重要，具有心理韧性的青少年通常有着一份可靠的友谊，朋友之间很忠诚，能够相互支持，站在同一阵线。积极的同伴关系提供了一种亲密感、归属感、安全感、认同感和社会支持。同时它也给个体提供了练习社交技巧的机会以及讨论道德伦理问题的空间，这将帮助个体发展共情能力，促进个体社会道德的成熟。

最后，积极的师生关系在儿童和青少年获得幸福感和心理韧性的过程中起着重要作用。有研究表明，那些与老师有积极而紧密的师生关系的青少年，酗酒的可能性更低，自伤或自杀的可能性更低，出现暴力行为的可能性也更低。师生关系的质量是对学生的学业成就影响最大的因素之一，积极的师生关系会使学生对学校的态度更正面，学习也更投入。此外，积极的师生关系也是教师进行有效班级管理的基础，有高质量师生关系的班级与其他班级相比，在一学年内违反纪律的概率要低 31%。这种"高质量师生关系"通常被描述为投入的、情感上安全的、相互理解的、温暖的、紧密的、信任的、尊重的、充满关心和支持的。

总之，我们应建立一种视角，即提升人际和谐与相互尊重的人际互动，最有效的方式不是在事后干预，而是在问题发生之前就教给目标人群相关的知识、技巧，激发他们建立和保持积极关系的动机。

建立积极关系的钥匙

在积极心理学领域，有许多主题的研究被证实与积极关系密切相关。在这一节里，我们将基于可实践和可操作的原则，从几个不同的角度来探讨如何构建积极关系。

■ ■ 同理心 ■ ■

有一个人，认为自己是一个蘑菇，于是他每天都撑着一把伞蹲在房间的墙角，不吃也不喝，就像一个蘑菇一样。别人觉得他很可怜，都劝他吃东西，但他丝毫不为之所动。心理医生想了一个办法。有一天，心理医生也撑了一把伞，蹲坐在他的旁边。病人感到很奇怪便问："你是谁呀？"医生回答："我也是一个蘑菇呀。"那人点点头，继续当他的蘑菇。过了一会儿，医生站了起来，在房间里走来走去，那人就问医生："你不是蘑菇吗？怎么可以走来走去？"医生回答说："蘑菇当然也可以走来走去啦！"他觉得有道理，就也站起来走走。又过了一会儿，医生拿出一个汉堡包开始吃，他又问："咦，你不是蘑菇吗？怎么可以吃东西？"医生理直气壮地回答："蘑菇当然也可以吃东西呀！"他觉得很对，于是也开始吃东西。

什么是同理心？以上小故事中的医生很生动地诠释了同理心这个概念。同理心是站在对方的立场，去了解对方的感觉、想法、行为，然后把这种了解表达出来，让对方知道你在努力靠近他、理解他，就像是穿着别人的鞋子站一会儿，去体会他人的立场和感觉一样。

同理心的两个必要条件：倾听他人；有所反应。同理心的过程包含四个核心要素：

（1）收听自己的感觉；

（2）表达自己的感觉；

（3）倾听他人的感觉；

（4）回应他人的感觉。

同理心的开始，是倾听自己的感觉，如果你无法明白自己的感觉就想要体会别人的感觉，那就太难了。所以，同理心起源于勇敢、诚实地探索并表达自己的情绪和感受。

同理心的根源可追溯至婴儿期。几乎从出生起，一个婴儿如果听到别的婴儿在哭，他就会感到不安。有人把婴儿的这种反应看作是同理心的萌芽。同理心起源于个体对他人困扰的模仿，个体通过模仿引发自身相同的感受。同理心的基础是自我意识，我们对自身的情绪越开放，就越善于理解情绪。

同理心源于无法掩饰的情感。例如，两个老朋友在几十年后重逢。欣喜溢于言表。其中一人当被问起生活近况如何时，他表示都挺好的，然而却在不知不觉间皱了皱眉。这一点信息被另一方注意到，另一方经过细致的询问后才知道一方的妻子长期患病在家，他一直非常担心。

当一个人说的话和他的声调、姿势或其他表现不一致时，若我们想了解其真实情绪，就应依据他的说话方式进行判断，而不应依据他说话的内容。传播学研究的一个经验法则是90%或以上的情绪信息是非言语的。非言语信息——声调里的欢快、快速动作中所包含的怒气，通常会被对方下意识地接受并予以回应，而对方也许都没有特别留意信息的具体内容。我们基本上也是潜移默化地学会同理心的技能的。

同理心是指个体不加评论地与他人一起感受。例如，"刻苦努力地训练了三年，这次比赛还是没有拿到名次，如果我是你一定也会感觉挺失落的……""谢谢你告诉我这件事，你感觉挺伤心的，对吗……"

同情心是指个体对别人的遭遇感到同情，但并没有体会到和别人一样的感受。例如，"没拿到名次真是挺可惜的，不过也别太难过，毕竟比赛只取前三名……""别难过，毕竟你之前还拿到过名次……"

在发挥同理心的过程中，最常用到的方法是"设身处地"。设身处地意味着我们不仅理解对方的感受，也理解他的思想。这种能力建立在同理心的基础之上，但这种对别人的感受和思想的有意识了解，是原始同理心所没有的。镜像神经元使我们可以下意识地觉察别人的意图，以便我们做出相应的调整。如果有意识地对别人的意图进行觉察，我们就能够做到设身处地，而且能够更准确地预测别人接下来的行为。例如，"努力了两年都没有通过考试，你会不会有点泄气，准备放弃了？"

同理心是正常运作的人际关系的先决条件。包括私人关系，如夫妻关系、恋人关系、朋友关系、亲子关系，或者是在职场中的关系，如经理与普通职员、专员与客户、同行之间的关系，在这些关系中对别人的处境产生同理心，会促进彼此之间产生信任与坦诚，有利于解决人际冲突。

非语言和语言沟通

心理学研究者认为，非语言沟通主导着关系。非语言沟通会传递出那些人们不想或无法表达，甚至没觉察到的情绪。非语言沟通与语言沟通相比，前者在表达态度及传递情绪上更有效。二者具体形式如表5-2所示。

表 5-2　沟通形式

	声音沟通	非声音沟通
语言沟通	说出来的字词	写下来的字词
非语言沟通	语速、音调、叹息、尖叫、音质、音频、音量等	姿势、动作、表情、外貌、接触距离等

有效的倾听

在交流中，双方身体语言的自然一致（非刻意模仿）即情感共鸣使得人们能够顺利交流。具体表现有上扬的眉毛、快速变换的手势、呈现时间极短的面部表情、迅速调整的语速和变化的目光等，这样的协调性使我们能够顺利交流。如果协调性强的话，就会产生和谐的人际关系。

我们所说的话必须和交流对象的感受、话语及行为在相同或相近的模式中，否则，我们的话语就会让对方感到唐突和难以接受。当一个人喋喋不休不让他人插话时，表明他只想使自己的表达欲望得到满足，而没有考虑对方的需求。真正的倾听需要体察、配合另一方的感受，给对方发言权，由两人共同决定谈话的进程。交流双方只有做到彼此认真倾听，才能根据对方的反应和感受来调节自己的话语，从而使沟通真正有益于双方。

有效的倾听，要求我们能设身处地地去体会对方的感受，给对方真诚的反应，例如复述或总结一下对方说的要点，问一些问题，寻求对方的反馈等。其实做到有效倾听并不难，一次五分钟的对话也可能成为完美的交流过程，但前提是你必须停止手头的工作，放下你正在看的微信文章，离开你的电脑摘下耳机，把注意力集中到你的交流对象身上。这种由认真倾听带来的情感适应有利于打造和谐的人际关系。

关注他人会使我们双方达到最大程度的心理一致，这样的情感才会协调。在交流中，一个人如果全神贯注，他的交流对象肯定能感觉到他的专注。

印象管理

印象管理是一种人际交往策略。人们通过衣着打扮、表情动作会给第一次见面的人留下大体的印象，这些细节反映了我们想要与别人保持哪种类型的人际关系。例如，当你迎接一个人时，你会和他打招呼、挥手、握手、点头微笑、拥抱，还是会完全避免这些行为？你选择的方式自然地揭露了你与这个人的关系。

在校园生活中印象管理的例子也非常普遍。例如，第一天上学的孩子常常穿戴整齐、精神饱满地踏进校园；一个平时在家很少做家务的孩子却常常会在班级值日时干得热火朝天；一个平时生病怕打针的孩子在学校打预防针时却表现坚强……人们常常有意无意地向他人呈现一个自己希望向其展现的形象。

在传达情绪上非语言行为要比语言表达更有效，但有时候用语言表达情绪是必要的。我们体验到的大多数情绪都具有不同的强度，语言可以更精确地表达这些不同。研究者已经证实，如果一个人无法与别人建设性地谈论情绪，这个人就可能会出现很大的问题，包括被社会孤立、人际关系不合谐、产生焦虑和沮丧的感觉，以及出现隐忍的攻击行为等。不仅如此，其他的研究者也证实，父母对待儿童情绪的方式对儿童的发展有深远的影响。研究者确认了两种教养子女的类型——"情绪教导型"和"情绪疏离型"，情绪教导型的教养会提升儿童在日后生活中的沟通能力，并使其打造更满意的人际关系。

主动的建设性回应（Active Constructive Responding，ACR） 什么是主动的建设性回应？我们可以把它和其他几种回应方式放在一起来比较。

小明今天在班上竞选班干部成功了，他非常高兴，回家的第一件事就是把这个好消息告诉妈妈，妈妈可能有以下四种不同的反应。

1. "噢，是吗，挺好的啊。"然后继续做晚饭。

2. "你确定这是好事？那你以后要花很多时间为班级做杂七杂八的琐事，你还有时间学习吗？你能两边兼顾吗？"

3. "噢，我跟你说我今天在路上遇到你奶奶了，她又在那家店里买保健品，每次说她都不听……"

4. "哇，儿子你真是太棒了！跟我说说竞选的细节，你怎么做到的？"

很显然，最后一种反应才是"主动的建设性回应"。在最后一种回应里，你能感觉到妈妈在关注小明，真心为他感到高兴，而且有进一步询问和交流。主动的建设性回应是一种主动的、有积极情绪反应的、有进一步交流的回应方式，在这个过程中你真诚地为对方感到高兴，并且把你的这种积极情绪展现出来。

最差的反应则是第三种，即被动的破坏性回应。在第三种回应里，妈妈完全忽视了小明，直接把注意力转移到其他事情上去了。这种忽视带来的负面影响，比打击更严重，因为打击和挑毛病至少表示对方还在给予关注，而忽视则完全削弱了当事人的存在感。前人的研究已经发现，只有主动的建设性回应才可以提高人的幸福感，发展出更友好的关系，而其他三种回应方式都与消极结果有关。

主动的建设性回应向人传递着两种信息：

第一，我认可你这件事的重要性，认可你与这件事的关系，认可你的付出；

第二，我看到了这件事对你的意义，对此我做出一些回馈和反应，从而展现出我与你的积极关系。

而一个被动的或破坏性的回应则可能传递出这样的信息：

第一，你提到的那件事是没有什么意义的，无论是现在还是将来；

第二，我不知道哪些东西对你而言是重要的；

第三，我并不关心你的情绪、想法和生活。

盖博（Shelly L. Gable）的研究表明，好事发生时能否获得支持回应在关系中起着非常重要的作用。她将人们对他人发生好事时的回应分成四种：主动建设性回应、被动建设性回应、主动破坏性回应、被动破坏性回应（如表 5-3 所示）。这四种不同的回应分别是什么样的呢？

表 5-3　对他人的好消息的四种回应方式

	主动的	被动的
建设性的	热情的支持 眼神接触 真诚的态度 "太棒了！我就知道你行，给我讲讲你怎么做到的？"	没什么精神 反应迟缓 不上心地鼓励一下 "哦，挺好的。"
破坏性的	表示质疑 拒绝接受 贬低事情的价值 "我觉得这不值得你高兴，以后说不定压力更大。"	转移话题 忽略这件事 忽略说话的人 "哦，对了，我下载了一个新的游戏特别好玩。"

■ ■ ■【主动建设性回应练习】■ ■ ■

让你的朋友、同事或亲人告诉你一件发生在今天的关于他/她的好事，无论这件事的大小或重要性如何，只要是关于他/她的积极的事情，并且他/她在谈的时候感觉舒服就行。当他们分享时，用一种"积极的建设性反应"回应他们。

1. 保持目光接触，表现出你对他们要说的内容很感兴趣、很投入。

2. 微笑、欢呼（在合适的场合），来表达你的积极情绪。

3. 做一些热情的评论，比如"这听上去真棒！""你一定很开心！""你的付出绝对值得！"

4. 问一些建设性的问题，来进一步了解这件好事。比如，一个人告诉你，他/她的一个项目获得了认可，你可以问问关于这件事的更多细节，如他/她感到自豪的这个项目是关于什么的，当他/她获得认可时有什么感受。

5. 提出对这件事的积极含义和潜在好处的设想。比如，"我打赌这意味着你今年会获得一次升职的机会。"

每周一次，每次5分钟。许多人第一次听到这个练习会担心，当他们尝试时他们的反应会很不自然。对于一些从未这样做过的人来说，他们会感觉这样很做作。当人们尝试一样新事物时，通常都会感觉不适。当然，不必把自己搞得特别夸张，像个拉拉队队长那样。其实多试几次就会发现，这种反应并不像我们想象中的那么不自然，许多人会在一开始觉得不舒服，但后来都能找到适合自己性格特点又能表现ACR的方式。例如，一个富有好奇心的人通过问对方一系列问题来展现他对这个好消息的兴趣和关心；一个有着很强领导力的人为对方的好消息组织了一次聚餐；一个不善言辞的人给了对方一个温暖的拥抱；一个细心的人决定给对方和纪念物拍一张照片来作纪念等。

善意与助人

表达善意与助人行为是构建积极关系、提升积极情绪的又一重要途径。其实在日常生活中，善意助人的行为屡见不鲜，我们也常在明知没有回报的时候贡献自己的时间、精力、金钱，如捐款、献血、当志愿者、为陌生人指路等。对此，"社会交换理论"提供了一个解释，助人其实也能带来报偿。报偿分两类，即外部报偿与内部报偿。助人者能获得众人称许，能提高自身的社会声望，这些都是外部报偿。内部报偿也同样重要。我们做完好事后，往往会觉得自己更有价值。当我们带给别人好心情时，自己的情绪也会变得积极。

那些乐于助人的青少年未来会更成功，家庭关系也更加和谐，生活习惯会更好，具有更强的社会竞争力。心理学家把人类的动机分为利己和利人两大类，并且用鲜明的词语来予以分别描述。清华大学行为与大数据实验室团队在新浪微博对这类词进行统计后，发现最常见的利己词和利人词如下所示。

利己：获得　开始　需要　工作　机会　成功　成为　使用　最好　努力
利人：分享　帮助　支持　免费　参与　相信　感情　服务　真心　接受

结果，心理学家发现，这些助人为乐的人的利人动机果然比普通人高。但是，高度的利人动机，并没有降低他们的利己动机。相反，他们的利己动机和普通人一样，也比利人动机高很多。但最重要的是，他们的利己动机也比普通人的利己动机高出一大截（如图 5-1 所示）。

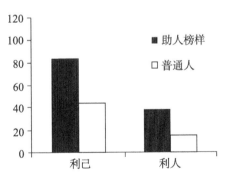

图 5-1　助人为乐的人与普通人的利人／利己动机对比

研究者得出结论：虽然在短期内，明智利他者对别人的帮助没有不明智利他者大，但从长期看，由于明智利他者的利他行为更持久，而且能用来帮助别人的资源也更多，因此明智利他才是最有效的助人方式。成熟的心理功能（比如那些助人榜样）是利人和利己动机的有机结合。

■■ ■■ ■【善意行动小练习】■■ ■■ ■

准备一张"善意行动清单"，在上面列出 20~30 个可供选择的善意举动，比如"给好友一个拥抱""为父母泡一杯茶"等。在一周内的某一天，选择其中五件来完成，完成后在清单上打勾。持续坚持几周，将清单上的内容都做过之后，可以更新。

在班级中准备一个漂亮的"善意瓶"，同学们每做一件好事，就可以将事情记在纸条上，折成星星，丢进这个瓶子里。

在班级中的一个地方，摆放一棵"善意树"，同学们每做一件好事，可以将其记在便利贴上，把贴纸当成树叶贴在树上等。

积极关系在教育中的运用

从幼儿期到青少年期，孩子人际关系的发展都是成年人关注的重点，尤其是家庭中的父母和教育领域中的相关人员，他们需要了解孩子的关系发展特点，掌握一些推动积极关系构建的策略。

积极的同伴关系

友情对儿童和青少年的许多方面都有显著影响，如陪伴、亲密关系、支持、自我认同、情绪安全感等。无法建立友情和积极同伴关系会对孩子造成长远的影响。一些纵向研究发现，那些同伴关系较差、缺乏朋友的孩子在成年之后会长期无法适应生活和工作，精神健康方面也会受到影响。有证据指出，良好的朋友关系与良好的学业成就相关。仅给那些没有朋友、被班里排斥的孩子提供个人支持是不够的，我们不仅要帮助他们发展新的社交技巧，还要改变班上其他人对他们的看法和行为。

幼儿阶段：角色扮演。研究者们曾经认为孩子直到七八岁才能形成显著的友谊，但现在看来孩子在更小的年纪就已经懂得挑选自己喜欢的同伴，与之合作玩耍，展现出最初的共情能力了。当生活中发生对个体有重要意义的事件时，如弟妹出生、从上幼儿园升至上小学等，幼年时期的友情能成为一种情感支持，幼儿间的角色扮演游戏是促进幼儿间亲密关系发展的关键。我们在对幼儿人际关系进行干预时应该加入游戏和沟通的技巧，以便给他们友谊的形成提供更理想的条件。一些指导原则如下所示。

- 使用玩偶来进行角色扮演，让孩子们练习使用各种交友技巧，包括如何进入一个团体，或处理别人带来的失望。
- 给孩子们的友善行为提供指导和点评。
- 当孩子出现烦恼和矛盾时，给孩子深谈的机会，这样可以帮助孩子理解自己的感受和他人的感受。
- 给孩子们提供一些可以充分互动的活动，如共同给玩偶穿衣打扮，每次指派两个孩子来给玩具车装轮子等。
- 通过讲关于友谊的故事来唤醒孩子的意识，与孩子讨论友谊的特征。

学龄阶段：与他人玩耍。当孩子们进入学龄阶段时，与他人玩耍依然是发展社交技巧和友谊的重要方式。有些孩子会说，他们最好的朋友就是那些总是能一块儿玩耍的朋友。例如，在一个对八岁儿童进行的有关班级友谊和学习的深度访谈中，孩子这样说道："安东尼是我的好朋友，因为当没有人陪我玩的时候，他总是愿意停下正在做的事情来陪我玩，或者当他无法停下手边的事情时，他会问我是否愿意带着朋友一块儿过来找他。"在另一个访谈中，访谈者问道："你认为普通朋友和最好的朋友的区别在哪里？"受访的小朋友回答："区别就像吉尔和霍利总是和我玩，但艾米丽经常和别人玩，偶尔才同我玩。"一些指导原则如下所示。

- 孩子们需要更多自主发挥的空间，如操场、游乐场地等，使孩子们能够在没有监视的情况下玩耍。
- 孩子们需要参加校外活动，来保持对他人的兴趣。
- 以班集体为单位来讨论友谊与友善行为。班级规则应尊重个体，包容差异，让每一名成员都参与活动。
- 周期性地与孩子们深谈，来帮助他们消除那些关于友谊的烦恼、不友善的行为问题。

● 给孩子们提供机会，让他们能与自己的朋友共同应对问题，让他们能习惯于跟班里的不同成员合作。

青少年阶段：认同与归属感。在这个阶段，青少年需要发展他们的自我认同和归属感，与朋友互动、加入一个友谊团体可以帮助他们实现这些。青少年的友谊在提供接纳和情感支持方面能起到非常重要的作用，尤其是能使他们变得更加独立，对父母的依赖有所减少。布尔梅斯特（Buhrmester）认为，进入青春期之后，友谊会发生四个方面的重要变化：（1）友谊的活动主题发生了变化，朋友之间的交流以活动为中心转向以谈话为中心；（2）友谊关系的活动范围进一步扩大，到了青少年时期，随着各方面的发展，好朋友之间进行活动的场所已经延伸到校外，包括各自的家以及其他一些公共场所；（3）友谊成为自我探索与情感支持的重要关系，处于青少年时期的个体的一个突出的特点就是好朋友之间自我暴露和相互提供情感支持的程度加深；（4）友谊亲密性程度加深，亲密性作为青少年时期同伴友谊的一个显著特点，需要个体能够表现出理解、忠诚、敏感、可靠，以及愿意为对方保守秘密等社会技能。一些指导原则如下所示。

● 与青少年交流，确认他们在哪些场合会与同辈之间产生交际困难，在什么情况下需要支持。

● 干预措施必须以两点为目标：教授建立友谊或结交新朋友的技巧，建立积极的同伴关系。

● 可以给那些缺乏自信的、社交压力过大的青少年提供短期的团体培训，如在暑假抽出一周时间，由专业人员带组，举办集中的团体活动，这些活动的主要目的是提升青少年的自尊自信水平、加强积极的人际互动等。

● 可以在小学高年级开设"友谊关系小组"，来帮助那些社交能力不足的小学生顺利过渡到中学。这个小组可以每周开展一次辅导，教授学生沟通和增强自信的技巧、维持友谊的技巧、解决问题的技巧等。初期由专业人员带领，后期逐渐由本校老师接手；初期以结构化活动为主，中后期让学生们自主发挥能力，让学生们相互支持和共同寻找解决问题的方法。

积极的师生关系

许多老师都带着满腔热情和决心开始了教学生涯，希望为他们的学生做到最好，最后却幻想破灭。由于难以承受的工作量、应试教育的压力和对学生问题行为的管理给老师们带来的沉重负担，导致他们在对学生的情感方面关怀不足。这就表现为老师们总是说他们非常关心学生，但学生们却感受不到。那么学生通常会觉得哪些方面是他们能感受到而且觉得有帮助的呢？答案是老师呈现出来的一些态度和积极行为，以下是一些例子。

老师能准确地叫出我们的姓名。

老师对我们笑。

老师对我们很友善。

老师从不说某个学生比另一个学生好这样的话。

老师对我们能取得成功充满希望，他真的相信我们。

老师愿意倾听，愿意让我解释。当我不知道答案时，不会在同学们面前给我难堪。

老师教授的课程内容与我们的生活、社会相关联。

老师能管理好学生，但不会使用对学生吼叫的方式。

老师能让我们因为达成了某些目标而感觉良好，能给我们提供一些合适的帮助。

富有关怀的老师能激发学生们的内在动机，让他们对学习变得更投入，产生更多的亲社会行为。教育思想家内尔·诺丁斯（Nel Noddings）曾这样说道："显而易见，孩子们当然能努力学习努力做事——为了他们所爱的和所信任的人。"学生会积极应对那些开朗乐观的老师，"当你感觉到老师真的在关心你、关注你的生活时，你会觉得可以不用把家里的烦恼带到学校来了。"一位学生这样说道。

那些共情的、温暖的师生关系与许多结果相关：出勤率的提高、批判性思维的形成、学生满意度的提高、学业成就的提高、自尊水平的提升、积极动机的增加、社会联结和参与度的提升等，同时也能降低辍学率和减少学生的破坏性行为。学校需要创造一种环境，让学生在其中能感到安全，能好好地学习和探索他们的思想和情感，在这个环境里教师要允许学生犯错，因为失误也是整个成长过程的一部分。每个学生都有不同的学习方法，老师们需要给他们反馈，这样学生才能知道如何让学习变得更有意义。反馈是非常普遍的一种方法，老师需要主动告诉学生他们做得怎么样，而不是总让学生单方面地告诉老师他们听懂了多少被教授的东西。

引导并倾听学生表达他们的观点对优化师生关系非常有帮助，这能表达老师对学生的尊重。孩子们希望成年人在学校能认真对待他们的观点，如果大人做不到，他们会感到不被理解和无助。学生们认为他们确实常常有好主意，而且能用不同的视角看问题。美国一位著名的教育家花了几十年时间，从 90 000 封学生写的信中概括出了受喜爱的教师的 12 个特点，如下所示。

1. 友善的态度。"他／她把全班变成了一个大家庭，我每天都很期待去上学。"

2. 尊重课堂上的每个人。"他／她不会在其他人面前像耍猴一样戏弄我。"

3. 耐心。"他／她会一直讲解一道题，直到我会做为止。"

4. 兴趣广泛。"他／她带给我们课本以外的观点，帮助我们把所学的知识运用到生活中。"

5. 良好的仪表。"他／她的语调和笑容让我们感到很舒心。"

6. 公正。"他／她会给你应得的分数和赞扬，而不会有任何的偏差。"

7. 幽默感。"每天他／她都会在教学时带给我们欢乐，让课堂变得不再乏味。"

8. 良好的品行。"我相信他／她与其他人一样也会发脾气，但是我从来没见过。"

9. 对个人的关注。"他 / 她帮助我认识了一个全新的自己。"

10. 虚心学习。"当他 / 她发现自己有错时，他 / 她会直接承认，并且尝试用其他方法来改进。"

11. 宽容。"虽然我知道我不聪明，但是即使在我考得很差时他 / 她也不会说我不优秀。"

12. 教学有方。"突然发现，虽然我没有刻意去想，但是我一直在用老师教我的方法学习，并且发现这些方法十分有效。"

【积极的师生关系培养小贴士】

1. 有意识地营造一种温暖的氛围，例如上课前与班上的每一位同学都快速对视一下，确认每个人是否都在场。

2. 反馈应该及时。在给出某种学习标准后，立刻给予学生反馈是最有效的，这样学生就能积极回应并记住这段经验。时间久了再给反馈，学生可能会忘，也无法将反馈与行为联系起来。

3. 每次集中反馈一件具体的事。每次跟学生只谈一个问题，会比你一次谈他的所有问题更有影响力。比如，一个学生语文作业写得不好，你与其对这个学生说："你作业的问题太多了，字迹潦草、错别字多、内容有遗漏、语法也有问题。"不如本周先强调让他注意字迹，下周再强调改正错别字，再隔一周强调使用正确语法，一次强调一件事，这样做效果会更好。

4. 给学生真诚的赞美。如果你总是告诉你的学生"干得好""做得漂亮"之类的空话，时间一久效果就减弱了。用"具体事件＋行为动作"的方法表扬学生，比如用"我注意到……"的句式来表达（如"我注意到你这一整周都按时到校没迟到。""我注意到你在帮老师收作业时，总是会把同学们的卷子抚平。"）。认可学生付出的努力，能对学生的学习生涯产生长远而积极的影响。

5. 邀请学生给你反馈。给学生机会，让学生们能匿名评价，可以用一些问题如"你是否喜欢老师带的这个班级，为什么？""如果你来当老师，你会做哪些不同的事？""你从老师身上学到最多的东西是什么？"

积极的亲子关系

父母总是想把他们觉得最好的给予他们的孩子。不像早些时代的人，如今的父母身处在一个信息爆炸的时代，可以随时获取大量关于养育孩子的信息。这个时代的孩子有更多的时间在家庭之外的地方受到教育，如托儿所、幼儿园、寄宿高中等。此外还有一些因素在这个时代对亲子关系产生着比以前更大的影响，如家长和孩子之间异地分居、父母离异等。面对各种复杂的状况，无数的"养育专家"都开始探索策略来试图教父母如何一步一步地养育出幸福快乐的孩子，像是夸奖孩子、为孩子投入时间、强化孩子的动机和自信、帮助孩子建立自尊和信任及安全感、鼓励孩子独立自主。那么到底有哪些核心因素能对积极的亲子关系产生影响呢？

理解

所有的人际关系都在不断变化，个体想保持一段健康持久的关系就需要共情的能力，需要能理解他人的需求，欣赏他人不同的观点。这也包括亲子关系，父母需要理解孩子是如何成长和学习的。孩子也是独立的个体，父母应了解他们的喜恶、敏感之处和优势。作为父母，我们也应理解自己，如我们能对作为父母的自己有哪些期待，在为人父母的过程中可以从哪些地方获得支持和帮助。

互相尊重

这是保持一段健康关系的关键。如果父母试图把自己的意愿强加给孩子，就很可能受到怨恨和产生挫败感。尊重，意味着愿意倾听孩子的想法，从他们的角度看问题。即使最后父母声明做出的决定都是为了孩子好，但与孩子一同探讨问题，充分考虑孩子的意见的过程，也可以有效提升亲子关系。自我决定理论指出，青少年需要拥有自主的感觉、自己做选择的感觉和心声被倾听的感觉。相反，如果父母使用控制型的养育方式，孩子可能就会从中学习去控制他人而导致欺凌行为的发生。父母如果能做出示范行为，认可孩子的感受、渴望和困惑，那么就能促进孩子产生更多的亲社会行为并培养孩子的独立性。例如，家里的卧室要重新进行分配，就可以召集所有家庭成员开一次家庭会议商讨解决办法。也许最后还是父母说了算，但经共同商讨后，对于孩子来说最后的决定会变得更容易接受。

开放的沟通

沟通的质量与父母同孩子之间的尊重程度有一定联系。成年人如何才能以一种共情而关怀的方式走进孩子的世界，以帮助孩子相信他们的内在自我，建立自信？那些能经常对自己和亲子关系进行反思的人，会更少被激怒、失去耐心或变得消极。这种反思包括为一个错误的决定或评论向孩子道歉。这些过程可以为孩子提供示范，让孩子也能学会安全地表达自己的情绪。

时间

花时间来改善亲子关系是另一个关键。父母仅仅是花时间和孩子待在一起，就能让孩子感觉到自己是有价值的，尤其是当父母能参与一些由孩子选择的、主导的活动的时候，对于那些需要争夺父母关注的孩子，如家中有兄弟姐妹，或父母工作太忙的孩子来说尤为重要。孩子也喜欢参与一些大人的活动，如做饭、装饰房子，在这些事务中让孩子承担一部分责任，能增强他们与家人的联结，提升他们的幸福感和心理韧性水平，同时能培养他们的独立性，使他们产生自信心，尤其是当他们被允许犯错并从错误中吸取教训时。

关键概念

人际关系的五个层次：打招呼、讲事实、谈想法、谈感情、一致性。

同理心：站在对方的立场，去了解对方的感觉、想法、行为，然后把这种了解表达出来，让对方知道你在努力靠近他、理解他。

主动的建设性回应：一种主动的、有积极情绪反应的、有进一步交流的回应方式。

第 6 章
意义

人类最关心的不是获得快乐或避免痛苦，而是寻找生命的意义。

——维克多·弗兰克尔（Viktor Emil Frankl）

【本章要点】

- 意义是人类进步的驱动力
- 我们如何理解意义
- 意义从何而来
- 发现意义的教育

1831 年，在长达九年的不懈钻研下，法拉第发明出了发电机的雏形。当时有位朋友不解地问道："这个不停转动的小玩意有什么用？"法拉第反问了他一句："那么，你认为新生儿有什么用呢？"正如法拉第的这位朋友一样，许多人或许并不愿意去钻研那些看起来"没有用"的事物，比如思考人生的意义。

意义是人类进步的驱动力

不管你是否会认真坐下来想清楚这个问题，事实上我们正处在一个比以往任何时候都更需要思考意义的时代。如果将我们的社会发展历程看作是一出舞台剧，那么在过去 150 年间我们已经经历了三幕令人叹为观止的社会演进历程。第一幕是工业时代，无数的机械设备极大地提升了生产效率，为人类社会创造出了史无前例的巨额物质财富。与此同时，劳动工人成为了保障工厂流水线能够正常运转的附庸者，人们无论是在精神上还是身体上都服从着生产机器的命令。第二幕是信息时代，互联网的诞生和计算机性能的极速提升深刻地改变了人类认知世界的方式，再也没有什么信息是无法通过谷歌或是百度得到的了，信息和知识成为了世界经济发展的核心驱动力，这一时期是属于知识工作者的，人们再也不必在生产线上挥汗如雨地进行重复性劳动了，而只需要通过对信息进行整合并有条理地加以运用就能够源源不断地向社会输出价值。第三幕是概念时代，这也是我们每一个人都正在或即将参演的一幕，具有高度理性的分析思维已经不再能够满足未来对社会发展的要求。在这个即将到来的时代，我们的社会需要更多富有情感的、有创造性的未来公民，他们需要更多地思考自己存在的价值和世界的意义，"实用"不再是衡量事物价值的唯一标准，而相对来说具有美感的东西将会更具有吸引力，人们对意义的思考将成为一种新的驱动力。

　　人类在非理性智能领域的发展正在成为未来的一个趋势，思考存在的意义也将成为人类重新进行自我定位的一个重要问题。近些年来，人工智能日新月异的发展速度极大地激发了人类对未来世界的想象，人们似乎看到了通往未来的无限可能。我们普遍意识到人类当前所从事的大部分机械劳动将被人工智能所取代。追溯到 1987 年，少年得志的象棋大师加里·卡斯帕罗夫（Garry Kasparov）曾自信满满地宣称："没有哪台电脑可以战胜我"，十年后，他败给了 IBM 开发的"深蓝"，人们在惊愕之余依然对人类智能的优越性存留一丝希望，依然选择相信人类在围棋这个最后的领域不会被战胜。在 30 年之后，这一切都发生了变化，当世界排名第一的围棋选手柯洁以 0∶3 的成绩败给了谷歌 AlphaGo 后，人们已经清醒地认识到，在智力领域我们终将无法与人工智能相匹敌。可以预见，在不久的将来人工智能将渗入人们生活的方方面面。著名的图灵测试公司设计了一个测试，并提出，"如果电脑能在 5 分钟内回答由人类测试者提出的一系列问题，且其超过 30% 的回答让测试者误认为是人类所答，则通过测试。"牛津大学人类未来研究所在一项研究中提出，在未来的 120 年里，机器人将有 50% 的概率接管所有人类的工作。我们已经看到越来越多的人工智能的应用出现在众多领域，机器人正在新闻传媒机构负责新闻稿件的撰写工作，在医疗领域从事着诊断和治疗病人的工作，甚至无人驾驶汽车取代司机的工作也已经成为未来的一种必然趋势。前不久，美国佐治亚理工大学引入了一个名为"吉尔·沃特森"的人工智能系统为该校毕业生在线答复毕业论文中遇到的问题，这款机器人在未向外界告知其真实身份前连续工作了 5 个月竟没有被任何一位学生发现，大家只感到奇怪为什么发出的邮件总是能够在极短的时间内得到回复。想象一下，如果有一天机器人也可以像人类一样毫不费力地在完成大学的课堂作业之余还能自己创作歌曲并演奏出一段动人的旋律，甚至在你悲伤的时候它还能够来安抚你的情绪，那么我们将用什么标准来对人和机器进行区分？在那个时候人类将会集体陷入一种身份认同的困境之中——人类与机器的界限到底是什么？人与机器应该以何种方式共存？要回答这些问题的前提是作为人本身必须对自己的优势与价值有深刻的认识，因为人类未来的唯一出路是着力于发展那些能够将我们与机器进行区分的内在优势，而这需要我们对存在意义的问题进行深入的思考，如"我为什么活着？""我身上具有哪些品格优势？""我愿意为什么倾注我的热情？"

诺贝尔经济学奖得主罗伯特·威廉·福格尔（Kobert William Fogel）认为这个时代正在经历"第四大觉醒"（Fourth Great Awakening），意思是越来越多的人开始了对意义的追求，这种情况在发达国家更为显著。当网购已经成为我们日常生活中的一部分时，我们再也无须为了在除夕夜看一场春晚而厚着脸皮到邻居家去蹭电视看了，在有着琳琅满目商品的百货商城里，我们的烦恼已经不再是买不到电视机，而是踟蹰于到底是买一台曲面屏电视还是一台智能电视。如今我们只需要打开淘宝网，轻松点击几下鼠标就可以在数日内从快递员手中接过西班牙进口的橄榄油和新西兰生产的婴儿奶粉，我们已经很难再对什么新鲜的事物感到惊讶不已了，这种情况在新一代年轻人身上尤为明显。在美国，1995年之后出生的年轻人被称为"Z世代"，那些曾经轰动世界的发明，如计算机、互联网，在他们眼里都显得毫无新意，因为这些东西在他们出生时就已经存在了，这是一群多么难以取悦的人啊！中国的情况也与此类似，我们现在谈论的95后也具备着别具一格的特质。一份大数据调查报告显示，大学毕业的95后喜欢追求独特并且能够代表自己个性的事物，他们在职业选择上也呈现出了一种新趋势——他们中很多人不选择进入传统行业而是去从事一些小众职业，如游戏解说员、动漫人物扮演者，甚至毕业后选择待业。或许年轻一代会让一部分人感到不安，因为他们不像老一辈那样懂得珍惜来之不易的生活，但不管我们是否愿意接受，我们都必须明白，这是追求自我实现的一代，他们对自己应当以何种方式和这个世界发生互动的自主能动性远远超过了他们的父辈。这一现象的产生不是一种偶然，而是未来社会发展的一种趋势。

我们如何理解意义

积极心理学之父塞利格曼说："人类不可避免地会追求幸福的第三种形式，即对人生意义的追求。"有意义的生活与单纯追求享乐的生活不同。心理学家曾对近 400 名年龄在 18~78 岁的美国人进行过调查，询问他们是否认为自己的生活有意义和是否有幸福的感受。在为期一个月的调查中，心理学家们根据调查对象对自身幸福感的评价和对生命意义的看法，结合调查对象的压力水平、消费习惯、是否有孩子等其他变量进行了分析，结果发现充满意义的生活和幸福的生活虽然具备一些共同的特点，但还是各有不同。心理学家最后总结出：在幸福的生活中，人们"得到"的更多、而在充满意义的生活中，人们更愿意去"给予"。

心理学家对此做出了进一步的解释，满足欲望会使人感到幸福。如果你产生了一种欲望或需求，比如你肚子饿了，然后吃了食物，饥饿的感觉就消失了，于是你会感到幸福。需要注意的是，那些只追求幸福的人只有从其他人那里得到了好处，才会变得幸福。但是那些追求生命意义的人，会在给予他人时享受到愉悦。换句话说，当那些一味追求幸福的人正在忙着满足自己无穷无尽的欲望时，那些追求生命意义的人早已超越了自我。那些追求更崇高的生命意义的人，更愿意伸出双手去帮助那些有需要的人。

为人父母对此应当深有体会。没有人会希望养育孩子仅仅是为了从孩子身上索取什么，实际情况是，为了让孩子能够茁壮成长，父母要始终不停歇地为孩子提供必要的资源。对于年轻的父母来说，养育孩子的过程绝对不是什么让人身心愉悦的事情。挪威社会研究所的研究员曾就拥有孩子的家庭是否更幸福这个问题进行了一项颇有影响力的研究，结果显示有孩子的人比没有孩子的人幸福感低，并且这一现象在女性群体中体现得更明显。这项研究的发起者提到，"相比而言，拥有孩子会让年轻人、女性和穷人产生更多的不愉快。"有意思的是，虽然在不同文化的影响下人们对待生儿育女的观念有差别，但是从全世界的总体情况来看，大部分人依然秉持着"没有孩子的人是悲惨的"这一观念。如果人的天性只是单纯地去追求幸福，那么人们为什么还会对养育孩子这件事情流露出如此热切的期待呢？事实上，心理学家发现，虽然抚养孩子的确会让人变得不那么愉快，但是在这个过程中人却能体验到更强的意义感。试想一下，你的孩子在大学毕业典礼上穿着学士服手捧着毕业证书与你拥抱合影的那一刻，你的心中会是什么样的滋味呢？

塞利格曼认为，追求生活的意义就是"用你的全部力量和才能去效忠和服务于一个超越自身的东西。"因此，有意义的生活绝不是一种自私的追求，不是向世界索取什么，而是思考自己能为周围的人和环境贡献哪些价值。当比尔·盖茨（Bill Gates）宣布成立梅琳达·盖茨基金会并承诺将其大部分资产捐献给慈善机构时，事实上他就将自己与一个比自己更宏大的主体——人类命运——建立起了联系，而这种联系赋予了他的事业充实的意义感。

罗伊·鲍迈斯特（Roy F. Baumeister）认为，意义的本质是联系，当两个看似毫不相干的事物之间建立起了联系时，意义就产生了。例如，一本书和一只小狗之间原本不存在联系，但如果它们都是属于同一个人的，它们之间就建立了联系。当一个人为别人提供帮助时，他就与另一个生命建立了联系，于是意义就产生了。维克多·弗兰克尔（Viktor Emil Frankl M. D.）曾在艰苦的劳动中思念他的爱人，回忆爱人的容貌，他有一瞬间感到"世界上一无所有的人只要有片刻的时间思念爱人，那么他就可以领悟幸福的真谛"。在绝境中的弗兰克尔通过与爱人的联系让自己的精神从绝望和无意义的现实世界中超脱出来，他将希望寄托于让自己的爱人幸福，于是他的存在变得有了意义。

一个人还可以通过与周围的世界建立联系的方式获得生命的意义。比如，对一个科学家来说，用毕生的精力去探寻世界的规律，解答一个又一个问题，就是在与周围的物质世界建立联系的过程。遗传学家孟德尔为了追求自己的学术生涯放弃了结婚的权利，选择到修道院生活；居里夫人曾经在科学生涯中承受着丈夫离世的痛苦。通过创造性的劳动，一个人可以看到自己的独特性。

除了人与人、人与物的联系，从过去到未来的联系也可以产生意义。换句话说，意义不仅是超越自我的，更是超越时空的。在《活出生命的意义》一书中，弗兰克尔写道："要消除集中营生活对囚犯心理的影响，就要给他指明一个未来的目标，使他恢复内在的力量。"比如，你必须要忍受现在的痛苦，因为还有很多听众等着你来给他们讲述你的研究结果。因此，我们说意义具有超越性。感受以及追求意义可以使人们更好地发挥自由意志，体现人区别于动物的独特性。

意义从何而来

生活的意义不是我们能够直接寻找并且获得的东西，我们越是理性地去寻找它，我们越可能错失它。生活的意义和快乐感一样，如果我们刻意去追求一个叫作"意义"的东西，结果可能不遂人愿，那么人们可以从哪些活动中获得生命的意义呢？维克多·弗兰克尔认为，获得生命的意义有积极和消极的方式，也有不同的来源。从来源上来说，有三种途径可以让人体验到意义感：爱与被爱的亲密关系、创造性地从事某种工作，以及积极地面对或者忍受苦难。

1. 人际关系

良好的人际关系是获得意义感最重要的来源之一。一位研究者曾经组织了121 名被试学生参加一个电脑接球游戏。在这个游戏中，有三个人互相传球，除了参加游戏的被试是真人以外，其余两个游戏角色均是研究者用程序设置好的虚拟角色，但是研究者会让被试学生认为，他们在和两个真人互动。实验结果表明，当抛球的虚拟角色几乎不把球传给被试，而只把球传给另一个虚拟角色时，被试会在游戏之后的问卷调查中反映出对生命的无意义感；而如果被试接到球的次数和其他虚拟角色相同，或者是多于其他虚拟角色，则会更少地体验到无意义感。即使是一般的人际关系，也会影响着人对意义的感知。

2. 创造性的工作

1964 年，社会学家梅尔文·科恩（Melvin Kohn）及卡米·斯库勒（Khami Schooler）曾调查过 3 100 名美国人对自己工作的看法，他们发现，影响他们的满足感的关键就是他们所说的"工作自我引导"。从事低复杂度、高重复单调性工作的人，对工作产生的疏离感最强（会有无力感、不满足感，而且觉得自己和工作是分离的）。工作内容多样化、较具挑战性，且在工作中比较有回旋空间者，对工作的满意度则远高于前者。

人们对待工作有三种态度：把工作当作一份"差事"、视工作为一份职业，或把工作当作事业。只是为了赚钱才工作的人上班的时候常常会盯着时钟，一心盼望着周末赶快到来。把自己的工作当作职业的人，则会为自己定下目标，希望自己能得到升迁及名望，这类人会努力把工作做好，不过当升迁和声望不能如期而至的时候，他们会感到十分受挫，还会不时地感慨工作辛苦。把工作当作事业的人，觉得自己的工作就是在实现自己的抱负，而不是出于其他目的才做这份工作。他们常常会全身心投入，获得物我两忘的福流体验。工作报酬和职业升迁在工作选择中成为非决定性的因素。

纽约大学心理学家埃米·瑞斯奈斯基（Amy Wrzesniewski）博士发现，几乎所有她调查过的职业中都存在上述三种工作态度。以在医院工作的人员为例，她发现医院的清洁人员中也有些人认为自己是医疗团队的一员，每日为病人做出自己的贡献，促进病人的康复。这些清洁工不仅会把自己基本该做的工作做好，还会帮重病病人把病房打理得明亮洁净，积极配合医护人员的工作，而不只是被动地等待指示。他们的这种尽心尽责的态度，提升了他们在工作中的自我引导，秉持着这种工作态度的清洁工已把自己的工作当作一份天职。比起其他只把工作当作一份差事者，前者能从工作中得到更多的快乐。

积极心理学的研究得出了一个乐观的结论，即大部分人都能从自己的工作中得到更多的满足。第一步就是掌握自己的优势，请利用优势检测表（个人优势测量包括：盖洛普优势测量、VIA性格优势与美德测试、价值观与职业生涯测量、霍兰德职业测评，以及特定职业测评等）找出自己的优势，选择一份让自己每天都能发挥优势的工作，这样就能不时在工作中享受到福流体验。如果你的工作跟自己的优势不相符，那么你就应该重新调整自己的工作，让两者相符。或许，有一段时间人们需要多做些额外的工作。以教师为例，从业者需表现出具有爱心、耐心、积极关注的园丁精神。发挥自己的优势能使人从工作中得到更多满足感，工作心态就会变得更积极，也会更愿意面对问题。一旦有了这种心态，从业者就会更有愿景，愿意为大我做出贡献。正如诗人纪伯伦所言："工作是爱的具体体现。"托尔斯泰也曾用以下这段话回应："仔细用心纺出细线，用这细线编织布料，宛若挚爱穿戴其身。尽心尽意盖出房舍，宛若挚爱安住其中。温柔播种欢喜收割，宛若挚爱尝食其果。"

3. 对待苦难的态度

即使在看似毫无希望的境地，生命完全被暴力束缚，人们也能找到人生的意义，在勇敢接受痛苦挑战的时候，生命就有了意义。

苦难冥想的练习可以帮助人们找到消极事件的积极意义。研究者对个体写下的创伤经历的内容进行分析后发现，从开始写到结束的整个过程中个体对创伤事件的认知会有所提升。在记录整个事件的过程中，个体会重新评估那些失败的经历。个体会在负面事件中寻找积极的意义。人们还会在书写的过程中对事件的结果进行合理归因。这种归因不是一种片面的归因，而是对自身内在条件和环境条件都加以考虑后的一种全面归因。这种归因可以有效帮助人们去整体全面地理解整个过程，找到失败的真正原因，从而有利于人们做进一步的调整。

价值观影响你的意义感

一个人的价值观能让他知道什么是对的，什么是错的。人们依据自己的价值观做事就会体验到一种安全感，觉得自己是在做正确的事情。相反，如果人违反自己的价值观去做事，就会体验到一种负罪感、内疚、后悔和焦虑等负面情感。所以，当一个人所做的事情是符合其价值观的时候，他会认为这件事情就有意义，反之，他就会认为这件事没有意义，价值观会影响人的意义感。

从 20 世纪 60 年代开始，以马斯洛为首的心理学家们第一次意识到价值观对我们的内在决策过程——尤其是与自我实现和发挥潜能相关的决策——起了至关重要的作用。马斯洛认为，好的价值观系统能推动人们到达想去的地方。

一个人的核心价值观定义了他理想的生活状态。理想的生活状态能让我们细分出很多目标、需要、欲求和渴望，价值观又会帮你选择达成这些目标和渴望的路径。例如，认为家庭很重要的人会尽力与家庭成员和谐相处；认为公平与正义很重要的人则常常会把律师、法官、警察作为自己的职业目标；相信助人为乐很重要的人在生活中很难不与教学、志愿者等职业有关联；看重享乐的人就会把金钱和时间全都花在玩乐和享受上。当然，不是所有的价值观都会带给人以正面的结果。

一个人的核心价值观在紧急时刻会凸显出其重要性。生活中的意外事件往往会造成混乱的状况，这种混乱会迫使人重新检视自己最深层的需求，例如突如其来的重病会迫使一个平时将工作视为生活的全部的人开始思考健康和工作哪个更重要。价值观是人在付诸行动时最根深蒂固的驱动力，价值观决定了一个人对职业、工作组织文化、家庭和社会投入度的看法，而这些看法又进一步影响这个人的决策。如果一个人因某个工作目标而忽略了自己的价值观，这种忽略就有可能毁掉此人自己定义的"成功"，那么他就会对工作渐渐失去兴趣，心中积累起不满或愤怒的情绪，对自己供职的组织也漠不关心，这就会是一场个体和组织的双输游戏；相反，如果一个人的价值观和组织有紧密的联系，那么他就会觉得在达到了自己的目标的同时，也为组织贡献良多，这是让个体既能成功和幸福又能让企业良好发展的双赢局面。当个体有了价值观的排序时，他会发现自己做决策时更加坚定和准确。罗伊·迪士尼（Roy Oliver Disney）曾经说过："如果你不确定你的价值观，你就无法做出决策。"价值观提供了"什么对我最重要"这个问题的判断标准。

自 1998 年开始，塞利格曼和彼得森等人开始了对积极心理学领域的研究。他们希望找到哪些价值观能改变一个人的命运，是什么让人群中的某些人表现不凡、取得成功和达成个人意愿。他们继续寻找他们称为"显著的人类优势"的价值观。他们认为，每个人都可以通过学习增强不同的优势。显著优势来自于个体价值观的更深层次，其中人类的价值观紧紧相连。他们总结出六大类主要的价值观，分别是"智慧和知识优势""勇气优势""人道优势""正义优势""节制优势""超越（大爱）优势"。每一个价值观对不同的人，在不同的环境中都有不同的意义。

对人生意义的追求是个性化的过程

人类存在的意义不是固定不变的，我们一直在通过自己的计划不停地重新创造着自己。没有哪个人能够用概括性的语言来回答"人生的意义是什么"。因为生命的意义在每一天、每一刻都是不同的，所以重要的不是生命意义的普遍性，而是在特定时刻每个人特殊的生命意义。这就好像一个刚入门的棋手问一位段位颇高的资深棋手："大师，请您告诉我世界上最佳的招法是什么。"然而在离开了特定的棋局和特定的棋手的情况下，便不存在所谓的最佳招法，甚至连较好的招法也不存在。人的存在也是这样。理解了他人所认为的人生意义无益于去寻找属于自己的人生意义，每个人都有自己独特的使命，这个使命是他人无法替你完成的。

人类总是处在一种持续的转换、凝聚、进化以及成形的过程中，身为人类就意味着我们要发掘并理解自己的存在。写自己的人生传记可以对个体人生中重要的部分做梳理与整合，进而强调这些重要的部分。给出一个中心主题让被试写下人生传记，这样能够给个体提供一个回顾自己人生目标的机会，这些目标可以指引个体的未来选择。因为个人已经取得的成就和达成的目标是他人生当中最核心最重要的事情，因此写人生传记可以提高个体的自我价值感。一项关于创伤经历的研究发现，即使是进行为期 3 天的创伤经历短篇写作，也有显著的效果。当个体记录自己的波动情绪时，可以显著改善其免疫系统的功能，降低生理疾病的发病率，还能改善肝酶的功能。还有证据表明，以这种方式写作能提高学生们的学业成绩，还能提高那些失业工作者重新找到工作的概率。写下自己的故事这一方法可以促使个体把自己的想法和感受加以梳理和整合，这些想法和感受是个体之前从未有效梳理过的。这种表达方式给个体提供了一个很好的机会来形成新的视角和应对策略。

发现意义的教育

青少年时期是个体身心会出现重大变化的阶段，处于这一阶段的个体可能会产生对过去、现在和将来的焦虑。青少年刚刚度过依赖父母、充满舒适和安全感的幼年时期，他们开始想要承担起自己的责任，然而这时他们的人生观、世界观、价值观还未成形。因此，他们将面临自由和责任的冲突。在人生的这样一个时期，特别容易感到孤独、寂寞、空虚、无聊。有一些学生非常害怕失败，有一些学生活在别人的期待中，有一些学生则活在和其他同伴的攀比中。2012 年，美国大学生健康联盟对 76 000 名学生进行了一项调查。结果显示，86% 的学生感到不堪重负，82% 的学生感到情感耗竭，62% 的学生感到非常悲伤，58% 的学生感到十分孤独，51% 的学生感到焦虑，47% 的学生感到没有希望和意义。青少年普遍表现为生命意义感较低，从而导致他们产生了空虚的感觉，因此许多研究者对生命意义和青少年自杀的态度进行了探讨。研究表明青少年生命意义感的缺乏是他们产生心理问题和选择自杀的一个重要原因。学校是学生们在成年之前花费最多时间进行学习的地方，如果教育者能把意义教育贯彻在教育活动中，那么培养出来的学生就将是负责任、肯担当的人。因此，在学校教育中关注意义十分重要。

如何进行意义教育

学校进行意义教育是学生教育很重要的一个组成部分。无论是在打造校园文化氛围，还是在班级课程的设置上都可以把意义教育融入进去。

目标是意义的重要一环。一个宏伟的目标可以帮助学生把低水平意义解释提升至高水平的意义解释。如果老师能帮助学生设定未来的长期目标，引导学生去思考长大后想做什么，那么学生就很可能改变对学习的态度。因为许多学生对学习特定科目缺乏学习动机并不是对科目本身没有兴趣，而是不了解学习这些知识的目的，所以感到困惑、倦怠，进而丧失了继续学习的动力。就像一个慢跑选手，若他知道终点还有多远、他为了什么而跑、跑完了他会得到什么，那这名选手就能持之以恒地跑下去。相反，如果我们不告诉这名选手要跑多远、为什么要跑、在终点会有什么等着他，而只是让他一直向前跑，选手就会很快感到疲倦，不久后就会放弃，因为他不知道自己到底是为了什么而努力。未来目标的学习法可以向学生提供一个持久的学习动机，而且会促使学生去主动改善学习方式，以增强学习成效来努力，最终实现未来目标。

如果说获得目标感是一个结果，那么寻找人生意义最终确定目标则是一个过程。这就好比是交响乐，在交响乐中，每一个音符都是整个乐章的一部分，每一个音符都有其存在的价值，而不是只有最后一个音符才有价值。然而，如今不少学校教育看上去都更像是工厂的流水生产线，学生接受教育仿佛只是为了获得今后在职业生涯中的成功。但是，这就如同指挥家的使命不是快速完成演奏，而是关注整个乐团和音乐演奏的过程一样，学校教育也应如此。

在意义教育的过程中，可以让学生在开放的环境中分享对故事或者人生问题的真实想法，进而使他们从自己的想法中悟出人生的意义。

对学生进行意义教育时可以从以下几个方面设计团体活动：

- 探索生命的意义，让学生明白自己生命的独特价值；
- 多元化的生命意义，使学生明白生命意义是多元化的，坚持自我，不屈从于社会俗流，并且学会尊重别人的生命意义，不要将自己的生命意义强加在别人身上；
- 大自然的超然体验，激发学生对大自然的欣赏之情，达到人和自然的和谐共存；
- 自我放松和冥想练习，通过放松来缓解紧张情绪，消除疾病促进健康，帮助学生聆听自己内心的感受，使其获得力量去面对压力和困扰；
- 价值观选择，使学生明确生命中最重要的人和事物，学会珍惜现在拥有的；
- 理解意义与实践的关系，把人生意义这个大而抽象的命题和日常生活、学习行为结合起来。

这些活动可以帮助学生建立与他人以及与大自然的和谐关系，培养积极的个人信念及价值观，积极探索人生的价值与意义。

我们在探索人生意义时需要特别注意到，意义的探索并不同于宗教信仰，很多无宗教信仰的人也确信自己对别人和社会有义务和责任，要为别人服务，而不只是照顾自己。我们在设计团体活动时，应该注重鼓励青少年在思索和讨论与人生意义有关的课题时，了解他们的"真我"，以帮助他们追寻自己卓越的一面，从而找到生命的意义。

在进行探索生命意义的活动设计时也有很多思路可以参考，如带学生参观贫困地区学校和临终关怀医院；与残疾人或者癌症病人交流，了解他们的想法，让他们的积极向上和坚强乐观的精神激励学生感悟、明白生命的珍贵，懂得珍惜生命，创造精彩的人生。

找到生活中的意义感

1. 让学生回答问题

提问可以引发学生的思考，可以给学生准备一些与人生意义有关的问题。尽管不同的学生对这些问题会给出各不相同的答案，并且这些答案与他们对生命的理解和他们当下身处的情境相关，但回答这些问题仍然是重要的。因为对人生意义的寻找和对这些问题的回答并不是一蹴而就的。以下是部分问题，供读者参考。

- 我如何实现自己的梦想？我此生究竟想做什么？我的天赋和激情的交集在哪里？成就和满足感的平衡点在哪里？
- 我想做一个怎样的人？考虑到理想和现实生活的矛盾之处后，我还能实现目标吗？理想的生活是什么样的？
- 我怎样才能建立起持久的、充满爱的亲密关系？为什么独自生活如此不易，然而维系一段关系也同样困难？真的存在"灵魂伴侣"吗？谁才是我可以信任的、真正的朋友呢？
- 我和其他人的身份如何帮助我定义自己呢？比如，肤色、性别、宗教信仰、社会阶层等。为什么有的时候人们容易有偏见呢？
- 我怎么知道现在学习的东西对以后有用呢？上学真的有用吗？为什么要上这么多我不感兴趣又不知道有什么用的课呢？
- 我怎么样才能尽到公民的责任，为地区、国家乃至世界带来改变呢？志愿活动为什么重要呢？
- 怎么样才能达到并保持生活的平衡并收获幸福？完成多个任务是度过人生的最健康的方式吗？真的有人可以同时达到身体健康、心理健康、精神健康、情感健康、社会交往健康的状态吗？

2. 讲故事

帮助学生们发现意义与学生们讲述自己发现意义的故事的能力直接相关。无论课程的内容是什么，教师都不应惧怕引出学生自己的故事。教师也可以分享自己的故事，以吸引学生的注意力。因为故事具有主题，所以学生在故事中很容易发掘意义。而当学生讲述自己的故事的时候，作为主人公的自己一定会有目的。不同的学生讲述的人生故事一定是不同的。对有些人而言，生活是一场只有输赢的比赛；对有些人而言，生活是一场冒险。这些不一样的对生活的理解和解释会影响他人的观点，正如他人的故事会影响我们一样。

另一个方法是让学生在课堂上讲述自己的故事，即给他人上一堂具有鲜明的个人风格的课。这种课程需要学生有一定坦露自己隐私的勇气，同时需要学生有足够的自信。

3. 道德对话

对话是在学校进行意义教育的一项十分有价值的教育方式，当人们进行对话时，每一个参与者都会享受这个过程，包括教师和学生。在对话中，人们可能会相互抚慰或者相互伤害；人们可能会创造更加开放的空间或者制造出更加紧张的冲突。对话可以在任何时间和地点发生。在对话中，每个人都可以与他人进行联结，每个人都以真诚对话的方式成为他人的教育者。

在他们的课堂上，最激动人心的时刻是那些人们真正地在和他人对话的时刻。这种对话是指大家对自己同意或者不同意的事物进行坦诚的、互相尊重的交流。在这个过程中，人们互相学习，每个人都是平等而独立的。

之所以称这种对话形式为道德对话，是因为在对话中有一个重要的原则——"己所不欲，勿施于人"。在对话中，没有任何提前规定好的议程，也没有需要强加给学生的特定的哲学或政治思想，这种对话更像是一种互惠的过程，它鼓励我们了解每个人的想法，使我们按照他人想要被对待的方式对待他人。在合作中，人们相互学习，发现人生的意义。这是教育能产生的最长久的效果。

人生的意义不仅仅是收获幸福，更重要的是过有意义的生活。由此，人们才能跳出浅薄空虚的利己生活，获得更深层次的幸福。寻找意义不是一蹴而就的过程，对每个人来说，在每时每刻意义都有其独特性。通过一些实用的方法，教育者可以帮助学生逐步发现属于自己的、独一无二的人生意义，这也是教育的意义所在。

4. 测试

我们这里用的测试是由著名管理大师吉姆·柯林斯（Jim Collins）提出的，他鼓励人们要审视自己的生活，尤其是工作，问一问自己如果有 2 000 万美元的存款或者得知自己只剩下 10 年寿命，你是否还会继续做现在做的事情？假如你无条件地继承了 2 000 万美元的遗产，你还会像现在这样生活吗？如果你得知自己最多还能活 10 年，你还会继续做现在的工作吗？如果答案是否定的，那么你就应该好好反思一下了。当然，仅凭这个测试并不能决定你的人生历程，但是这个测试还是不错的，至少它的答案可以说明一些问题。

5. 去掉"但是"

如果发现自己被一些障碍所牵绊，你知道什么可以使你的生活变得更有意义吗？试试用这个简单的联系去突破那些障碍吧！

列出生活中你想要做出的一些重大改变，以及阻碍你实现这些改变的因素。

- 我很想抽出更多时间陪家人，但我经常出差。
- 我想吃得更健康一些，但在工作时我总是吃太多甜食。
- 我想多读一些书，但我却几乎没有时间坐下来看书。
- 现在回头再看这些事情，然后把"但是"换成"而"。
- 我很想抽出更多时间陪陪家人，而我经常出差，所以有的时候，我要设法在出差时带上家人。
- 我想吃得更健康一些，而在工作中我总是吃太多甜食，所以我需要自己带一些更健康的食物来防止自己去吃那些不健康的东西。

● 我想多读一些书，而我几乎没有时间坐下来看书，所以我需要找一些有声
书，这样我就可以在车上或者健身房里听书了。

把"但是"换成"而"，可以让你不再为自己找借口，而是全力解决生活
中的难题。

6. 致献他人

很多书中都会有献词页。你也可以这样做，把自己的努力（如一次演讲、
一场演出、一篇文章）献给一个你所仰慕的人或在你生命中重要的人。当你
把自己从事的事情当成一份礼物送给他人时，它就会变得更有目的性、更有
意义。

关键概念

意义：用你的全部力量和才能去效忠和服务于一个超越自身的东西，具有超越
性。

意义的来源：（1）人际关系；（2）创造性工作；（3）对待苦难的态度；（4）价
值观。

第 7 章

成就

幸福不在于拥有金钱，而在于获得成就时的喜悦，以及产生创造力的激情。

——富兰克林·罗斯福

【本章要点】

- 成就与幸福的关系
- 达成成就的心理要素
- 如何离成就越来越近

"你在 2002 年提出的理论肯定不对，马丁，"2005 年，在宾夕法尼亚大学积极心理学硕士班的课堂上，一位 32 岁的女子这样对塞利格曼说道，"《真实的幸福》一书里的理论，照理说应该是一个关于人类追求的理论，但它有一个巨大的漏洞——它忽略了成功与掌控。人会为了赢而追求赢。"

这位在课堂上敢于直接提出质疑的女子叫塞尼亚（Senia Maymin），是个爱笑的女生，她也是哈佛大学数学系的荣誉毕业生，经营着自己的对冲基金公司。塞尼亚的质疑引发了塞利格曼的思考，他开始在幸福 1.0 理论的基础之上加入成就的要素，并最终形成了现在的 PERMA 理论。在这个理论中，成就是人生蓬勃的重要组成部分。

说到成就，我们首先联想到的可能是一些伟大的政治家、拥有巨额财富的企业家或者是著名的运动员，比如在奥运会 110 米栏项目中夺冠的刘翔等，这些人都是万里挑一甚至亿里挑一的。超越绝大多数人是取得成就的一种表现，但是可以取得这种成就的人是有限的，因此通过取得这样的成就来获得幸福也只是少数人可以达到的目标。成就的定义并不应仅限于此。

积极心理学的研究目标是如何使大多数人获得幸福，而本书中所谈的成就主要是指达成个人的理想和目标。无论这个理想或目标与他人比起来是怎样的，只要它属于你自己，并且你通过努力达成了，就代表你取得了成就。塞利格曼将获得成就的最关键要素简化概括为一个公式，即：**成就 = 技能 × 努**

力。他指出："成就的定义不仅是行动，我们还必须朝着固定的、特殊的目标前进。"

成就与幸福

人们对于成就与幸福的关系，也有许多不同的看法，比如"我现在不幸福是因为我还没有成功，等有钱有权了以后我就会幸福"又或者"成功的人不一定幸福，他们压力很大，或者家庭不美满"等。其实，这些看法都不够客观全面。诚然，幸福与成就密不可分，个人目标达成与否，是影响幸福感的关键因子之一。譬如心理学家爱德华·迪纳（Edward Diener）在 1985 年指出："幸福是在达成自己的目标和理想过程中所产生的满足感和快乐感。"华人心理学家陆洛和施建彬通过质性研究发现，中国成人幸福感的主要来源包括了自我控制和自我实现。但这不足以阐明成就与幸福的因果关系。

当今的研究更支持的一个结论是：不是成功带来了幸福，而是幸福带来了成功。这些研究发现幸福的人更会追求梦想和成功；幸福之人对待事情的态度更为乐观，因此也更受他人和社会的欢迎；幸福之人也常常会有更良好的心理素质，对自己生活满意，并且会更加努力地追求梦想。美国一项对青少年的追踪研究也发现，那些在 16~18 岁时生活满意度和积极情绪占比最高的一部分人在 29 岁时的平均收入比其他同龄人整体平均收入水平高 10%，而最不幸福的一部分人在 29 岁时平均收入比整体平均水平低 30%。在未婚阶段感到自己很幸福的人在将来结婚后的幸福程度为平均值的 1.5 倍。

探索能创造幸福感的因素有哪些是本书贯穿始终的主题。也许可以这样理解：当你在通过各种途径给自己的人生幸福大厦添砖加瓦时，你也提升了自己获得成就的概率。

对于教育者而言，了解幸福与成就的关系尤为重要。一方面，学生的幸福在一定程度上与他们所取得的成就，特别是学业成绩有关；另一方面，让学生更快乐地学习，也会让他们更容易取得优异的成绩。"知之者不如好之者，好之者不如乐之者。"当学生在学习过程中体会到了幸福感时——无论这种幸福感是来源于情绪、关系、福流、人生意义，抑或是成就本身——他们都会更容易获得好成绩。因此无论是为了学生的幸福，还是仅仅为了提高学生的成绩，积极教育都能发挥极其重要的作用。

影响成就获得的心理因素

影响一个人能否获得成就的因素有很多，对于一个学生来说，影响他学习成绩的因素可能有其家庭收入的高低、父母的受教育水平、学校的等级、老师讲课是否有趣、同学相处是否友好，甚至是考试题目的难易度，以及考试时的运气等。然而，这些因素都属于外在因素，很少会受到学生本人控制。本书会更聚焦于探究影响成就的内在因素以及更可控的因素上，这些因素和方法是可以通过教育和学习习得的，可以由学生来自主控制的。如果学生培养了相应的能力和品格，就更有机会在学习乃至今后的工作和生活中实现自己的目标，获得更多的成就以及更幸福的生活。

行动的关键——自我效能

在日常生活中，我们会经常用"自信"来描述一个人很信任自己的感觉，而在积极心理学的研究领域中，这种感觉被称为"自我效能"，意为：个体对自身成功应对特定情境的能力的评估。在日常生活中我们会发现自信的人更容易取得成就，也更能从容地面对困难，于是在学校，老师们也希望可以提高学生的自信心。

自我效能是个人对自己是否有能力达成特定任务，如何善用所拥有的技能的一种信念（Bandura，1977），它决定了个体最初会如何行动，以及要付出多少的努力，或是在面对压力和困境时是否相信自己有足够的能力产生动机、认知资源及行动以符合某个情境的要求，尽力达成目标。人们对自己本身的效能信念会影响他们的选择、他们的抱负、下多少心力在特定的任务上，以及面对困难及挫折时能够坚持多久。

自我效能并不完全是客观能力的反映，而是个人主观上的信念。即使是能力相同或差不多的人，有些人会感觉到强烈的自我效能，有些人则不会；有些人在面对最困难的任务时仍有自我效能，但有些人则相信他们只在简单的任务上是有效能的。同时自我效能并不仅仅是个体对过去经验的反映，在更多的时候可被用来预测未来行为。高自我效能者，较愿意投入到课业学习活动中，其在课业中也有较好的表现，而良好的课业表现更能提升学习者的自信心（Zimmerman & Martinez-Pons, 1990；Hampton & Mason, 2003）。一项针对高中生的研究也发现，自我效能可以正向预测个体的主观幸福感（Massey，Gebhardt & Garnefski，2009）。

自我效能并不是天生的，而是外在环境、个人能力与成就表现等交互作用的结果。心理学家班杜拉指出，自我效能的主要来源有四个，分别是：（1）过去的成就与表现；（2）替代性经验；（3）言语上的说服；（4）情绪与生理状态。若想提升自我效能感（自信心），我们就可以从这四个来源入手。

如何提升自我效能感

过去的成就与表现

自己亲身经历的成就对自我效能感的形成影响最大。成功的经验可以提高自我效能感，使个体对自己的能力充满信心；反之，屡次的失败会降低个体对自己能力的评价，使人丧失信心。教师应多制造机会让每个学生都能获得成功的经验，尤其应给能力不佳的学生以特别的指导，比如设定较低的目标，使他们能逐渐体验到成功，并增强自我效能。相反，设置过高的目标可能会让这些孩子信心受挫，进而使他们放弃努力。

替代性经验

当无法亲身经历时，观察他人的行为和结果，也可以增强自我效能。当一个人看到与自己水平差不多的人获得成功时，能够使其提升自我效能感、增强自信心、确信自己有能力完成相似的任务。相比之下，如果仅仅是看伟人或者明星的故事，可能由于与自身情况相差悬殊，而无法起到提升学生自我效能的作用。教师不妨请成功的学长学姐回校分享经验，他们的经验与学生的实际情况更相符，有助于提升学生的信心。

言语上的说服

他人的鼓励、评价、建议、劝告等是加强自我效能的有效方式。教师在学生努力克服困难时，表达信任或积极的评价会增强其自我效能。比如，教师可以在学生成绩提高后对他们说："你进步很大，相信你未来还会有更大的进步"等。

情绪与生理状态

人的情绪状态与生理状态有时也会影响自我效能感的水平，如生理上的疲劳、疼痛和强烈的情绪反应容易影响自我能力的判断，使自我效能感降低。教师应留意并协助学生缓解情绪，尤其在准备考试或比赛期间，提醒学生睡眠的重要性，并教授其缓解压力的方法。

成功的终极品质——坚毅

安吉拉·达克沃斯（Angela Duckworth）在回顾了大量文献和案例之后，发现那些对长期目标抱有高昂热情并且在困难面前坚持不懈的人更容易成功，她将这种品质称为"坚毅"。在 2013 年的 TED 演讲中达克沃斯谈道："向着长期的目标，保持自己的激情，即便历经失败，依然能够坚持不懈地努力下去，这种品质就叫作坚毅。"坚毅的人更容易取得成就，无论是学业方面的还是非学业方面的。

• 坚毅的学生成绩更好

研究者对 139 名宾夕法尼亚大学的本科生进行研究后发现，有较高智力水平的学生能考取较好的成绩，有较强的坚毅品格的学生则能考取更好的成绩。更重要的是，在智力水平相当的情况下，那些更坚毅的学生的成绩更好。也就是说，排除智力的影响后，坚毅的品格依然可以影响一个人的学业成就。

• 坚毅的人淘汰率低

在一项西点军校的 1 218 名一年级新生参加的研究中，坚毅测试的结果能够预测哪些新生能完成人称"野兽营"的艰苦夏季训练，而哪些人会被淘汰，而且比其他任何测试（包括智力测试、身体素质测试、领导潜能测试等）都要准确。这种情况同样在美军特种部队以及房地产行业的销售人员中得到了验证。

• 坚毅的人能胜出

在世界拼字大赛中进行的研究发现，毅力测试和语言智能的测试能预测谁会进入最后一轮。在年龄和智力水平相同的情况下，坚毅的孩子较之于其他孩子进入最后一轮比赛的概率高出 21%。进一步的统计分析表明，坚毅的人比其他参赛者表现更好的部分原因是他们花了更多时间来学习单词。

具体来讲，坚毅的品格有两个重要的内涵，一是热情，二是坚持。其中热情表现为对目标保持持久的兴趣，坚持则是会持续地为长期的目标付出努力，即使这种付出并不能获得及时的回报。苹果公司的创始人乔布斯在 20 岁那年和好友沃茨尼克在自己家中的车库组装了一台电脑，他十分热爱做这件事情，随后创办了苹果电脑公司。此后尽管离开了苹果公司一段时间，但他还是坚持经营自己热爱的事业，终于在多年之后重回苹果公司，并创造出了改变人们生活方式的苹果手机。他在斯坦福的演讲中谈到，这是他自己最热爱的事业。乔布斯的成就以及他的经历是对坚毅这种品格的一种很好的诠释，他热爱自己的事业，并且一直在坚持。尽管不是每个学生都能取得向乔布斯那样的成就，但教师可以培养孩子坚毅的品格，这将有利于他们未来在各个领域取得成就，并获得幸福。

如何培养坚毅

达克沃斯指出，坚毅的典范人物都拥有四个心理特质，这四个特质通常是按顺序逐渐发展的，如下所示。

第一个是**兴趣**。你的热情始于真心喜欢你所做的事。每位坚毅的典范人物都说不太喜欢工作的某些方面，他们通常必须忍受至少一两件讨厌的杂物，但整体工作还是会令他们深深着迷，他们认为自己做的事有意义，他们执着不变，抱持着孩童般的好奇心。

第二个是**练习**。每天尽可能把事情做得比前一天更好，在某个领域发现及培养兴趣之后，必须全心全力地投入练习，寻求进步，达到纯熟的境界，必须锁定自己的缺点，加以克服。所有坚毅的典范人物，无论多优秀，他们脑中一再浮现的声音还是："无论如何，我都想要进步！"

第三个是**目的**。深深相信你在做的事有意义很重要，这样你才能保持你的热情。做的事情必须对你个人来说很有趣，同时又和他人的幸福息息相关。对多数人来说，没有目的的兴趣几乎不可能延续一辈子，造福他人的动机是在培养兴趣及经过多年的刻意练习之后才能得以增强的。坚毅的典范人物总是会说："我做的事情很重要，对我和他人来说都是如此。"

第四个是**希望**。事实上，希望不是坚毅的最后阶段，它贯穿坚毅的每个阶段。坚毅是指就算个体遇到困难、产生自我怀疑时也都能坚持下去。在不同的时刻，我们都会遇到大大小小的挫折，如果我们让自己持续陷在消沉中，坚毅就会被不断消减。这里所描述的希望，不是简单地说一说"我感觉明天会更好"，坚毅的人内心抱持的希望和运气无关，而是和"再次爬起来"的信念有关。

对于孩子来说，除了以上四种内在心理特质，由外而内的三大环境驱动力也是培养坚毅的重要因素。

第一个是榜样的力量。在这里尤指家庭中的榜样。儿童模仿成人的本能很强，许多坚毅的典范人物都曾以自豪又敬畏的口吻告诉达克沃斯，他们的父母是他们最崇拜、影响他们最深的榜样。如果想培养孩子的坚毅，身为父母，要先问自己对人生目标有多少热情和坚毅；接着再自问，自己的教养方法鼓励孩子效仿自己的可能性有多高。当然，不是每个坚毅的人都有明智的父母，但他们的人生中却一定有某个人在某个对的时间，用对的方式，鼓励他们锁定远大的目标，给予他们迫切需要的信任和支持，这个人可能是教师、同学、兄弟姐妹、朋友等。

第二个是课外活动。这并不代表让孩子不断参加不同的课外兴趣班就能变得坚毅。这种课外活动要有两个重要的特点：第一，有个成年人负责掌控全局且不是家长本人；第二，这些活动的宗旨就是为了培养兴趣。上课很难，多数孩子都觉得没乐趣，与朋友一起玩很有趣，但是不难。而某些课外活动却能同时将趣味性和挑战性结合在一起。关键在于，在孩子选定了一两种课外活动后，至少要坚持投入一年以上，而不应该分散精力，频繁地投身于不同的活动中。

第三个是组织文化的影响。身份认同对坚毅有强大的影响力。无论我们是否有意识到，我们的文化都以强有力的方式塑造着我们。如果希望自己变得更坚毅，就加入坚毅的文化组织中去。文化是由一群人的共同准则和价值观定义的。换句话说，任何时候一群人只要对他们做事的方式及原则有共识，就形成了一种独特的文化。当一个人接纳某种文化时，就意味着他愿意捍卫这种文化的准则和价值观。

表 7-1　坚毅测试表

坚毅测试
请您根据自己的情况，回答以下八个问题。数字 1~5 分别代表您在多大程度上同意这句话。请将最符合自己情况的分数填在每道题前面的方框中。 1= 根本不像我，2= 不太像我，3= 有点儿像我，4= 比较像我，5= 非常像我 □ 1. 新的想法有时会将我的注意力从那些旧的思绪中转移走。 □ 2. 挫折不会让我气馁。 □ 3. 我会在短时间内迷上一个想法或项目，但后来便失去了兴趣。 □ 4. 我是一个努力工作的人。 □ 5. 我经常设定一个目标，但后来会选择另一个不同的方向。 □ 6. 对于需要花费几个月才能完成的项目，我觉得自己比较难以集中精力完成。 □ 7. 无论我开始做什么，我都会坚持做完。 □ 8. 我很勤奋。 计算分数： 将 2、4、7 项和 8 项的分数相加，结果是 _____。 将 1、3、5 项和 6 项的分数相加，并用 24 减去它们的和，结果是 _____。 将以上两步得到的分数相加，并除以 8，就是您的坚毅得分：_____。 您的坚毅测试结果如何呢?

表 7-2 是安吉拉给众多受测者施测后，得到的男性和女性的得分对比表，大家从中可以看到自己的坚毅得分在人群中排在什么样的位置。

表 7-2　男性、女性坚毅得分表

十分位数（十分之一）	男性（4 169 人）	女性（6 972 人）
1st	2.50	2.50
2nd	2.83	2.88
3rd	3.06	3.13
4th	3.25	2.35
5th	3.38	3.50
6th	3.54	3.63
7th	3.75	3.79
8th	3.92	4.00
9th	4.21	4.25
10th	5.00	5.00
平均值 / 标准差	3.37/0.66	3.34/0.68

挥洒汗水的正确姿势——刻意练习

大部分人都会同意想要学会某种专业技能或取得某种成就，就需要勤学苦练。许多畅销书会以"练习一万小时成为专家""21天养成好习惯"等宣传语来激发读者的购买欲。但对究竟有多少人能坚持一万小时，长时间的坚持是否真的能带来成功，勤学苦练的关键节点是什么，以及这种练习的本质是什么却鲜有人谈。

如今，新的研究带来了更深刻的认识：即便是"天赋"，也并非一成不变。训练会改变大脑结构，潜能可以通过练习被构筑。但并非任何不加分辨地勤学苦练就能带来成果，而是通过利用一种被称为"刻意练习"（deliberate practice）的方式才能起作用。在某一领域的刻意练习，会让与该领域技能高度相关的脑区域发生变化：脑灰质增多、脑神经元重新布线。

简而言之，刻意练习和盲目苦练不同，具有以下特点。

- 刻意练习发展的技能，是其他人已经想出怎样提高的技能，也是已经拥有一整套行之有效的训练方法的技能。训练的方案应当由导师或教练来设计和监管，他们既熟悉杰出人物的能力，也熟悉怎样才能最好地提高那种能力。

- 刻意练习发生在人的舒适区之外，而且要求学生持续不断地尝试去做那些刚好超出他当前能力范围的事。因此，它需要人们付出最大的努力。一般来讲，这并不令人心情愉快。

- 刻意练习包含一个清晰的目标，一旦设定了总体目标，导师或教练就可以制订一个计划，以便实现一系列微小的改变，最后将这些改变累积起来，构成更大的变化。

- 刻意练习是有意而为的，专注和投入至关重要，它需要人们完全关注有意识的行动。简单被动地遵照导师或教练的指示去做还不够，学生还必须锁定他练习的特定目标，以便能做出适当的调整，控制练习。如果在走神，或者练习的时候很放松，并且只为了好玩，就表示个体并没有走出舒适区，也就不可能进步。

- 刻意练习包含反馈，以及为应对那些反馈而进行调整的努力。在练习早期，大量的反馈来自导师或教练，他们会监测学生的进步，指出学生现存的问题，并提供解决问题的方法。随着时间的推移，学生必须学会自我监控，自己发现错误，并做出相应调整。

● 刻意练习关注过去已获得的某些基本技能，致力于有针对性地提高某些方面，进一步完善那些过去已经获取的技能。随着时间的推移，这种逐步改进最终将造就个体卓越的表现。导师或教练为初学者提供正确的基本技能，能使初学者以后在更高层面上重新学习那些基本技能。

培养成长型思维

事实上，在积极教育中，无论是品格优势、心理韧性、坚毅或刻意练习的培养，贯穿始终的一条线索就是成长型思维。提倡坚持这种思维方式的背后，是不断深入发展的脑神经科学研究，而在这个基础之上，这让我们明白：人有能力打破所谓"天赋"的藩篱，通过科学的努力方式，在认知和行为的双重层面上改变自身，变得越来越好，使自己不断成长。

当学生坚信"自身的天赋并非一锤定音，能力和才干可以不断提高"这一想法时，他们会更坚毅，在遇到困难和失败时更不容易放弃。教师可以对学生的进步不断给予鼓励，帮助学生建立"事情是可以改变和提高的""失败不是永恒的"等信念。在培养学生的成长型思维之前，教师也应当用成长型思维来看待自己，第一步是注意自己是否言行不一。我们每个人都会无意识地使用固定型思维看待问题，重要的是要意识到："我又掉进固定型思维的陷阱里了，让我重来一遍吧。"就像我们想要培养跌倒之后再爬起来的能力一样，当我们尝试做某件事，结果却不如人意时，我们也该相信自己，永远有机会再试一次。

如何离成就越来越近

获得成就的前提——达成一个目标

每一天，我们都在努力追求或者达成各种成就，如掌握一门技能，完成一个有意义的项目，抑或赢得某次比赛。成就感有助于我们将自己发扬光大，但是在获得成就之前，我们必须先达成一个目标，这个目标不需要很远大，塞利格曼提出："生命中有个目标是幸福的，无论是每天阅读一小时，还是努力完成人生重大目标，都是很重要的。"

目标可以将人类的需求转变为动机，使人们朝着一定的方向努力。需求和动机是目标产生的前提，出于自主动机且符合自身需要、兴趣或个体发展阶段任务的目标，更能让人们感到愉悦、满足或自我实现。设定目标之后，人们会监控自己的行为，将结果与目标相对照，进行评估和调整，从而实现目标。这个过程被称为目标达成的自我调控过程（如图 7-1 所示）。行动在个体达成目标的过程中非常重要，不过更重要的是在实现目标的过程中不断进行自我监控和调整。研究发现实现目标的过程比达成目标对人的幸福感的影响力更大。

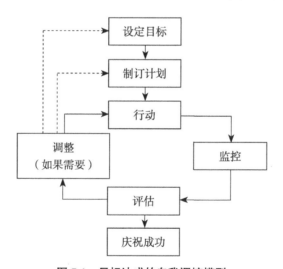

图 7-1　目标达成的自我调控模型

因此，在教学过程中，首先教师们需要依据学生的个人特点和需求，引导学生设定最适合自己的目标，这样才能激发学生的学习动机，获得最佳的效果。例如，教师在教学中可以根据不同学生的学习进度，结合他们的学业目标布置相应的作业，如向希望考重点学校的学生和希望通过文体特长加分的学生布置不同的作业。其次，教师在学生实现目标的过程中需要协助学生进行自我调控，支持学生更好地完成这个循环，并帮助学生建立起自我调控系统。

如何达成目标

教师的角色应当是协助而非替代学生完成他们的自我调控。在教学过程中，很多老师会有意无意地替学生在这个循环中完成一个或者多个步骤，比如替学生制订计划和建立目标，对他们的监控过于严格，强制他们做出调整等。这样会造成学生无法建立起完整的自我调控系统，比如不会制订计划和建立目标，忘记监督和评估，或者不能根据具体情况做出调整，进而在未来离开学校后很难达成自己的目标。为了协助学生完成自我调节循环，教师可以参考以下注意事项和引导方法。

设定目标

目标一般要符合 SMART 原则，其中 S、M、A、R、T 分别代表一条"明智"（SMART）的目标应该满足的条件，分别是具体化（Specific）、可衡量（Measurable）、可实现的（Achievable）、相关的（Relevant）和有时限的（Time-bound）。如果学生的目标不具备这些性质，教师可以针对其中某项不断提问，帮助学生进一步思考出符合 SMART 原则的目标。例如，学生的目标如果是"好好学习"，教师可以问"好好学习具体是指什么""用什么衡量""是否可以实现""为什么想实现这个目标""准备在多长时间内达成"等，以帮助学生形成一个 SMART 的目标。

计划和行动

任何成就的实现都离不开行动，但是很多学生又会迟迟不开始行动，得了所谓的"拖延症"。造成这种情况的原因有很多，其中比较典型的有：（1）学生想要在有了一个完美的计划后才开始行动；（2）目标过于庞大，不知从何下手；（3）动力不足或担心失败。这时老师的应对方式可以是：（1）引导学生理解整个自我调控循环的模型，认识到计划是可以在行动过后不断调整的；（2）帮助学生拆分目标，制订更具体的计划，让学生知道"下一步我可以做什么"；（3）激发学生的兴趣，鼓励其多进行尝试，允许学生在尝试过程中犯错，不断给予学生鼓励。

监控、评估和调整

监控、评估和调整是自我调控模型的关键环节，也是学生最需要培养和提高的能力。许多时候大部分人都无法很好地进行自我调控。这时就需要教育者有足够的耐心，不断地提示学生思考"过去一周进展怎么样？""获得了哪些成功或失败的经验？""下一步我要做出哪些改变？"等，这样可以促进学生形成自我监控、评估和调整的习惯。

庆祝成功

学生学习成绩不好，老师一般会约谈他们的家长，但在学生有进步的时候，老师却不会为他们庆祝。这样的现象很常见，因为很多老师担心学生会骄傲，但这却不是什么好的教育方式。及时对学生所取得的成绩表示祝贺，或者鼓励学生自我奖励，都可以提高学生对学习的兴趣和信心，促进他们取得更多的进步。只是这种鼓励和奖赏应当针对他们在过程中付出的努力，以及取得的进步，而非成就本身，这样可以促进学生形成成长性思维。例如，教育者可以说"你的成绩有进步，这跟你最近的努力分不开，老师替你感到高兴！"而不要说"因为这次你考进了全班前 10 名，所以老师奖励你一个小红花！"

一种教育模式：KIPP

KIPP，全称 Knowledge Is Power Program（意为知识就是力量）是美国的一个特许学校。KIPP 招收的学生多是贫困社区的学生，很多是非裔美国人，他们入学时的平均成绩远低于其他地区的平均水平。KIPP 最初成立于 1994 年，该校经过对当时招收的第一批学生的严格的管理和高强度的教学，在 1999 年的全市统考中奋起直追，考取了全纽约市第五的成绩，在其所在的布朗克斯区的所有学校中更是排名第一。

乔治·拉米雷斯（George Ramirez）在纽约布朗克斯南部最贫困的地区长大，9 岁前，他在一所美国的公立学校上学。当他 9 岁时，家里中了彩票，因而有了条件使他进入 KIPP 这所特许学校上学，乔治后来说："这里拯救了我。"

在那所公立学校，我不会说英语，学校就把我放在双语班。我的老师还不错，但是那个班级太乱了。同学们上课时经常到处乱跑、尖叫，老师只有大声喊才能喝止他们。学生们到处推搡，形成一片完全混乱的景象，班级里根本没有指令……我打过几次架，因此经常被老师们轮番教育。为什么我甚至都懒得去尝试改变？因为那些大人常常直接或间接地告诉我和我的同学们，我们根本就毫无前途可言。我记得二年级时有个老师向整个班级大喊："你们将一事无成！"

2003 年我进入了 KIPP，在进入这所学校的第一天我就遇到了麻烦，当我因为向数学老师翻白眼而被罚站时，我很震惊，更让我吃惊的是老师竟然向我布置了作业并且第二天我完成的作业还被彻底检查了，这是我在公立学校从来没有经历过的。我相信，KIPP 改变我的最重要的一点，是让我清楚了自己的所有行为都会产生相应的后果。

来到 KIPP 之后，第一次有人相信我会成功。我的父母也曾鼓励我，但他们没有文化，而学校能为我指明方向：当你把事情做好时，好事就会发生；当你把事情做坏时，坏事就会发生。虽然在现实生活中，这点并不总是管用，但对于当时的我来说，这让我产生了乐观的期待，让我相信如果我向好的方向发展并付诸行动，我就会获得好的结果。而如果我犯了错，做了一些不明智的事，老师就会让我知道需要做什么，并且让我知道他们是因为关心我才这样对我的。如果当初我没进 KIPP，现在肯定还在为找一份工作而游荡街头。

然而，现实并不像童话中那样总会有个完美的结局。KIPP 第一批经过努力奋斗考上大学的学生在大学中并没有能够保续优异的状态，相反，他们当中不断有人退学。其中一名学生说，他再也找不到曾经在 KIPP 有过的那种动力和激情了。

这个故事是不是很熟悉？许多孩子在高中期间学习成绩非常出色，但是在通过了严苛的应试教育后，在大学中对学习提不起兴趣，遇到困难无法克服，沉迷于网络游戏，最终导致成绩直线下滑，挂科，甚至被劝退。相似的事情发生在两个完全不同的国度中，可见并不是个例。为什么在中学时代可以取得优异的学习成绩的学生，在大学中却不能保持呢？如何才能让一个人持续不断地取得成就呢？如果在中学时代的学习成绩不能预示着未来的成功，那么什么因素才能预测一个人在未来是否能成功呢？

经过观察和调研，KIPP 的负责人发现，造成这些问题的主要原因是他们在之前的教育中虽然很重视提高学习成绩和培养认知能力，但却忽视了对学生性格品质的培养。于是在后期的实践中，KIPP 与积极心理学家塞利格曼和达克沃斯等人合作，在 KIPP 推广积极心理学和积极教育，并在教育过程中着重培养学生坚毅、自控、热忱、社交、感恩、乐观和好奇这 7 项性格品质。其中"坚毅"是指教师支持学生不仅在中学获得优异成绩，而且能在未来继续面对挑战并保持热情的重要品质。

在改革教学方法后，KIPP 不仅重视提高学生的考试分数，更重视培养让孩子持续获得成就的品格，帮助他们建立起不断进取的热情和百折不挠的韧性。这些品质都是学生在未来的生活中不断获得成就的保障。经过 20 多年的建设，KIPP 如今取得了令人瞩目的成绩，从最初的 1 所学校，到 2014 年已经是一个有 60 所小学、80 所初中和 22 所高中的集团学校。这样的成绩离不开 KIPP 推行的积极教育。

关键概念

自我效能：个体对自身成功应对特定情境的能力的评估，是个人对自己是否有能力达成特定任务，如何善用所拥有的技能的一种信念。

坚毅：向着长期的目标，保持自己的热情，即使经历失败，依然能够坚持不懈地努力下去。坚毅品格的两个重要内涵：一是热情，二是坚持。

第 8 章

心理韧性

那些杀不死我的，必使我更强大。

——尼采

【本章要点】

· 理解什么是心理韧性

· 学习培养心理韧性的七种技巧

《风雨哈佛路》是一部于 2003 年在美国上映的著名励志电影，影片讲述了一位纽约女孩历经人生的艰辛，凭借自己的努力，最终走进最高学府的故事。这部影片改编自一个人的真实的经历。

女孩名叫莉丝·默里（Liz Murray），她生长在一个毫无希望的家庭中，她的父母都是吸毒者。默里 10 岁时，母亲被检查出感染艾滋病，此后默里一直照顾在病痛中挣扎的母亲。在她 15 岁时，母亲去世，父亲付不起房租，搬到流浪者收容所。之后默里流落街头，有时睡在城市 24 小时运行的地铁上，有时睡在公园长椅上。

默里不愿母亲的悲剧在自己身上重演，17 岁那年，默里回到高中读书，她每天要坐一个小时的地铁到学校，还要去打工养活自己。尽管她缺衣少食，但依然坚定不移地按照自己的计划开始了她的高中学习生活。默里读高中时选择进入了一个读两年就能毕业的加速班，每天晚上她依然要露宿街头，只能在马路边的楼梯角借着路灯看书、做作业。但她却用两年的时光完成了高中四年的课程，每门学科的成绩都在 A 以上。她以全校第一的成绩和顽强克服困难的经历，获得了《纽约时报》颁发的奖学金，并最终被哈佛大学录取。

默里于 2003 年本科毕业。欧普拉·温弗里（美国著名的脱口秀主持人）颁给她"无所畏惧奖"，她还受到了美国前总统比尔·克林顿的接见。2009 年，默里再度进入哈佛大学攻读临床心理学博士学位。

这个女孩的经历符合我们对大多数励志故事的想象：主人公的童年充满苦

难与挫折，却拥有在困境中屹立不倒的意志，以不断自我超越直至最终获得成功。这样的人物、这样的故事古今中外不胜枚举，我们每每都会为之感动并受到激励。有许多生活中常见的词汇可以被用来描述这些人物的闪光点：坚强、勇敢、乐观、充满希望、百折不挠等，这些美好的品质被广为歌颂，但心理学家们的思考不止于此。

同样是遭遇逆境，为何有人倒下，有人却变得更强大？这些励志人物是天生坚强，还是被后天环境塑造的？他们身上到底有哪些共通之处可以帮助他们克服艰难困苦？我们作为平凡的大多数，是否真的能效仿他们？

当你也对这些问题开始产生好奇的时候，便可以阅读这一章的内容了。

情理之中，意料之外的理解——心理韧性

让我们想一想，一个人要克服困难和打击，有哪些要素能帮助他更好地做到这一点？我们可能会想到许多：坚强的性格、稳定的情绪、清晰的目标、亲朋好友的支持，甚至是好运气。总体来说，可以分为内在要素和外在要素。当然，我们还会很自然地猜想："所以心理韧性这个词，是在概括所有的内在要素吗？是在宣扬一种可以培养的能力品质吗？"

答案是：不尽然。

让我们先来看看起源。心理韧性（resilience），这个说法始于 20 世纪 70 年代，有一位叫艾美·维尔纳（Emmy Werner）的心理学家在一个条件非常艰苦的小岛上开展了一项调查研究，研究的对象是一群儿童，这些儿童都生长在问题家庭，跟着有酒精成瘾或精神疾病的父母长大，其中许多父母都没有工作。这些在非常不利的环境下成长起来的儿童中有三分之二的人在他们随后的青春期里呈现出了一些问题，如长期失业、药物滥用、未婚生子等。然而，还有三分之一的儿童并没有出现这些问题，他们展现出良好的适应能力，维尔纳将他们形容为"有弹性的"（resilient）。随后，这个词引发了广泛研究者的兴趣，有更多的研究者开始关注那些在各种逆境中依然发展良好的人群，研究者们想知道，这种"弹性"到底是指什么，这样的人群到底是如何面对逆境的。

如今，近 40 年过去了，关于心理韧性的研究遍地开花结果，结论无法简

单概括，大部分研究者们只在一个观点上达成了共识，值得我们谨记于心，那就是：尽管心理韧性涉及"心理"二字，但它不是指一个人的内心特质，而是在描述一种客观的过程。当一个人面对生活逆境、创伤、悲剧、威胁或其他重大压力时适应良好，能从困难的经历中恢复过来，我们便认为在这个过程中个体展现了"心理韧性"。

换句话说，当一个人遭遇了逆境时，他通过自己独特的内心力量克服困难恢复了过来，我们当然认为这是心理韧性的作用；但与此同时，若一个较为脆弱的人，他幸运地拥有支持他的亲朋好友，幸运地生活在一个社会保障机制完善的国家、社区、学校里，让他总是一次次渡过难关，我们也认为他展现了心理韧性。事实上，在这样的支持性的环境中互动的人们，不会永远脆弱，他们会在良性循环中变得更自信、更坚强，逐渐将"心理韧性"真正内化。这也是积极教育与心理韧性的关联所在，我们不仅要从个体入手，更应看到积极教育所带来的集体与个体相互促进、相辅相成的力量。

至此，我们对"心理韧性"有了一个初步的理解，但我们还需要走得更远。先让我们来看几个例子。

汶川大地震那年，小莹8岁，她是地震中的幸存者，她的父母、弟弟、爷爷、奶奶都在地震中遇难了。小莹已经没有了别的亲人，她就这样突然成为了孤儿……

小文是大城市里一个普通家庭的孩子，今年14岁，一直生活平顺，从未遇过大风浪，偶尔因为学习不努力被老师批评，也会因为身材较胖被同学嘲笑几句，偷偷喜欢班上的一个女生，但那个女生对他并不在意……

李叔是一家公司的老员工，因为公司合并重组进行了一轮裁员，李叔不幸失去了这份工作，他正值中年，上有老下有小，妻子还卧病在床，突如其来的失业让他大受打击……

王姐是一家事业单位里在编的老职工，环境稳定，薪水尚可，同事们也尊敬她。只是日复一日的枯燥工作让她提不起兴趣，正巧儿子今年高中毕业，要离家去上大学……

你认为以上四人谁更需要心理韧性呢？

例子中的小莹和李叔正在遭遇巨大的逆境和困难，我们对此都不会有任何疑问。我们又应如何看待小文和王姐的经历呢？他们需要心理韧性吗？

研究者们倾向于认为，心理韧性并非一项特定的人只在特殊情况下需要的特殊的心理素质，每一个人都需要心理韧性，而不仅仅是那些遭遇了巨大创伤和苦难的人。所有人在成长过程中都会面临挑战和压力，一件看上去似乎很小的消极事件，对于某个人来说可能不值一提，但对于另一个人来说可能会影响重大。

为了更好地理解这一点，我们来简单学习一个心理咨询中常用到的理论：情绪的 ABC 理论，它是由美国心理学家阿尔伯特·艾利斯（Albert Ellis）提出的。艾利斯认为，激发事件 A（activating event）只是引发情绪和行为后果 C（consequence）的间接原因，而引起 C 的直接原因是个体对事件 A 的想法和信念 B（belief）。面对同一件事，由于人们有不同的分析角度、不同的信念、不同的看法，最后就导致人们产生了不同的情绪和行为。

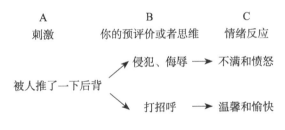

图 8-1 情绪 ABC 理论

在发生一件事之后，它是否成为当事人的"逆境和困难"，是否让当事人感觉是"压力和挑战"，或者这个"压力和挑战"的影响程度到底有多深，很多时候都取决于当事人的想法和信念 B，而事件本身往往只是一个诱因。已经发生的事件 A 虽然无法改变，但想法和信念 B 仍有变化的余地，一旦 B 有了变化，我们的情绪、行为就都会发生相应的变化。从个体可控因素的角度来说，信念 B 是我们获取心理韧性的关键奥秘。

总而言之，我们可以将心理韧性看作是管理日常生活压力的基础。我们必须意识到，从反面来说，跨越逆境、从挫折中恢复需要心理韧性；从正面来说，拓展和丰富正常的生活、进一步提升幸福感，同样需要心理韧性。

管中窥豹，心理韧性的"成分表"

目前为止，我们理解到，心理韧性是一个综合的恢复过程，而非某种个人特质，这意味着有一系列的因素可以在这个过程中起促进作用。如何探寻这些起作用的因素呢？让我们不妨了解一下世界上较为早期、较为成熟的心理韧性培养项目是如何操作的，来帮助我们勾勒出一张组成心理韧性的"成分表"。

最为著名的心理韧性项目，是美国的宾夕法尼亚韧性项目（Penn Resiliency Program，PRP）。该项目是塞利格曼与他的研究小组专门为小学生和初中生精心设计的小组型干预课程，主要关注如何引导学生们的想法和行为，以及如何提高学生们对生活中实际问题的解决技能水平，参加项目的学生超过 2 000 人。

PRP 课程教给学生们解决问题、应对困难与应对消极情绪的技巧与策略。学生们可以学到不同的技巧，包括增添自信、协商、做决定、解决社会问题和放松等。研究人员发现，PRP 项目可以预防忧郁和焦虑症状，参加 PRP 项目两年后甚至更久以后，学生们仍然有着抵抗抑郁与焦虑、解决问题、应对困难的技巧与技能。

让我们来看看，这个项目到底包含哪些主要的操作内容。

PRP 项目可设置为 12 节课，每节课 90 分钟；也可根据情况设置为 18~24 节课，每节课 60 分钟。每节课中的所有技巧和技能都会通过不同的方式展示给学生们看，如讲述幽默故事、角色扮演等。

第一课：想法与情感联结

第一节课的前半部分主要用来与学生们相互认识并开始建立关系，向学生介绍项目和课程安排，开始调节团体凝聚力。此节课的内容以艾利斯的情绪 ABC 理论为基础，关注想法与情绪感受之间的连接，也就是 ABC 模式中的 B 与 C——信念与后果。通过展示一个 3 页的卡通漫画，让学生们随意自主思考，注意观察自己的思维与自身感受和情感之间的关联。

第二课：思维方式

本堂课的焦点是通过一个学生们自己表演的幽默短剧，来让他们学习乐观和悲观这两种思维方式。之后，在课堂小练习中要求学生们改变自己最初表演出来的思维方式，用其他角度来思考事情。第二节课后的作业是让学生们利用自己新学到的解释方式，来为自己生活中发生的一些事件用不同的角度和思维方式做出分析。

第三课：挑战信念：其他选择与迹象

在第三节课中，学生们需要加强从不同角度看事物的技能，同时更好地分析和判断自己的信念和自主思考的正确性。老师首先给学生们讲述思维是如何进行判断和分析的，把它比作是侦探破案的过程：福尔摩斯是个神探，他每次破案都会考虑周全，首先通过观察现有线索列出几个嫌疑人。同时还可以给学生们讲"摩尔福斯坏侦探的故事"。与福尔摩斯不同，"摩尔福斯"破案时不仔细，不注意观察线索，甚至会漏掉重大线索，另外，他只会找出一个嫌疑人。福尔摩斯的故事提示学生们可以学习观察线索，以及找到不同信念和思维方式的重要性。"摩尔福斯"的故事则告诉学生们，如果只关注一个"嫌疑人"（一个信念或一种思维方式），就会限制住自己对事物的全面判断，误导分析过程，最终可能会导致自己错误地处理整个事件。与不注意观察周围线索类似，不从多个角度来看事情往往会导致人们错误地去对待和处理事情。

第四课：分析想法与客观看待

第四节课的焦点是如何正确看待将要发生的悲观事件或困难。老师可以通过给学生们讲小鸡和橡树果的故事来切入主题：有一天，小鸡在花园中散步，突然一个东西从空中落下，砸到小鸡头上。小鸡吓得哆嗦起来，以为天塌下来了。它赶紧跑到朋友那里告诉每个人天要塌下来了，所有人都恐慌失措，最后都躲到皇宫里并且向国王告知这个灾难。老国王却一点儿也不慌张，从小鸡的羽毛中拣出一颗小橡树果，然后笑着对大家说："天没有塌下来，掉到小鸡头上的只不过是一颗小橡子而已，不需要大惊小怪、慌慌张张的。"从这个故事中学生们可以认识到小鸡和"摩尔福斯"一样，只关注了最初在大脑中产生的想法，却忽略了其他线索，这样就容易产生错误判断，从而灾难化一些事情。

学生们需要学会分析"最坏的可能""最好的可能"和"最有可能的可能"。

第五课：对一至四节课程的回顾

主要回顾第一至四节课中所学到的知识和技能，通过更多的练习和分析日常生活中的事物来锻炼学生们的技巧。

第六课：信心与协商

该节课的关注点在于把在前五节课中所学到的知识应用到人际交往中，注重交往形式、社交技能和社会问题解决方式。通过幽默短剧向学生们展示三种不同的社交态度或方式：冲动型、被动型和自信型。让学生们讨论这三种截然不同的社交方式的社交结果及导致这些行为方式的信念和思维方式。老师需要带领学生们练习应用自信型社交方式，并通过角色扮演和使用各种协商技巧来演习当自信行为不能得到想要的结果时应如何达到目的。

第七课：应对策略

这节课的主要内容是教授学生们应对困难、负面情绪和压力的技巧，如当家长吵架时。一方面，老师会教授一系列的技巧和策略，包括控制呼吸、放松肌肉，并指导他们学会每一项。另一方面，老师会帮助学生在大脑中建立起一个积极乐观的画面，如自己的生日聚会，这样一来，每当学生开始感到焦虑或生气时就可以及时联想到这个令人高兴的画面。另外，老师还需要引导学生们学会寻找可以支持和帮助他们的人，如家人、朋友或老师。

第八课：判分练习与社交技能培训

这节课主要帮学生们认识拖延和推迟行为的原因，并矫正他们的行为。很多时候拖延行为是由"全或无"的想法导致的。"全或无"的想法是向往十全十美的人容易陷入的思维方式，这类人做任何事情都会给自己很大压力，觉得需要做到十全十美，做不到就干脆不开始做。例如，一个追求完美的孩子觉得写一篇作文就应该得 100 分，所以会下意识地把写作文这件事想得无比重要。这种思维方式的行为后果就是拖延和推迟，不愿意完成作业。另外，学生们还会学到如何将一个复杂的任务或很多的作业分成容易完成的、可管理的小部分。

第九课：做决定与六至八节课程的回顾

前半节课主要是通过让学生们解决一系列将来可能会遇到的困难来回顾第六至八节课中所学到的内容。另外，学生们还需要继续练习放松技巧和自信交涉技能。对于有拖延症状的学生来说，一般会有不能做决定或很难做决定的感受。很多导致拖延行为的想法会导致学生们觉得做决定很困难。老师会教学生们做决定的"四步技巧"来帮助他们分析不同决定的后果，教会他们更容易、更清楚地做决定，同时教师还需要通过向学生提供日常生活中的案例来帮助学生练习如何做出好决定。

第十课：社会人际问题的解决

一些学生容易把其他人的意图模糊的行为，误认为是对自己的攻击或恶性行为。这时可以通过"五步问题解决方式"来教学生们如何解决问题，不匆忙误解别人的言语或行为。第一步，学生们需要学会在自己盲目反应之前停下来仔细考虑面前的问题。这要求学生们从各种角度考虑事情并客观看待。第二步，学生们需要知道在这种情况下自己的目的是什么。第三步，学生们需要学会想出不同的解决方案。第四步，应用在第九节课上学会的做决定的技巧来做最终决定并开始行动。最后一步，学生们需要分析事情的结果和自己决定的后果，如果没有达到自己想要的结果就需要重新思考，重新练习。老师可以给学生们提出不同练习题目和案例，让学生们练习使用解决问题的技巧。

第十一课：问题解决练习

这堂课主要总结第九节和第十节课中所学的问题解决技巧。老师需要通过给学生们更多的练习来巩固他们所学到的知识和技能。练习题目需要从学生们的生活中找出，这样更具有真实性、可信性，对学生们掌握技巧会更有帮助。

第十二课：整个 PRP 课程回顾和小聚会

最后这堂课的焦点是回顾整个 PRP 课程并给学生们开一个小聚会。

从 PRP 项目的内容介绍中可以发现，设计者们是在通过改变学生的心理认知、思维方式，来改善和提升学生的人际关系，并且帮助学生学习一些放松和情绪管理的小技巧，从而达到提升学生心理韧性的目的的。从另一个角度来看，我们可以将心理韧性理解为整个积极教育良好地实施之后必然会带来的"副产品"。回想一下 PERMA 理论的构成，当我们致力于培养积极情绪、管理消极情绪、营造积极关系、追求成就和人生意义时，我们就是在实施类似于PRP 的项目。这也意味着我们在加强抵御逆境及从逆境中恢复的能力，我们在促进心理韧性得以展现。

心理韧性并非出自"孤胆英雄"

前文中已提到，来自社会制度、社区、学校和家庭的支持可以有效促使孩子建立心理韧性。大部分展现出心理韧性的孩子都至少和一个成年人保持着强有力的关系，不一定是父母，这个人也可以是其他亲人、老师、邻居等，这种强有力的关系会帮助孩子减轻由家庭不和带来的伤害。例如，父母离婚会导致孩子产生压力，而来自大家族和社区的社会支持可以减轻孩子的这种压力。就像本章开头故事中的默里，她在后来的访谈中讲述到，她在很小的时候就开始读书，她的父亲常带她去图书馆借书，父亲曾是纽约大学心理学博士候选人，早年他有着很好的人生，但毒品毁了他。默里还有个叔叔，就像教父一样十分关心她。学校的同学对她也很关心，她有不少很好的朋友。

另外，维尔纳的考艾岛研究发现，贫困的家庭本身是一种压力和逆境。但大量研究表明，有一些方式可以帮助贫困的父母在家庭中培养孩子的心理韧性，例如经常在家中表达温暖的关怀并提供情感的支持；坦诚地表达对孩子的期待，而不是苛刻地对待他们；定期举行家庭聚会；对金钱和娱乐保持正常的价值观。有一篇文献中这么描述道："对于在贫困家庭中展现出心理韧性而成长起来的孩子，他们获得了显著的支持，这使得他们在进入社会的时候能做得更好。"

心理韧性不受种族、阶层或地理环境的制约，个体可以通过学习和锻炼来增强心理韧性，也需要牢固的、支持性的人际关系来滋养，所以家庭关系在其中起着重要作用。家庭是否有助于儿童心理韧性的提高取决于抚养人，同时与其朋友圈及家庭成员相关联。如果家庭是温暖的，父母愿意聆听孩子的心声并与他们进行交流，生活在这种家庭中的孩子就会更具心理韧性。此外，如果儿童所处的社会环境重视教育，凡事都有清晰的结构和明确的限制，在校内外都有积极的指导，那么社会也就可以成为增强儿童心理韧性的重要阵地。

关心和支持

在培养青少年积极发展的过程中，最重要的因素是至少要有一个成年人与其密切相关并给予其关爱，这种关系为青少年提供了稳定的情感、关注、信任感以及关心和支持。

适当的期望

要认可儿童的优势和价值，而非只关注他们的问题和不足。成年人应该看到儿童在各方面的潜力，既要给予他们明确的期望并教授他们文化传统，也要重视他们并为他们提供在社交和学业上取得成功的机会。

参与的机会

要让儿童有机会与他人进行联系，发展兴趣，并从中获得宝贵的生活经验。他们不但能够参与有益的社会活动，作为重要的参与者，他们也拥有进行决策、制订计划的机会和帮助他人的责任。

养成心理韧性的七种技巧

从个体的角度来说，我们仍希望最大限度地把握主观能动性。尽管心理韧性会受到内外两类因素的影响，但我们可以确定的是，心理韧性是可以培养和控制的，一个人可以学会如何应对挫折，如何充满活力地应对挑战，如何变得更有心理韧性。有研究者提出了培养心理韧性的七种技巧，其中三种技巧用来了解自我，帮助一个人获得对自己的思维是如何运作的更深的理解，以使其建立更深的自我觉知；另外四种技巧用来做出行动和改变。需要注意的是，这七种技巧并不是完全独立的，它们之间是由易变难、由浅入深的关系。

技巧一：情绪 ABC

前文中提到过情绪的 ABC 理论，七种技巧的基础便是学习情绪的 ABC 模型。我们一般认为，好事会对应着好的变化，坏事会对应着坏的变化，就像假如我们赢了一场比赛，我们肯定会欢呼雀跃；而如果输了，我们肯定就会倍感沮丧。但心理机制并没有这么简单，并不是一件事情就只对应着一种确定的情绪或行为后果。在一件事发生之后，我们总是会不由自主地分析"它为什么会发生？""是什么导致了它的发生？""它对我的含义是什么？""我应该怎么小才能改变或者继续保持这种状况？"等等。A 只是一个诱因，是中间的这些分析和评价 B，引发了不同的情绪和行为后果 C。

艾利斯认为，事情发生的一切根源都缘于我们的信念。正是由于我们常有的一些不合理的信念才使我们产生了情绪上的困扰。学习 ABC 模型的目的是学会将生活里的某些经历用 ABC 模型来分析。要想改变不合理的信念，首先必须学会将对事件的信念从事件中剥离出来，然后将事实从对事件的反应中剥离出来。

第一步是描述困境 A，第二步是分辨出现的情绪和行为反应 C，第三步则是在注意到 A 和 C 后，问自己"当出现这些情绪和反应的时候，我正在想什么？"找出连接 A 和 C 的那些信念 B。如表 8-1 所示。

表 8-1　情绪 ABC 分析记录表

情绪 ABC 分析表
1.将困扰你的事客观地记录下来，不要掺杂主观情绪和猜测
2.确认事件发生导致的结果，包括你产生的情绪和行为
3.确认你被触发的想法和信念

A：事件
明天上午我要在全校师生面前做一次主题演讲

C：情绪和行为	**B：被触发的信念**
非常焦虑，晚上睡不着	有被看不起的危险，我担心讲不好会被老师和同学嘲笑，会下不来台
有一点愧疚	要是能再提前几天准备就好了，我总是这样拖拖拉拉、效率低下，我一定会让选我去演讲的班主任失望的

第四步则是交互检查，使用表 8-2 中的内容来检查自己的逻辑。每种信念都应该对应着某种情绪和行为反应：如果有落单的 B，检查一遍自己是否还有未曾注意到的情绪与之对应；如果有落单的 C，检查一遍自己是否还有未剥离出来的信念与之对应。

表 8-2　信念与情绪 / 行为的对应

信念（B）	情绪结果（C）
失去（我失去了什么）	悲伤 / 退缩
危险（坏事即将发生，但我毫无办法）	焦虑 / 激动
被侵害（我被伤害了）	愤怒 / 攻击
造成伤害（我伤害了别人）	内疚 / 辩驳
消极比较（我不如别人）	尴尬 / 躲藏
积极贡献（我做出了贡献）	自豪 / 分享
珍视所得（我得到了宝贵的礼物）	感恩 / 回馈
积极的未来（将来一切会更好）	希望 / 能量充沛 / 采取行动

我们也可以用表 8-2 来反向推理，我们经常能感受到自己的情绪，但一时间却意识不到产生情绪的原因。例如，当一个人悲伤的时候，他有可能不知道自己为何悲伤，事实上在他尚未分离出来的信念里，很可能就隐藏着"我失去了……"这种想法。再如一个学生为考试感到焦虑，那是因为他的信念中有一种不安全感，有一种怀疑坏事可能即将发生的担忧，对于这个学生来说，也许出现负面情绪的原因就在于担心会被父母责骂、被老师批评、被同学看不起。

当然，在发生了非常严重的事件的情况下，人的情绪和行为反应直接由事件驱使，而不是信念。这并不代表人的信念在其中不起作用，相反，信念和心理韧性决定着一个人从消极事件中恢复的速度和难易度。

技巧二：跳出思维陷阱

扭曲的思维方式会影响一个人的感受，增加其焦虑等负面情绪，医疗术语里称之为"认知扭曲"，心理学里则称之为"思维陷阱"。认知行为治疗的鼻祖亚伦·贝克（Aaron Beck）曾提出八种让人们易患上抑郁的思维陷阱，事实上这些陷阱不仅适用于抑郁，同样适用于讨论心理韧性。我们中的大部分人都在某个时刻掉入过某种思维陷阱。

陷阱 1：**快速下结论**。即在没有相关证据的情况下就快速得出某个结论，例如"老师叫我去办公室，啊，一定是我做错了什么事！"

陷阱 2：**管道视野**。仅看到事情的消极面。例如，"这个老师什么事情都做不好，他对教学麻木。"

陷阱 3：**夸大或缩小**。在评价自己、他人或事情时，没有理由地夸大消极面，缩小积极面。放大所有的困难和负面事件。把别人提出的小建议看成严厉的批评，因为小挫折就觉得很绝望，认为任何好事都微不足道。例如，"一个平庸的评价就说明我很无能，很高的评价也不意味着我聪明。"

陷阱 4：**个人化**。相信结果不好是个人的原因，不去考虑其他更合理的解释。例如，"我们队输掉比赛，都是我的错。"

陷阱 5：**过度概括**。根据单独的事件或片面的证据就得出广泛的结论，一个负面经历就使自己觉得以后只要在相似的情况下，就会出现坏结果。例如，"他不理我，我没有交朋友的能力。"

陷阱 6：**读心术**。相信自己知道别人怎么想，即使别人没说，也认为自己知道他们是怎么想的，认为自己知道他们的感受和动机。 即使没有任何证据，也把他人的做法解释为是对自己的消极反应。例如，"每个人都觉得我胖！""他没跟我打招呼，他一定是讨厌我了。"

陷阱 7：**情绪推理**。个体如果主观上肯定一件事，就认为事实一定如此，从而忽视或低估其他的证据。例如，"我知道我在学校表现得不错，但我仍然感觉自己是个失败者。"

陷阱 8：**外化思维**。与个人化相反，具有外化思维的个体认为所有问题都不是他们的错，都是别人让他们失望的。例如，"这次考试怎能出这么难的题！""我成绩不好都是因为父母不让我参加课外补习班。"

打破思维陷阱最好的方式，就是像个侦探一样检测你的思维，考虑各种事实和线索。用你收集到的证据来挑战你的思维陷阱。以下给出一个例子，表 8-3 中呈现了如何通过一系列的自我提问来打破思维陷阱，表格中的问题并非在所有分析事件的过程中都必须用到，我们可以根据具体情况选择最有针对性的问题进行反思。

"如果我参加明天的演讲，我会害怕发生什么？我怕我会讲砸。"

表 8-3　打破思维陷阱的 12 个问题

提问	回答
1. 我能 100% 确定我会讲砸吗	不，不是 100% 确定
2. 有多少次我在众人面前讲不好话	偶尔，但不是每次
3. 支持我的想法的证据是什么	有一次我当全班的面回答了一个老师的提问，结果回答错了；还有一次我在讲台上朗读课文，没有读好，底下有同学发笑
4. 不支持我的想法的证据有哪些	有次我上台在黑板上解数学题，并给同学们讲解步骤，老师说我讲得很好；元旦联欢晚会的时候，我在全班同学面前说过祝福的话、唱过歌，大家为我热烈地鼓掌
5. "无法在众人面前演讲"对我来说真的那么重要，我在未来都要依靠它吗	演讲紧张是挺尴尬的，但我的未来不会只由这次的演讲决定
6. 我需要为"没在众人面前讲好"负全部责任吗	也不是，底下听众太吵对我有一定影响；老师只提前了半天告诉我要演讲，准备时间不够充足
7. 最坏的可能是什么	我脸红结巴，大家都笑我
8. 我可以做什么来应对这个情况	我想我可以做几次深呼吸，或者结巴着讲完，然后告诉大家下次我会做得更好
9. 过一个月、一年、五年之后，这件事还重要吗	一年后回头想，这也只是人生当中的一个小插曲，生活里还有许多更重要、更值得我记住的事
10. 我需要取悦每个人吗，这可能吗	我并不需要让每个人都觉得满意，也不可能让每个人都觉得我好
11. 看待这件事的其他方式是什么	其实有很多伟人在众人面前演讲都会紧张
12. 如果我的朋友有这种想法，我会对他们说什么	这不是世界末日，我们都有因为紧张而表达不顺畅的时候，其实通常别人都不会清楚地记得我们说过的话

消极的思维不等于都是陷阱，陷阱是一种认知扭曲，是一种错误，但消极

的思维并非都是错的。思维陷阱是我们要努力避免的，但消极思维不应被完全驱逐，我们应该平衡消极思维和积极思维的比重。例如，当一个病人在医院接受诊断时，医生发现 X 光片上有不明阴影，我们绝不会希望医生特别乐观地说："没事，不用多想，也许只是拍 X 光片的时候出了点技术故障。"医生必须消极地为病人做出最坏的推测，督促病人进一步检查，因为这可能是未查明的病变。再如酒驾问题，对于某些酒量好的人来说，少喝一点酒也许不会影响开车，但我们不能做出如此乐观的推测，我们必须使用消极思维，来预防每个人酒驾可能造成的巨大伤害。所以，对一件事，并不总是看法越积极越好，更不是越消极越好，而是越准确客观越好。

技巧三：冰山探索

每个人潜意识中都持有一些信念，这些信念包括他人和世界应该是怎样的、自己是谁、自己想成为怎样的人。这些信念藏在意识之下，就像潜意识的冰山一样。正是这些信念指导着我们的行为。

当我们发现分析自己的 ABC 也无法为某些情绪和行为找到合适的信念，或者总有些信念和情绪行为无法很好地如表 8-2 中那样匹配时（如你本该愤怒，但你却感到悲伤；你本该因为伤害他人感到内疚，但你只感到尴尬；又或者 B 和 C 的分析显得简单而勉强），就是使用冰山探索的好时机，一旦决定要这么做了，就首先问自己一些问题。

- 那件事对我意味着什么？
- 那件事中最让我困扰的部分是什么？
- 那件事中对我来说最坏的部分是什么？
- 那件事是想告诉我什么？
- 那件事中是什么如此糟糕？

这些关于"是什么"的问题会引导我们更全面地描述我们的信念，而"为什么"这类问题却总会引起我们做出心理防御。探索冰山，重要的一步是把焦点放在"是什么"上。这个技术可以帮助我们识别那些干扰心理韧性发挥的深层信念。

例如，有一位未婚妻总是非常介意未婚夫把杯子乱放而不是放在杯垫上的行为，这看上去似乎是一件小事，一般只会引发轻度的负面情绪，但事实上这位未婚妻却异常愤怒，让我们来看看这位未婚妻 F 的"冰山探索"过程。

问题 1：他乱放茶杯不用杯垫，这对我来说意味着什么？

F：这说明他根本不在乎我说过的话，不在乎我希望他用杯垫这件事。

问题 2：他不在乎我希望他用杯垫这件事，这表示什么？

F：照顾好我们家里的各种用品对我来说很重要，他也是知道的。他不用杯垫，就是不愿尊重我，故意惹恼我。

问题 3：如果这是真的，他不尊重我，故意惹恼我，这个过程中最糟的事是什么？

F：最糟的是我们马上就要结婚了。我希望我的丈夫支持我理解我。如果他连花点心思用一下杯垫都做不到，我怎么相信他将来能在更大的问题上支持我呢？

问题 4：如果我将来无法在大问题上信赖他，这对我意味着什么？

F：这意味着我即将犯一个巨大的错误，他根本不是他自己所说的那种人。他曾说他爱我，包括我的缺点，可是在实际情况中，他并不认可我，而是想改变我。

问题 5：其中最糟的部分是什么？

F：最糟的就是他已经吃定我了，一直以来他都在操纵我。而我希望别人爱我本来的样子，我想做我自己。

可以看出来，F 女士之所以愤怒并不是因为她的未婚夫乱放杯子的行为，而是她把这个小细节解释为：她无法以她本来的样子被伴侣所爱，她的自我被否定了。她的冰山信念是：我应该以我本来的样子被爱，我不想为了得到爱就扭曲原本的自己。然而这个信念被未婚夫粗心大意的行为激活了，于是让 F 女士产生了巨大的情绪涟漪，激发出了她的愤怒。

这样的冰山信念，源自一个人过去多年的经历，也许从童年时期就开始形成了。它根深蒂固，影响深远，不仅会在一个场景中冒出端倪，还会在类似的场景中反复出现，而当事人如果不深入探索，就可能根本意识不到。随着反复地练习，我们通常会发现，某个核心深层的信念会在不同的情境中反复地出现，持续地影响着一个人的情绪和行为反应。一旦识别出那是什么，就是我们采取行动来改变的时刻了。

技巧四：信念挑战

心理韧性的关键因素是问题解决：如何有效地解决我们在日常生活中遇到的问题，如何避免浪费时间在无效的解决方法上。错误的思维模式经常会让人对问题产生错误的理解，随后导致错误的解决方式。

尝试用以下方法来分析。

1.事件分析

A 情境：发生了什么事情？只把事件本身写下来。

B 想法：你正在脑海里对自己说什么？

C 情绪和行为：你有什么情绪和感觉？你最后对这件事做出了什么样的行为反应？

2.你的自动思维（当坏事发生时，你有下列哪些想法）

● 在我的生活中坏事在不断发生，刚才那件也是其中之一。

● 我看待事情只分对与错、好与坏、完美与糟糕。

● 我对自己或他人总是会很快得出一个负面结论。

● 我总是猜别人会怎么想。

● 我总是预言一些坏事将发生，即使我没有任何证据。

● 在一个情境中，我总是关注那些坏的状况，忽略那些好的状况。

● 我总是依赖我的本能来判断事情。

● 我总是告诉自己"我应该"或"我必须"怎么做。

3. 用这些问题来挑战思维陷阱

- 我是否有一些经历能证明，我现在这个想法也不是完全正确的？
- 如果我最好的朋友或我关心的人有这种想法，我会对他们说什么？
- 当我的情绪没有现在这么糟糕的时候，我会对目前的情况有什么不同的思考？
- 以前有过类似的事吗？当时发生了什么？我可以从之前的经验中学到什么？
- 五年后我再回头看今天这件事，我可能会有什么不同的看法？
- 在这件事中，我是否忽视了一些自己的优势或积极面？
- 我是否在没有充分证据的情况下，过快地得出了一个结论？
- 我是否曾为某些外因作用比较大的事情而责备自己？

4. 总结以上分析，我可以做些什么不同的改变

技巧四格外适用于那些正与悲伤、愤怒、内疚和尴尬情绪做斗争的人，而另一些正在为"接下来会怎样"而焦虑的人，更适合运用下一个技巧。

■■　■■【挑战思维陷阱】■■　■■

挑战思维陷阱最好的方式，就是像个侦探一样检测你的思维，考虑各种事实和线索。将你收集到的证据用来挑战你的思维陷阱。以下是一些方法。

1. 检查证据。试着去发现一些与你的想法对立的证据。比如，假设你在学习上犯了一个错，你可能会自然而然地想到："我无法把事情做好！我一定是一个很差劲的学生！"当这种想法出现时，你可以这样提问："有哪些证据可以证明我的这一想法？又有哪些证据可以推翻我的这一想法？"也许你很快会想起来，最近某位老师刚表扬过你，这个证据就不能支持你是个差生的推断。

2. 双重标准。问自己："如果别人也做了同样的事，我会这样评判他们吗？与此相比，我是否对自己过于苛刻？"每当我们对自己进行严厉的批判时，可以试试这个挑战思维陷阱的好方法。

3. 调查。找一些你信任的人，看他们是否同意你的想法。比如，你也许对

某件事与老师有不同的看法，然后你会想："好学生不应该与老师有任何意见上的不合。"那么去试着问问你的父母、某个长辈、你信赖的朋友等，看看他们是否也是这么认为的。

4. 做一个实验。在人群中测试你的想法。比如，你认为你的朋友都不关心你，那么给一些朋友打电话，做个计划约他们出来聚会。如果你的信念告诉你"他们都会拒绝的"，那么当你看到他们之中确实有人非常想见到你时，你会感到惊喜。

技巧五：检视未来

1. **写下对某件负面事件的假设链，即一步步将可能发生的最坏的结果写下来。**例如，事件 A 是"我忘了写数学作业"，接下来最坏的可能是"老师严厉地批评我——老师认为我是坏学生，以后都不再关注我——我的数学成绩会越来越差，每次考试都不及格——无法升学——拿不到文凭——找不到工作——没钱糊口——流落街头"。很显然，这是一个灾难化的假设。

2. **评估每一步最坏结果的可能性。**在这一过程中，你会发现某些后续的灾难化后果概率并不高，我们需要把注意力集中在那些概率更高的结果上，然后想办法应对或补救。

3. **写下一个最好结果的假设链。**即将那件坏事可能产生的最好的结果写下来。例如，事件 A 是"我忘了写数学作业"，接下来最好的可能是"老师严厉地批评我——被某位视察的领导看到，这位老师被解雇了——换了个更厉害的数学老师来——我的数学成绩突飞猛进——我获得参加世界奥数竞赛的资格——比赛获奖后被重点大学录取——成为优秀的科学人才——获得诺贝尔奖——走上人生巅峰"。这么做的作用有两点：一是让你跳出灾难化的思维，二是让你会心一笑，缓解部分焦虑情绪以获得处理问题的空间。

4. **辨别最有可能出现的结果。**例如，"我忘了写数学作业"，接下来最可能的结果是"老师严厉地批评我，并让我补作业"，当意识到了最可能出现的结果时，我们只需聚焦在两件事的处理上：如何应对老师的批评及如何补作业。

然后就可以开始处理这两件事了。

5. 问题解决。通过自己或他人的帮助，找到处理和应对事件的办法。

这个技术不仅可以对过于焦虑的人使用，也可对过度乐观的人使用，让他们意识到事件可能导致的最糟的结果，防止他们过度乐观。

技巧六：冷静与聚焦

想要更具有心理韧性，也需要有控制压力的能力。虽然可以通过改变思维方式来面对压力源，使压力源变小或消失，但一个人终究不可能完全没有压力。当压力和紧张来袭时，我们需要一些放松和冷静的技巧。

1. 放松冷静的练习

在椅子上坐直，将双手舒适地放在你的膝盖上。

用你的鼻子缓缓吸气，感受你的腹部微微鼓起。

随着缓慢呼吸，想象你的肺部充满了新鲜的空气。当你吸气时，慢慢从 1 数到 4。有些人发现，将肺部想象成一个慢慢充斥着氧气的气球很有帮助。在此过程中要确保你的肩部和腹部是放松的。

用你的鼻子缓缓呼气，从 1 数到 4，将气呼尽。

重复这个呼吸的过程，至少持续 3 分钟。

将你的注意力放在呼吸上。留意你的肩膀、背部、腹部和腿部的感觉。如果你走神了，就有意识地将注意力拉回到呼吸上来。这一步往往是最困难的，所以请耐心一点。随着你越适应这个练习，你就会越容易集中注意力在呼吸上。

2. 聚焦的练习

（1）分类游戏

选择一个分类，在 2 分钟内将尽可能多的符合这个分类的条目列出来，如蔬菜、旅游胜地、作家、获奥斯卡奖的电影等。随着自己水平的提高，逐步将这个分类设置得更具挑战性一些。

（2）数学游戏

从 1 000 往回倒数那些可以被 7 整除的数，或背九九乘法表。

（3）回忆游戏

回想从幼儿园开始到目前的所有老师，或者在想象中将你童年时期的家逛一遍，回忆当时家具摆放的位置、墙上的装饰、卧室里贴的海报等。

（4）歌词游戏

重复你喜欢的歌曲的歌词，但是要避开那些抑郁风格的歌词。

（5）诗歌游戏

回忆一篇奋发向上的诗歌，在你需要聚焦注意力的时候背诵它。

放松冷静和聚焦的技术可以帮助我们控制情绪，因为在强烈的情绪下，我们通常无法理性地思考。让自己冷静下来可以缓解情绪化的程度，从而开始更理性地思考。当情绪变得不那么强烈时，便可以尝试使用更合适的技术来理解到底是什么导致了极端的行为反应，如探索冰山、挑战信念。

技巧七：实时抗逆

这个技巧依赖于将挑战信念和检视未来综合起来，并找到可以在事件中立刻使用的方法。当你使用这个技巧时，你会进行一个"自我对话"，每当你产生没有效用的思维的时候，你就可以通过实时抗逆来打断它。这个技巧不是要用积极思维去取代消极思维，而是要让思维变得更加精准。这个技巧的任务是改变思维中的过度偏颇，让思维变得更有弹性，使它变得更准确、更有力。

个体对这一技巧练习得越多，会使用得越好。一开始，个体可以利用三个标签句式来有效掌握该技术。

1.备选：用一种更准确的方式来看待这件事的话……

例如，如果你的消极思维是"我真的好紧张，这次的约会我肯定会变得跟个笨蛋一样，然后表现很差"，那么你可以试着用这样的方式回应自己的这种想法："更准确地说，我在开始的几分钟可能会很紧张，对方可能也是这样，然后我们都会放松下来，度过一段不错的时光。"

2.证据：那种想法也许不对，因为……

例如，如果你的想法是"我为孩子做了这么多事，他们却从来看不到我的好"，你就可以这样回应自己："那种想法也许不对，因为昨天我的女儿就告诉我，我教她如何做饭的事帮了她很大的忙。"

3. 可能的结果：更有可能的结果是……我可以这样来处理它……

例如，如果你的想法是"这个项目我无法按时完成，我要被解雇了，我再也找不到另一份我喜欢的工作了"，你就可以这样回应自己："更有可能的结果是老板对我未按时完成这个项目非常恼火，我可以向他道歉，请求他帮助我重新规划一下这个项目的时间表。"

以上的每一种心理韧性技术，都会随着个体练习次数的增加而被使用得越来越好。重要的是，我们在使用时要给自己设立现实合理的目标。记住一些有帮助的提示：从第四种和第五种技术开始练习；在开始的几周，使用标签句式来提醒自己；注意细节和具体化；不必同时使用三个标签句式，牢记最管用的即可；注意避免技术的错误使用；勿求快而忽视效果；在日常要坚持实践和练习。

本章的最后，让我们以心理韧性激发出来的个体的美好特征作为结尾。

- 会感到自己是特别的、值得欣赏的。
- 会为自己设置合理的目标和期待。
- 相信自己有能力解决问题、做出有效的决定，因而更能将错误、挫折和障碍视作可以面对的挑战，而不是需要回避的压力或威胁。
- 依靠有效的应对策略来促进自我成长。
- 意识到自己的缺点，不否认它们，但要承认自己有可以改善的空间。
- 能认可并享受自己的优势和天赋。
- 自我概念里充满性格优势和胜任力的画面。
- 与他人相处时感到舒适，发展出有效的人际交往技巧，使得自己能以顺畅、合理的方式从重要的人那里寻求支持和帮助。
- 能区分生活的不同方面，将精力和注意力放在自己能控制的事物上，而不是那些自己无法控制和施加影响的事物上。

让我们以此为目标共勉！

关键概念

心理韧性：不是一个人的内心特质，而是一种客观的过程。指当一个人面对生活逆境、创伤、悲剧、威胁或其他生活重大压力时，适应良好，能从困难的经历中恢复过来。

思维陷阱：是一种扭曲的思维方式，会影响人的感受，增加焦虑等负面情绪，包括快速下结论、管道视野、夸大或缩小、个人化、过度概括、读心术、外化思维等。

第 9 章
国际积极教育发展现状

他山之石，可以攻玉。

——《诗经·小雅·鹤鸣》

【本章要点】

- 了解国际积极教育的发展历史与现状
- 借鉴各国优秀的积极教育实践项目及其指导理论
- 知晓各国政府在积极教育方面的政策与发展状况

英国白金汉大学校长（前英国威灵顿中学校长）安东尼·塞尔顿（Anthony Seldon）有一次在美国新泽西的劳伦斯威尔高中演讲时让大家用两个字形容一下最希望我们的孩子得到什么，很多人回答："幸福""快乐""意义""满足""健康""热情""勇气"，之后他又问："请再用两个字描述一下现在我们的学校都在教什么？"这时候，大家的回答却是："纪律""计算""学习""科学""遵从"等。大家可以发现，这两次回答中几乎没有重合的词。我们试想一下，若是第一次大家回答的这些内容可以在学校里学习到的话，这该是多么让人开心的一件事啊，安东尼就将此称作"积极教育"。

推行积极教育是当今世界教育界的一个新趋势，积极教育主张教育要同时注重学生的技能、学业、品格、幸福，世界上的很多国家已经逐渐开始了积极教育的实践。本章将给大家介绍积极教育在国际上的发展历史和现状，之后在其中三个积极教育实践项目里更深入地讨论其实践过程与结果，最后会通过审视各个国家的相关政策来介绍积极教育的进展。

国际积极教育的发展历史与现状

积极教育缘起于英国、美国等国的教育界对学生心理状况的担忧。卢因森（Lewinsohn）等人经调查发现，将近 1/5 的美国中小学学生都经历过抑郁。正如 2009 年出版的《学校积极心理学手册》一书提出的："青少年是国家的未来。如果真是这样的话，那么我们的未来就充斥着心理问题。"传统学校的心理工作主要是对出现了心理问题的学生进行心理辅导、心理咨询等干预，而积极教育认为，应该在学生出现心理问题之前就对其进行品格与幸福教育的干预。这是因为第一，幸福蓬勃的心理状态能促进学习，比如积极情绪可以拓展注意力、提升创造力，坚毅的品格比智商更能预测学生的成绩；第二，负面情绪除了会给学生带来心理问题和行为问题之外，也非常不利于学习，比如负面情绪会使学生的注意力变得狭窄。因此，应提前施行积极教育以便对学生的心理进行预防干预，对学生的品格进行正面培养，而不是等到问题爆发后再来治疗。

面对上面的问题，好消息是我们可以改变这种状况，研究显示，品格特质和幸福是可以打造的。不过为什么现在就需要行动呢？首先，学生每天在学校的时间占据了他们生活中的很大一部分；其次，一些研究表明品格特质，如坚毅力其实在学生学习过程中和智商一样重要，调查显示在英国每 10 个家庭里就有 9 个家庭想让学校提供积极教育课程；最后，很多国家政府也表示支持品格教育。因此更多积极教育的学术研究和实践需要得到更多的推广。

首先，我们在这里必须强调的是，积极教育所努力促进的"幸福"并不仅仅是快乐情绪、片刻的幸福感，而是一种全面的、可持续的蓬勃状态。除了正面情绪之外，它还追求投入、积极关系、意义、成就等，而品格则是这一切的核心，积极教育的这些特征就可以将其与所谓的"快乐教育""幸福教育"区分开来，后者企图通过提升学生的自尊和快乐感来促使他们幸福，而对这类项目的总结发现，提升自尊除了能够让学生感觉良好外，并没有其他的实际好处。积极教育则是通过培养学生的品格，来让学生更热爱学习、享受学习、关爱他人、发现意义，并且有更强的人际交流、情绪管理、坚毅、抵抗挫折的能力的，由此为他们的蓬勃人生打下基础。因此，积极教育并不以提升快乐和自尊水平为直接目标，但在成功的积极教育中，快乐和自尊会自然而然随之而来，同时也促进了学生在心理、行为、学习等各方面的全面发展。正如国际积极教育联盟（International Positive Education Networks）所提出的："我们相信，教育的 DNA 也是一个双螺旋结构，由同等重要的、相互影响的两个螺旋组成——学业能力及品格与幸福。"这样的积极教育能全面而可持续地提升学生的幸福感。

宾夕法尼亚韧性项目

在 1995 年，简·吉勒姆（Jane Gillham）在塞利格曼的指导下完成了博士课程后，莉萨·杰科克斯（Lisa Jaycox）也刚刚取得了她的博士学位。紧接着，这两位心理学专家与卡伦·莱维厅（Karen Reivich）一起加入了宾夕法尼亚韧性项目（Penn Resiliency Program）。宾夕法尼亚韧性项目是一项预防抑郁的计划项目，旨在通过认知行为治疗和解决问题的技术来降低抑郁症出现的概率或降低抑郁发作时的严重程度。他们设计了一个为期 12 周，每周 2 小时的中学生预防课程，他们还调查发现了 70 名最有可能患抑郁症的孩子（Seligman，Reivich，Jaycox，Gillham，1995）。

然后，项目跟踪调查孩子们两年，直到他们进入青春期为止。在项目开始之前，预防组和未治疗对照组里大概都有 25% 的孩子出现了中度或重度抑郁症状。两年后，预防组中只有 22% 的孩子出现中度或重度的抑郁症状，但是控制组中出现中度或重度抑郁症状的孩子的概率却高达 44%，是预防组的两倍。主要原因是预防小组的成员从悲观主义者变成了乐观主义者，这也正是塞利格曼和他的团队教孩子们的内容。

学习乐观主义的关键是识别并纠正不切实际的灾难性思想。塞利格曼的研究生和工作人员都践行乐观主义，但这还不够，所以他们之后开始训练学校的教师，然后衡量老师在预防学生患抑郁症方面的表现。学校的教师经过培训和实践后也可以和塞利格曼团队的老师做到一样优秀。直到 2016 年，这 20 年来，宾夕法尼亚州预防计划被多次复制应用到全球各地，计划的受益人主要为全球各地的孩子们。宾夕法尼亚预防计划教导了孩子们如何培养韧性，可以被认为是积极教育的先驱项目（Horowitz & Garber，2006）。

澳大利亚吉隆语法学校

2007 年 1 月，塞利格曼与一批杰出的积极心理学家，包括宾夕法尼亚大学的同事还有 15 位应用积极心理学硕士生一起抵达澳大利亚吉隆语法学校进行了长期访问。在来自堪萨斯城金苹果高中的老师兰迪·恩斯特（Randy Ernst）的监督下，吉隆语法学校的教授设计了第一个 K12 正面教育课程。在 2007 年 6 月团队离开时，吉隆语法学校已经成为世界上最重要的积极教育模范。此后，他们的老师向来自澳大利亚各地的教师展示了积极心理学在教育界的应用，墨尔本大学现在也开设了积极教育硕士学位（Norrish，2015）。

安吉拉·达克沃斯和她的品格实验室

宾夕法尼亚大学对非认知因素的探索因安吉拉·达克沃斯（Angela Duckworth）的到来而得到巨大的推动。在 2002 年 9 月，达克沃斯加入了第一年对博士研究生的调查项目。她之前在学校里做过教师、麦肯锡顾问、非政府组织负责人、牛津大学马歇尔研究员。她发现一些有才华的孩子在学校的表现很一般，而一些不聪明的孩子却可以光芒闪耀，这其实和孩子的智商没有关系，而是取决于孩子的性格。

达克沃斯进入宾夕法尼亚大学后就开始直接针对这方面的研究进行探索。她想知道自信与智商，哪个因素能够更好地预测学生的成功。她设计了一种新的综合性自律措施，在所有的孩子中予以实施，她发现自律的学生会花更多的时间做功课，获得更高的成就测试成绩，他们总是会早点开始复习，并克制自己少去看电视（Duckworth & Seligman，2005）。

这吸引了一位著名的美国校长——KIPP 学校的负责人大卫·莱文（David Levin）——的注意。KIPP 是一个集合了一百个大学预科班的学校，由来自贫穷家庭的非裔和西班牙裔的孩子组成，拥有令人印象深刻的成功记录——8 000 多名高校毕业生。这所学校的座右铭是"努力工作，要友好"。

他们要一同把积极心理学引入他们的学校，特别是品格教育的方案。他们访问宾大，双方开始了各方面的合作。专注于制作适用于学校的测量报告，与传统学术报告不一样，他们测量热情、自我控制、乐观、感激和社会智慧。于是达克沃斯开始深入学习自律和坚毅，坚毅里包含了对长期目标的热情和坚持不懈。达克沃斯的第一本书《坚毅》曾打入《纽约时报》畅销书榜单。

2017 年 7 月 13 日与 14 日，达克沃斯的品格实验室在宾夕法尼亚举行了"教育者峰会·3D 品格"，这里的 3D 分别代表了品格里的三个维度：第一个是人际关系，第二个是内在的自我认知，第三个是智力。人际关系，如感激之情，能够帮助个体与其他人保持和谐关系；内在的自我认知，如坚毅和自我控制，可以帮助人们实现成就；而好奇心等智力优势，能够使我们拥有丰富且自由的思想。在峰会上，达克沃斯提出了关于坚毅、刻意练习等其他可以帮助学生在学习时发挥出他们最大潜力的因素。

墨西哥幸福研究所

泰克米利尼奥大学校长赫克托·埃斯卡米亚（Hector Escamilla）在 2013 年决定在整个大学推行积极教育。他成立了幸福研究所，设立了一个幸福的生态系统，让遍及 30 个校区的 40 000 多名墨西哥学生开始上积极心理学课程。

澳大利亚圣彼得学院

圣彼得大学阿德莱德学院是澳大利亚最大的私立学校之一。在圣彼得学院毕业的学生中有 3 位诺贝尔奖得主、10 位澳大利亚总理和 42 名罗德学者。2011 年，一位精力充沛、有远见的校长西蒙·默里（Simon Murray）及幸福与积极教育主任马修·怀特（Mathew White），邀请塞利格曼一起针对如何运用积极教育重建一所更好的积极教育学校进行了探讨。他们招募了凯伦·里维奇（Karen Levick）及宾夕法尼亚大学的教授，培训当地老师并赞助了一项向整个南澳大利亚州开放的名师演讲系列课堂，而这个系列课堂至今仍在开设。

重要的是，他们从一开始就衡量了学校的幸福指数，并开始研究发展战略，为的是尽可能广泛地传达学校的思想并激发针对教育的辩论。几年后，西蒙与澳大利亚的其他 9 位校长一起成立了澳大利亚积极教育学校协会（PESA）。澳大利亚积极教育学校协会的愿景是引导和促进积极心理学与幸福科学，使所有学生、学校和社区蓬勃发展。澳大利亚积极教育学校现在是一个由 60 多所学校组成的协会（White & Murray, 2016）。西蒙是澳大利亚积极教育学校协会的首席执行官，致力于向澳大利亚各地的学校及其校长和教师推广积极教育。

国际积极教育联盟与第四届中国国际积极心理学大会

国际积极教育联盟（the International Positive Education Network，IPEN）成立于 2014 年 12 月，是由"积极心理学之父"塞利格曼等积极心理学研究者、世界上首创"幸福教育"的英国威灵顿公学前校长安东尼·塞尔顿等教育专家共同发起的一个全球性组织，它旨在发展学生的品格优势及提升学生的幸福感，推动"品格与学业并重"的积极教育。

2017 年 8 月 25 日，由清华大学主办、国际积极教育联盟协办的第四届中国国际积极心理学大会暨 2017 国际积极教育研讨会在深圳会展中心开幕。清华大学社会科学学院院长、第四届中国国际积极心理学大会暨首届国际积极教育峰会主席彭凯平教授在大会上主持并致开幕辞。来自全球 10 多个国家和地区的 1 000 多名专家学者、教育人士参加活动，共同探讨了国内外积极心理学在教育、科技、经济等领域的最新成果和发展状况。

在大会上，美国密歇根大学积极心理学中心主任朴兰淑介绍了培养青少年积极心理品质的理论及方法，强调了如何帮助学生获得健康而有意义的生活。而吉尔·格劳思（Ger Graus）总监代表积极教育实践者呼吁大家要抛开性别的差异，鼓励、引导、发展孩子的天性。最后，阿卜杜拉·阿尔·卡拉姆（Abdulla Al Karam）分享了迪拜的教育理念及风格，他强调对于孩子，不能仅仅关注成绩，而是要考察其在很多方面的发展状况，让他们能在实践中得到锻炼，从中培养出坚毅的品格，让他们在学业生涯中真正产生快乐、积极的情绪。这让与会代表充分感受到了不一样的教育理念。

国际积极教育的实证案例

澳大利亚吉隆语法学校

1. 使用的方法

积极教育是使学生和员工幸福的有效方法：将积极心理学的科学与最佳实践教学结合起来，鼓励和支持个人和社区蓬勃发展。与积极心理学专家探讨，基于塞利格曼的 PERMA 方法，澳大利亚吉隆语法学校开发出了"积极教育模式"来补充传统教育的不足，具体包括一个应用框架，这个框架包括六个领域：积极关系、积极情绪、积极健康、积极参与、积极成就和积极的目的。

所有新员工，无论是教学人员还是非教学人员，在入职前都要完成 4 天的积极教育入门课程的学习，员工每年都要接受一天的培训。

学校施行定期培训表明了其一直坚持的双重焦点，即积极教育的健康福利应同时适用于职工和学生。学生家长也有定期"学习"积极心理学的机会，像员工一样，学校鼓励他们通过和学生互动体会积极心理学。"教"是指通过两个不同的途径向学生传递积极的教育技能和知识：面向 5~10 年级的学生教授"明确"的积极教育课程，致力于使他们产生幸福感，"嵌入"是指创造一个全校和社区文化更广阔的愿景。

最终，实现幸福可以使学生在情感、社会和心理上蓬勃发展。培养具有弹性和情感智慧的学生，他们就会从教育中脱颖而出，获得成功，茁壮成长并为他们的国家做出有意义的贡献。随着科学的不断发展，积极教育学校逐渐向全世界分享教学和学习的最佳实践，积极教育学家相信，年轻人和社区会逐渐把精神健康和幸福纳入教育的核心中去。

2. 测量积极教育项目的效果

越来越多的证据表明，认真实施积极教育计划降低了精神疾病的发病率并为青少年带来了福祉。积极教育项目证明了积极教育能为学生带来希望，积极教育项目实施以来中学生的焦虑和抑郁水平有所下降，而自我效能感、生活满意度有所提升。

来自墨尔本大学的戴安娜·维拉·布洛迪瑞克（Dianne Vella-Brodrick）教授领导一个学者团队对积极教育计划的有效性进行了一项具有里程碑意义的为期三年的独立研究（2014—2016 年）。澳大利亚研究理事会资助的纵向研究使用一系列心理、生理和行为措施来追踪积极教育的 9~11 年级学生的幸福感。重要的是，这项研究还比较了正面积极教育计划组与学校对照组的幸福感。

3. 主要的研究结果

与普通学生相比，积极教育计划中的 9 年级学生在心理健康（抑郁和焦虑症状减退）和幸福感（如生活满意度、积极情绪、参与度、意义）方面得到了明显改善，并且积极教育项目作为主要贡献者，项目计划中的学生在实现目标能力方面更有弹性、更自信。

积极教育计划中的 9 年级学生使用积极教育计划所教授的特定幸福策略，能够有效应对日常生活事件，包括利用弹性思维、采取个人行动来应对具有挑战性的情境，以及利用优势并表达感激之情。

与对照组学生相比，积极教育计划中的 10 年级学生在心态、意义和希望上有明显的进步。

积极教育计划中的 10 年级学生在学年末相对于对照组，其幸福感、社会关系以及身体健康水平都有显著提高。

积极教育计划中的 10 年级学生的心率变异性从前期到后期都有明显增加，表明他们对环境的适应性更强了，从而更加具有弹性。

在三年的研究中，积极教育计划中的学生较之其他人，其生活满意度、幸福感、感激他人的能力和毅力都有所提高。

其他的研究还发现：与老师的关系对学生来说很重要；当学生能够看到积极教育与现实世界的经验相关时，学生就会积极参与学习过程并重视积极教育。

4. 项目扩展与延伸

最初，学校主办了"访客日"，分享了课程内容和流程的详细信息。由于外界对积极教育的关注度日益增长，2014 年，澳大利亚吉隆语法学校成立了自己的研究、培训和发展研究所——积极教育研究所，以进一步支持该领域的发展。研究所的愿景是，世界各地的学校都应该将幸福置于教育的核心位置。

积极教育研究所的成立是为了支持澳大利亚吉隆语法学校发展出一个受益于积极心理学的学生和员工社区，并使澳大利亚吉隆语法学校在积极的教育哲学和实践发展中保持领先地位。此后，他们的领导和创新，帮助全球发展了积极的教育运动，特别是为教育工作者提供了有效和真实的培训经验，创建了世界首例积极教育计划，并取得了持续的研究成果，为全球提供了值得借鉴的丰富经验。该研究所已成为向世界传播积极教育思想和信息的重要渠道。研究所向 600 多所学校的 10 000 多名教育工作者提供了一套培训课程。这些教育工作者来自世界各地。研究所运用的一个特别成功和令人兴奋的方法是，在研究中心将来自特定地区的教师们当作一个群体进行培训。

5. 结论

吉隆语法学校近十年的积极教育成功案例和科学证据还在持续增加。通过实施积极教育，学校的精神文化得到加强，学校对未来的教育充满希望，对这个至关重要的领域的进一步创新研究与发展感到兴奋。

积极的教育改变了吉隆语法学校对教育的深入理解：在不断变化的社会，学校必须扮演新的角色，帮助学生接受在现代社会中生活的复杂性。积极教育使教师通过支持、保护及与学生加强关系，促使学生建立积极情绪，增强韧性，使学生对生活中的意义和目的进行探索，来完善和加强学校的整体教育方式。吉隆语法学校表示通过积极教育，学校可以且应该考虑把健康、幸福、繁荣与传统学习放在同等重要的位置上。

南澳大利亚省圣彼得学校

认识到精神不健康的普遍性是一个社区的责任，并且需要一个社区的回应。西蒙·默里校长将积极教育纳入学校生活的各个方面。从 2011 年开始，他与全体员工协商，增加了幸福教育，并将之作为学校战略规划的核心部分。

圣彼得学校的领导和教师从一开始就采取循证和科学的教学方法来教授积极教育。在 1 456 名男孩中，每个学生都学习了五六门积极教育课程。这一批男孩已经获得了发展品格的技能。圣彼得学校还广泛刊登了关于幸福的文章和书籍。

学校的健康目标是：（1）为学校社区所有成员创造一个安全、包容、支持和尊重的学习和工作环境；（2）确保所有员工都将传递幸福作为其责任的核心；（3）教导建立和融入个人和社区的能力，以求幸福；（4）通过领导教育讨论及与他人分享学习经验，促使圣彼得学校成为世界最佳幸福教育实践的中心。

1. 幸福教育的方式

与强大的科学传统相一致，学校采用了全校循证教学的方法，主要涉及三个目标领域。

（1）战略。学校自 2011 年以来，将幸福作为其战略计划的中心。为了建立科学的幸福计划结构，学校使用塞利格曼的 PERMA 幸福模式，其中蓬勃发展有五大支柱——积极情绪、投入、关系、意义和成就，学校将这五大支柱作为其指导框架。这些因素是以品格优势为基础的。

（2）干预。学校旨在建立以循证为基础的健康文化，专门针对学生、员工和家长。

员工和领导：所有员工都定期接受积极心理学的科学培训，领导鼓励员工运用积极教育来支持自己的学生和促进整个社区的幸福教育。

学生：在课程、课外活动、员工培训、领导和学校文化等其他方面，学校已经实施了具体的积极教育计划。学校致力于将积极心理学的科学与学习及教学的最佳实践相结合。

家长：现在正在为家长提供科学的工作坊，以进一步支持社区的幸福教育的发展。

（3）测量。该方法的一个关键部分是衡量和记录积极教育工作的过程和影响。2011 年，衡量幸福是教育实践中的新兴领域。现在越来越多的人认为积极教育是全国的学校建设和保证学生幸福的重要组成部分。

2. 积极教育课案

圣彼得学校现在明确要对全部年级实行每周一次的积极教育课程，精心设计的发展计划是以不断更新的积极心理学研究为基础的。学校的积极教育课程包括每周一次 50 分钟的课程，重点是教授学生一套系统的健康技能，包括七项幸福课程，并加强整个学校的学生与导师的关系。

3. 测量项目效果

圣彼得学校的测量工作始于 2011 年 11 月，516 名 8~11 年级的学生完成了幸福调查问卷。该调查是由墨尔本大学和宾夕法尼亚大学的学生、工作人员和研究人员合作开发的。分析表明，当时大多数学生的表现都很好。员工也在 2012 年年初完成了一项调查。这些测量给学校提供了心理健康方面的信息，并为今后三年的幸福策略提供了指导。2014 年 8 月，第二次学生幸福调查对象为 709 名 5~12 年级的学生。研究者通过这项调查得到了重大发现，即参与度、毅力、总体幸福感、坚毅度和意义与高等级平均值（GPA）有显著关联，表明了幸福和学业成就与积极教育是互补关系。

值得注意的是，有证据表明，受益最多的学生是那些学习成绩相对较差的学生。调查者在 2016 年年底进行了第三次评估，采用了更精细的措施。学生们仍做得很好，调查结果表明，过去五年学校在文化教育方式上有非常大的改善。

4. 结论

整体而言，通过在整个学校社区实施积极教育的战略的方法，改变了学校的文化。许多世界一流的学校也逐步开始实施积极教育，这些学校都致力于为所有的孩子以及所有的学校成员创造一个安全、包容、支持和彼此尊重的学习与工作环境。这不是一夜之间的转变，因为建立积极教育社区需要相当长的时间，并且需要学校领导以及教师和其他工作人员的共同努力。

墨西哥 TECMILENIO 大学

Tecmilenio 大学成立于 2002 年，是一家私立非营利机构，为墨西哥 29 个校区的 52 000 名学生提供服务（包括高中、大学本科和硕士课程）。该大学从塞利格曼博士的 PERMA 模型中得到了灵感，确定了幸福是可教导和发展的，而且还增加了两个要素：身体健康和正念，此外，性格优势也是其模型的一部分。这个模型不仅塑造了学生的品格，而且影响了整个学校的精神和文化。

2012 年，Tecmilenio 大学创建了一个新大学模型，旨在：（1）赋予学生自由选择自己的大学课程的权利（自主选择 40% 的课程）；（2）提供基于能力的教育模式，并有实验室和教师的支持；（3）提供基于积极心理学为基础的幸福感工具，以建立幸福校园。

Tecmilenio 大学的愿景是使学生有人生目标，并培养学生能够实现目标的能力。该校将自己定义为一个积极的大学，即培养每个人最好的学习社区。该校致力于发现和扩大人人共享的目标，造福社会，同时着力抓好以下几点。

（1）使学生能发现和发展自己的生活目标，获得幸福感，拥有难忘的学生经历和高超的发展技能，以适应全球经济的发展。

（2）积极有力地领导学生，在幸福和幸福生态系统中实行连贯管理，不断促进个人发展并更好地领导大学。

（3）培养有目标的领导者，不断寻求最佳的自我，担当积极的企业变革的代理人。

（4）有固定的合作伙伴，与学校、行业、顾问委员会和企业建立长期的合作关系。

（5）有高效且能够保护环境的机构。

作为健康生态系统的一部分，学校计划评估出积极心理学对学生产生的影响。在本次研究中的 1 396 名学生中，54% 为男性，46% 为女性，平均年龄为 21 岁。与他们的预测情况相比，学生的 PERMA 以及正念和感激方面的分数大幅增加。

受到实践结果和学校环境质量提升的鼓舞，Tecmilenio 大学的日常的各个方面都运转于幸福的生态系统之中。他们所做的和管理的一切都必须是生态系统的一部分，包括设施和服务、学生活动、培训和发展以及学术课程。

各国政府在积极教育方面的政策与发展

美国教育部在新的"成功所需要的技能"竞赛中宣布了四项研究奖金，总额达 200 万美元，旨在提高学生的思维和学习技能。获奖项目将在 3 年内使美国各学区的 10 000 多名学生都能参与其中。它还启动了"思维导师倡议"项目，使导师能够向学员教授这些技能。

英国教育部邀请学校申请"品格奖"来争取成为品格教育的领导者，该奖项每年颁发一次，并鼓励学校对不同领域提出意见，包括坚持不懈、韧性、坚毅、好奇心、诚信和尊严（英国教育部，2016）。"健康心智计划"旨在证明稳定情绪与能实现自我的学生之间的联系，以及在学校中改善行为和学业成绩的关系。目前针对该计划，由伦敦政治与经济学院合作组建的领导者正在对英国 33 所学校的 10 000 多名中学生进行一个为期 4 年的试验。

在澳大利亚，政府把积极教育纳入国家教育课程中，澳大利亚年轻人教育项目组指出："学校在促进年轻的澳大利亚人的智力、身体、社会、情感、道德、精神、美学发展和幸福方面发挥了至关重要的作用。"本着这种精神，"澳大利亚国家安全学校框架"采用全校学习的方式进行幸福教育，承认了学生幸福的重要性。

2012 年 6 月 28 日，第 66 届联合国大会宣布，追求幸福是人的一项基本目标，收获幸福和福祉是全人类的普遍目标和期望，决议将今后每年的 3 月 20 日定为"国际幸福日"。2014 年 3 月 20 日，为纪念第二个国际幸福日，联合国举行了整整一天的大型活动。作为亚洲唯一受邀嘉宾和学界代表，清华大学心理系主任、中国积极心理学运动的倡导者彭凯平教授，赴联合国发表主题演讲，介绍了"中国幸福状况和中国幸福研究的贡献"。他指出，社会经济的发展进一步满足了人民的物质需求，但是也带来了很多社会心理方面的伤害，在联合国的幸福排名中，中国暂时还列在第 92 位，这就是要在中国推广幸福科学和积极心理学的原因。在中国积极心理学的研究方面，彭凯平教授主要介绍了清华大学行为与大数据研究室所做的中国幸福指数的测量结果和中国幸福地图。彭凯平教授还介绍了清华大学在幸福园丁慈善项目方面所做的贡献，在中国有志人士的支持下，清华大学心理学系设立了"幸福园丁"慈善基金，来帮助中国偏远地区的校长和老师学习积极心理学，掌握提升孩子幸福感的技巧和方法。彭凯平教授同时还谈到了中国积极心理学会帮助宣传、普及、推广积极心理学的一些措施、方针及有效的方法。

第 10 章

清华大学积极心理学研究中心的
积极教育实践及其效果

一切科学知识必须建立在来自观察和实验的经验事实基础上。

——孔德

【本章要点】

- 了解积极教育实践学校的实践经验实例
- 理解积极教育的可行性与实效性

在中国，越来越多的教育工作者发现，一些传统的教育方式并不合理。当下的中国年轻人生活在和父辈们完全不同的时代，他们面对着一系列社会和文化方面的巨大变化和挑战；而以塑造人们性格和能力为目标的积极教育，则能帮助中国年轻人增强心理素质，更好地应对他们这一代人在当代面临的压力和挑战。积极教育已成为中国人在改革自身教育体系时最受欢迎的教育模式之一。

2014 年 8 月，清华大学社科学院积极心理学研究中心成立，其目的和任务是研究积极心理学，用科学的方法，为人类的幸福提供系统、完善的理论和应用建议，并在社会上推广对积极心理学的应用。研究中心建立在清华大学强大的学术力量基础之上，由心理学家、社会学家、应用专家、教育学家等多个学科领域的专家组成，与国际学术前沿紧密结合，致力于推动中国积极心理学的研究和发展，提升中国人民的福祉。

与清华大学积极心理学研究中心合作积极教育项目的学校遍布全国，其中包括 7 所小学、4 所中学、1 所中专和 1 所大学。学校主要分布在北京、天津、山西运城、四川成都、湖南益阳、河南濮阳、江苏徐州和昆山。有些学校已经推行积极教育多年，有些学校则刚刚开始，都取得了不错的成果。

积极教育合作项目学校简介

清华大学附属小学

从成志学校到成志教育，清华附小始终秉承老校长周诒春提出的"培养完全人格之教育"的信念。新百年，清华附小提出"成志教育，照耀一生"的理念，致力于通过小学六年的教育，让学生承志、立志、弘志，从而变得越来越聪明且富有智慧，实现个人成长与社会价值观的和谐统一。在学校"1+X 课程"的整体构建中，学校注重学生的品格养成，在开设道德与法治等课程的基础上，特别注重对学生个性的培养，学校"十三五"规划中"个性种子课程"是五大成志精品课程之一。为此，2016 年年初，清华附小与清华大学积极心理学中心合作，在"个性种子课程"中加入积极教育心理学课，为学生提供积极心理支持。

　　学校面向全体学生，依据积极心理的六大理论支柱（PERMA）和两套系统（身心调整、品格美德培养），根据各年级学生不同的心智发展特点，结合积极心理学原理，设计积极心理课。课堂教学通过游戏、体验的形式开展，通过体悟、领悟、修通、运用，提高学生的全面而可持续的幸福感，具体包括积极情绪、生活的意义、积极人际关系、投入和成就动机。通过培养学生发现和运用自身的品格优势和美德，逐渐增强学生应对逆境的坚韧力以及受挫后的复原力，提升学生内在的学习动力和自我调适的能力，从而提升学生的自我效能感。

清华附小 CBD 分校

　　2016 年年初，清华大学积极心理学研究中心与清华大学附属小学本部敲定了积极教育项目合作方案，至今已有一年半的时间了。在这一年半的时间里，从最初的只在 3 个年级 6 个班开设积极教育课程到如今，全校每个班级都开设了积极教育课程，积极教育理念已经渗透整个清华附小 CBD 分校。

　　2017 年 3—6 月，研究中心的老师们给清华附小 CBD 分校的全体老师进行了全面而深入的积极心理学培训，培训共 8 大模块，分别是积极心理学简介、品格优势与美德、积极成就、积极情绪、积极意义、积极投入、积极关系、积极心理学与中国文化。2017 年 9 月，积极教育课程在清华附小 CBD 分校全校开课，清华大学积极心理学研究中心的积极教育团队会与附小的老师们一起打磨好给孩子们上的每一堂积极教育课。

成都泡桐树小学西区分校

2017年年初，在成都市青羊区教育局的引领下，泡桐树小学西区分校（简称泡小西区）与清华大学积极心理学研究中心签订了积极教育合作项目，成立了积极教育课题组。泡小西区"和而不同，各美其美"和"健康生活、智慧生活、快乐生活"的办学理念与积极心理学及积极教育的理念不谋而合。

2017年春季学期，积极教育项目正式在泡小西区展开。整个过程包括前期全面深入的教师培训，课程开启后的认真备课、授课，及时的课后反馈，中心团队和泡小老师们在实践教学中持续认真地打磨课案，只为了给孩子上的每一课都紧扣主题、结构完整、活动丰富又充满快乐与活力。

现阶段，泡小西区各个年级的积极心理课程都已经全部完成，硕果累累。清华大学积极心理学研究中心与泡桐树小学西区分校合作的积极教育项目一定会愈发全面与深入，来将积极心理学和积极教育的理念渗透到每一个老师与孩子的心中，渗透到泡小西区的校园文化建设中，深入到每一个家庭中，打造积极幸福的学校与家庭，让每一个孩子、每一位老师与每一位家长都成为快乐幸福、拥有生活意义和希望的人。

成都青羊心理健康教育中心

自青羊教育今年携手清华大学积极心理学研究中心，深度引进"积极教育项目"以来，青羊区心理健康教育中心作为重要基地，组织全区老师共同学习，开展了丰富多彩的培训、沙龙分享、小组研讨等活动，致力于探索如何把理论知识真正运用到课程中。

积极教育为青羊区的发展注入了巨大的活力，深刻地改变着全区师生的状态，结出了累累硕果，绘制出了精彩的华章。除了集体的培训，在每周二下午，老师们也会利用教研时间，分小组举行研讨活动。老师们根据各自专长，确定研究方向，优势互补，相互促进。2017年5月，一本汇聚老师们心血的成果集——《成都市青羊区积极心理教育项目工作汇编（一）》一书集结出版。内容包括开展积极教育项目至今的活动资料、老师们的教案集和感悟故事等，

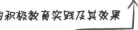

内容丰富详实，记录了老师们一路幸福的收获。

运城职业技术学院

2017 年春天，积极心理学中国职业教育基地挂牌落地，高等职业教育跟积极心理学携手，促进了积极职业教育的蓬勃发展，谱写了一曲美妙动人的新歌。从 2016 年 2 月开始，运城职院就派具备心理学基础的教师赴清华大学参加积极心理学指导师初级班、中级班与高级班进行学习。学院先后派 8 位老师参加了积极心理学指导师培训，全面深入地学习了积极心理学。这些老师学成之后，在学院推广和传播积极心理学，推进积极职业教育，为积极心理学的推进工作播下了希望的种子。2016 年 9 月，清华大学社科院院长、心理学系主任彭凯平教授莅临运城职院开展"正心与福流积极心理学的幸福探索"的专题讲座，讲座引起了学院领导和教师们的心灵共鸣。通过彭老师的讲座，运城职院的教育理念和积极心理学的内在价值观达成高度一致，进一步推进了积极心理学的种子在运城职院"落地生根"。

2017 年 4 月初，运城职院开展了清华大学积极教育项目的测量，尝试对五个主体实验班、五个对照班开设了积极心理学课程，并在此阶段培养了一批能够实践积极心理学的教师。在传道授业解惑中，既要师人长技，也要帮助学生关注正面，让具有严谨思想与鲜活灵魂的教师帮助学生了解"人"的定义，培养学生的积极情绪，使他们能构建积极关系、积极投入，并在追求积极成就和体验积极意义的过程中享受健康幸福的人生，促成个人价值与社会价值的契合。

濮阳市油田第五小学

濮阳市油田第五小学认为有必要对学生授予积极教育课程，以帮助学生拥有可持续的幸福观，培养学生的品格优势和美德，增强学生的心理免疫力，增强学生学习的内动力。为实现"教育是为了幸福"的远大理想，油田五小也开始采取积极行动，校长王世燕有幸成为清华大学积极心理学指导师班的首期学员之一，依次参加了初级班、中级班和高级班的培训。学习期间，她把积极心理学的理论融入学校的管理、学生的教育及家长的培训中。

2017 年 5 月，油田五小在寻求到清华大学社会科学院积极心理学研究中心的全面支持后，对全体教职工开展了"我们的职业幸福感"调查问卷。实施问卷调查分两个板块：在第一个板块，王校长阐述了积极教育的意义，解释了为什么学校要开展积极教育，并依据自身的感悟推心置腹地与大家交流；第二个板块则是利用微信平台发送调查问卷，大家用手机答卷。至此全校教职工已达成共识，学校将在 2017—2018 学年第一学期全面地实施积极教育。

桃花江小学

桃花江小学已实施多年的幸福教育，但缺少相对完整的理论支持。黄丽君校长在北京参加培训时，通过弘慧教育基金会第一次接触积极心理学，在初步了解积极心理学后，黄校长犹如找到了一盏明灯。经过几次沟通与交流后，清华大学积极心理学研究中心与弘慧基金会决定把项目正式落户到桃花江小学，桃花江小学成为了全国第二所引进此项目的小学。

2016 年 8 月 28—30 日，清华大学积极心理学研究中心的安妮老师与张红莉老师首次来到桃花江小学，为桃小 130 多名老师进行了为期 3 天的专题讲座。安妮老师在前两天的讲座中，分别从积极自我、积极关系两个方面为大家讲解了如何发现自己的优势，做一个积极、乐观、自信的幸福使者；张红莉老师在一天的讲座中，让与会者茅塞顿开，使他们知道了积极情绪会让人更健康、更有韧性、更快乐、拥有更好的人际关系。

在 2016 年 9 月开学后，桃花江小学就立即部署幸福课的开设事宜，规定每个班级每周开设一节幸福课，并选拔优秀中青年教师来执教，由清华大学积极心理学研究中心提供学习内容、教案，并全程在线辅导实施。经过一年的实施，桃花江小学的老师在专业知识与幸福课堂教学能力等方面都取得了很大的进步。

成都市树德实验中学

2017 年年初，在成都市青羊区教育局的引领下，成都市树德实验中学（简称树德中学）与清华大学积极心理学研究中心签订了积极教育合作项目，并在春季学期积极开展了项目中的各项工作。

步入树德中学，映入眼帘的就是"德"字。树德广才是树德的办学理念。这与积极心理学注重培养"品格优势与美德"的理念是完全一致的。积极教育项目的引入能够助力树德中学更好地达成树德育人的教育目标。

树德中学的学生们在积极心理学的浸润下，开始更多地关注自己的内心，也鼓励自己不断成长。篮球场上，学生会给自己的对手写加油卡，自信、乐观且不惧挑战的心态会在他们的举手投足间流露出来；中考前初一的同学主动给初三的学长学姐们写加油明信片，温暖彼此，建构不同年级间的积极关系。

江阴中等专业学校

江苏省江阴中等专业学校（简称江阴中专）自2008年开始进行积极德育的实践探索，2013年从积极德育和积极教学两个方面全面推进了积极教育。2014年5月，学校申请参加了"幸福园丁——中国教师幸福教育公益项目"幸福教育实践研究，江阴市教育局批准江阴中专为"积极心理、幸福教育"项目实验学校。

2016年8月，江阴中专与清华大学积极心理学研究中心深度合作，成为首批积极教育实验学校之一。全校开设积极教育课程，引导学生形成对人、对事、对己的积极态度，挖掘学生的潜能和美德，培养学生积极、乐观、向上、健康的心理品质，促进其品格的健全发展，使其能够掌握成就自己幸福人生的能力，成为一名适应社会发展的高素质劳动者和技术技能人才。

积极心理学和积极教育的理念已经慢慢融入江阴中专的教研教学、校园文化、家校合作等多项学校工作中，使学校取得了累累硕果。

全城市区域积极教育实践试点——广州增城区

广州是国内首个全城市区域推广积极教育的城市。增城区作为首个试点辖区，选定了16所学校开展积极教育实践。总结试点经验后，整个广州都将推广积极教育，以求最终建构全城市区域积极教育实践模型。

广州增城区积极教育实践模型包括5个模块，每个模块都独立开放，模块之间又相互关联。

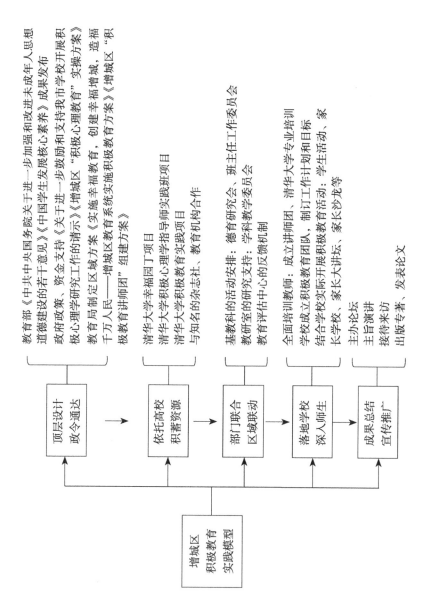

图 10-1 增城区积极教育实践模型

第一个模块是顶层设计模块，这个模块主要起引领作用，它通过顶层设计规划积极教育的方向。

第二个模块是资源模块，它包括高校资源、专家资源和教育机构资源，资源模块既可以起牵引的作用，如专家资源可以扩展积极教育的广度和深度；又可以起推动作用，如教育机构资源可以宣传和推广积极教育，促其发展。

第三个模块是协调模块，这个模块通过相关部门组织学校之间的有序运作，保证学校在模型内部顺畅地实施积极教育。

第四个模块是动力模块，这个模块通过总结和提升来进一步推动积极教育往更高远的方向发展。

第五个模块是终端模块，终端模块能使整个系统"着陆"与"行走"，这决定了积极教育能走多远。

五个模块有机组合，层层推进，初步形成了一个开放、严谨、完善的城市区域积极教育实践模型系统。系统结构如图10-1所示。

积极教育项目的实证效果

【清华大学附属小学】

1. 项目测量

调查对象

研究对象为清华附小二年级、三年级、五年级各四个班级的学生共493人（女生248人，男生245人，平均年龄9.56岁，SD = 1.31）。其中二年级女生85人，男生83人，平均年龄8.35（±0.49)岁；三年级女生90人，男生86人，平均年龄9.14（±0.43)岁；五年级73人，男生76人，平均年龄11.31（±0.46）岁。每个年级随机选取两个班级作为实验组，两个班级作为对照组。经过一学期的课程，后测（T2）时有效样本数为478人，2个月后的追踪测量（T3）时有效样本数为395人。缺失数据采用均值替换法补足。

我们采用准实验研究，将被试学生按照班级随机分配为实验组和对照组，每组每年级各有两个班。实验组在一个学期中接受 9 节积极教育实验课程，对照组不接受积极教育相关课程，只上常规的思想品德课。每周课程开始前，研究者都会组织授课教师统一备课，保证教师充分理解和掌握课程内容。

课程设计

积极教育试验课程共分为 9 节，每周一节，每节 50 分钟。课程内容主要包括以下主题。

（1）发现美好：使学生更多地关注身边的正面事件，使用"三件好事"的积极心理干预方法增加学生日常的积极情绪。

（2）感恩体验：通过视频引发学生对感恩的思考，体验感恩情绪，激发学生表达感恩的意愿。

（3）感恩行动：让学生学会观察和发现值得感恩的事，学习用语言表达感恩，并在日常生活中以实际行动表达感恩。

（4）善意助人：帮助学生了解什么是善意以及助人，用游戏的方式让学生在活动中体验善意和助人，增加学生在日常生活中的善意和助人行为。

（5）品格优势：让学生了解什么是品格优势及其重要性，学会发现自己身上的优势。

（6）他人优势：用游戏的方式，让学生相互发掘彼此的优势，学会欣赏、赞扬别人的优势。

（7）发挥优势：让学生学会发挥自己的优势，尤其是要学会将自己的优势应用到实际学习和生活中。

（8）成长型思维：通过游戏的形式向学生揭示成长型思维和固定型思维的不同表现，引导学生更多地用成长型思维来看自己与他人的思想、品格和行为。

（9）总结：用"大冒险"的游戏形式来总结课程的内容，引导学生加强积极教育理念，在日常生活和学习中更多地应用学到的积极心理技巧。

2. 测量数据

数据收集

在课程开始前一周（T1，2016 年 2 月）、结束后一周（T2，2016 年 7 月）、

结束后两个月（T3，2016 年 9 月），我们对实验班和对照班进行了三次幸福的
测试，两次学习动机的测试（在 T2 时没有测量学习动机）。测试以纸质问卷的
形式进行，由清华大学积极心理学研究中心的人员在现场施测，以免学生由于
有本校教师在场而不能真实作答。研究人员在场，也可以即时回答学生对问卷
的疑问。

根据以往研究的惯例，本研究将积极情绪与消极情绪得分相减，得到总体
情绪指数，并根据公式：RAI（Relative Autonomy Index）= 2×内在动机 + 认
同调节 – 内摄调节 –2×外部调节，计算出相对自主指数。在各次测量中，各年
级和样本总体的人生蓬勃度、总体情绪指数以及相对自主指数的均值和标准差如表
10-1 所示。

表 10-1　各主要变量的描述统计

	M	SD
人生蓬勃度 T1	45.21	7.43
人生蓬勃度 T2	45.22	9.32
人生蓬勃度 T3	45.47	8.42
总体情绪指数 T1	12.25	6.87
总体情绪指数 T2	11.52	8.65
总体情绪指数 T3	12.59	7.44
相对自主指数 T1	1.52	3.10
相对自主指数 T3	1.89	3.07

前测结果

在课程开始前，实验组与对照组在人生蓬勃度、总体情绪指数和相对自主
指数三个变量上均无显著差异（p > 0.5），表明实验组与对照组在课程开始前
是同质的。表 10-2 为课程开始前实验组与对照组在各变量的得分比较。

表 10-2 课程开始前实验组与对照组在各变量的得分

	实验组	对照组	t 值	p
人生蓬勃度	45.65 ± 7.57	44.75 ± 7.27	−1.34	0.18
总体情绪指数	12.51 ± 6.77	11.98 ± 6.97	−0.85	0.40
相对自主指数	1.43 ± 3.10	1.63 ± 3.11	0.72	0.47

人生蓬勃度变化

以人生蓬勃度量表得分为因变量，进行 2（实验组、对照组）×3（前测、后测、追踪）的重复测量方差分析。结果表明存在着显著的组别主效应 [$F(1,491) = 4.49$，$p = 0.04$]，测量时间主效应不显著 [$F(2,982) = 0.29$，$p = 0.75$]，交互作用不显著 [$F(2,982) = 0.49$，$p = 0.64$]。对组别与辅导变量进行简单效应分析，结果见表 10-3。由表 10-3 可见，接受积极教育试验课程前（T1）实验组与对照组的人生蓬勃度无显著差异 [$F(1,491) = 1.81$，$p = 0.18$]，课程结束后（T2）实验组与对照组的人生蓬勃度差异显著 [$F(1,491) = 3.03$，$p = 0.08$]，追踪测量时（T3）实验组与对照组的人生蓬勃度呈现出显著的差异 [$F(1,491) = 4.31$，$p = 0.04$]。

表 10-3 样本总体人生蓬勃度的组别与测量时间主效应方差分析

	T1	T2	T3	F
实验组	45.65 ± 0.47	45.93 ± 0.59	46.24 ± 0.53	0.60
对照组	44.75 ± 0.48	44.47 ± 0.60	44.67 ± 0.54	0.15
F	1.81	3.03*	4.31**	

注：*$p < 0.10$，**$p < 0.05$，***$p < 0.01$；下同。

总体情绪指数变化

以总体情绪指数得分为因变量，进行 2（实验组、对照组）×3（前测、后测、追踪）的重复测量方差分析。结果发现存在显著的测量时间主效应 [$F(2,982) = 5.44$，$p = 0.004$]，未发现组别主效应 [$F(1,491) = 1.40$，$p = 0.24$]，和交互作用 [$F(2,982) = 0.49$，$p = 0.64$]。进行简单效应分析的结果如表 10-4 所示。从表中可以看到从 T1 到 T3，实验组的总体情绪指数变化未达到显著水平 $[F(2,490) = 1.86, p = 0.16]$，而对照组有显著的变化 $[F(2,490) = 4.50, p = 0.01]$。分年级进行重复测量方差分析，均未发现显著的交互作用。

表 10-4　总体情绪指数的组别与测量时间主效应方差分析

	T1	T2	T3	F
实验组	12.51 ± 0.43	12.01 ± 0.55	12.85 ± 0.47	1.86
对照组	11.99 ± 0.44	11.01 ± 0.56	12.33 ± 0.48	4.50**
F	0.72	1.63	0.60	

相对自主指数变化

以相对指数得分为因变量，进行 2（实验组、对照组）× 2（T1、T3）的重复测量方差分析。结果未发现存在显著的测量时间主效应 $[F(1,491) = 7.45, p = 0.007]$，未发现显著的组别主效应 $[F(1,491) = 0.12, p = 0.73]$ 和交互作用 $[F(1,491) = 0.75, p = 0.39]$。进行简单效应分析的结果如表 10-5 所示。我们从表中可以看到，从 T1 到 T3，实验组的相对自主指数变化达到显著水平 $[F(1,491) = 6.59, p = 0.01]$，而对照组没有显著的变化 $[F(1,491) = 1.70, p = 0.19]$。

表 10-5　相对自主指数的组别与测量时间主效应方差分析

	T1	T3	F
实验组	1.43 ± 0.20	1.91 ± 0.19	6.59**
对照组	1.63 ± 0.20	1.87 ± 0.20	1.70
F		0.60	

3. 测量结果讨论

本研究表明，积极教育课程能使学生的人生蓬勃程度显著超过对照组，而且这种差异在项目结束两个月之后会变得更加明显。在情绪方面，积极教育课程对实验组的学生起到了保护作用。本研究的第一次测量发生在学期之初，第二次测量发生在学期结束之前，在经历了一学期紧张严格的学习之后，尤其是面临期末考试的压力，学生的情绪一般都会比较低落。第三次测量是在下学期开学之初，在经历一个暑假之后，学生的情绪明显出现反弹。对照组学生的情绪在三个时间点之间变化明显就体现了这一模式。但是，实验组的学生则无显著变化，在三个时间点之间的情绪波动较小，可见，积极教育课程可以保护学生的情绪免受紧张严格的学校生活的影响，并保持较为平稳的积极快乐的状态。

本研究还发现，积极教育课程能促进学生产生自主学习的动机。自我决定理论认为，学生学习动机的自主程度从外部调节到内摄调节、认同调节、内在动机依次增加，由此构建出来的相对自主指数，可以反映学生在学习时的自主程度。本研究的结果表明，实验组学生在学习了一学期的积极教育课后，相对自主指数有显著的上升，而对照组学生的相对自主指数的变化则不明显。这说明，积极教育能让学生更加自主地投入到学习中去。

【运城职业技术学院】

1. 项目测量

调查对象

本次调查参与者为大学一年级的 5 个专业中 10 个班级的学生，在每个专业随机选取一个班作为实验组，一个班作为对照组。调查分两次，第一次的时间为 2017 年 4 月，第二次时间为 2017 年 6 月。第一次有 423 名学生参与，其中男生 238 人（56.3%），女生 185 人（43.7%），最小 17 岁，最大 23 岁，平均年龄 19.8（±1.0）岁。第二次有 333 名学生参与，其中男生 217 人（58.2%），女生 116 人（41.8%），最小 17 岁，最大 24 岁，平均年龄 19.8（±1.0）岁。两次均参与的学生共 230 人，其中男生 147 人（63.9%），女生 83 人（36.1%）（如表 10-6 所示）。

表 10-6　运城职业技术学院调查对象基本情况

	男	女	年龄
第一次调查	238	185	19.8（±1.0）
第二次调查	217	116	19.8（±1.0）

2. 测量问卷

本次调查对学生的幸福感、身心健康、学业动机和积极心理品质这 4 个指标进行了测量，每个方面都有若干个量表。

幸福感

（1）**生活满意度**指学生对自己在一定时间段内生活的整体评价，得分越高表示对自己的生活越满意，幸福程度也越高。本次调查使用国际通用的主观生活满意度问卷（Satisfaction With Life Scale, SWLS）。问卷包含 5 个题目，采用李克特 5 点评分自评量表。

（2）**积极消极情绪**指学生在一段时间内所感受到的积极或者消极情绪的多少。测量结果分为积极情绪和消极情绪两种得分。积极情绪得分高表示个体精力旺盛且能全神贯注并充斥着快乐的情绪；消极情绪得分高则表示个体主观感觉自己处于困惑、痛苦的情绪状态。积极和消极情绪是幸福感的重要组成部分，但情绪与幸福感之间并不是简单的线性关系，也就是说幸福并不意味着必须有非常高的积极情绪并且没有消极情绪。研究表明，消极情绪对人的幸福也有必要的积极作用。本次调查采用正性负性情绪量表（The Positive and Negative Affect Scale, PANAS）。问卷包含 20 个题目，采用李克特 5 点评分自评量表。

身心健康

在身心健康方面，我们主要对抑郁情绪、焦虑情绪和身体健康三个方面进行了调查。

（1）**抑郁情绪**：本次调查中的抑郁是指伤心、失望、难过等情绪。抑郁情绪是人在无法实现自己的愿望或者受到伤害后的正常情绪反应，每个人都会或多或少有抑郁的情绪。但是如果过分抑郁则会造成失眠、记忆力减退、食欲不振甚至自杀等问题。因此学校应关注学生的抑郁状况，努力使抑郁水平保持在安全范围内。本次调查使用的抑郁问卷共 5 题，采用李克特 5 点评分自评量表，得分越高表示学生的抑郁程度越高，越容易产生伤心难过等情绪。

（2）**焦虑情绪**：本次调查中的焦虑是指紧张、担心、害怕等情绪。焦虑情绪是人面对不确定事物时的正常情绪反应，每个人都会或多或少有焦虑的情绪。但是如果过分焦虑则会造成心慌、头晕、呼吸困难等症状。本次调查使用的焦虑问卷共 5 题，采用李克特 5 点评分自评量表，得分越高表示学生的焦虑程度越高，越容易产生担心害怕等情绪。

（3）**身体健康**：本次调查中的健康状况是指学生自己感知到的身体健康状况。尽管这个指标不是客观的身体健康指标，但可以反映出学生的身体状况。在有些情况下，正常的身体检查未必能查出任何疾病，但学生处于亚健康状态，具体表现为身体乏力或者不适，又不知道哪里有问题，这就可能与心理因素有关。这些情况无法在健康体检中得到反馈，却可以反映在本次调查的健康指标中。为了调查学生的健康状况，本次调查使用的健康状况问卷共 5 题，采用李克特 5 点评分自评量表，得分越高表示学生越觉得身体充满活力和健康。

学业动机

学业动机指学生学习的原因。学业动机可以分为两大类，第一大类为受控动机（包括外部动机和内摄动机），第二大类为自主动机（包括整合动机和内部动机）。学生的学习动机中的受控动机较强，表明学生的学习动力更多来自于家长、老师的控制和期望；而自主动机高的学生能意识到学习的重要性，认为学习很有意思，乐在其中。研究表明，自主动机与学习成绩、幸福感等有正向关系。本次调查采用学习自我调节问卷（Academic Self-Regulation Questionnaire，SRQ-A），问卷共 32 题，每道题均按李克特 5 点评分自评量表计分（1= 非常不符合，5= 非常符合）。

积极心理品质

在积极心理品质方面，我们主要对学生的心理韧性、成长性思维以及希望思维这三个方面进行了调查。

（1）**心理韧性**是个体面对挫折时能更好地予以应对的心理品质，得分越高表明遇到困难时可以更好地应对，更快地恢复，也就是说抗挫折能力更强。本次调查采用简式韧性量表（Brief Resilience Scale）测量学生的心理韧性程度。问卷共 6 题，采用李克特 5 点评分自评量表。

（2）**成长性思维**是一种个体认为自己可以不断发展的品质，研究表明这种思维方式与个体未来的成就和幸福感等指标有显著的正向关系。本次调查采用自编成长性思维量表，共8题，采用李克特5点评分自评量表。

（3）**希望思维**是一种积极的心理品质，表现为个体深刻理解自己的目标，并且能根据目标找出相应的实现途径。本次采用成人希望量表（Adult Hope Scale, AHS），共12题，采用0~4评分点的李克特自评量表。

3. 测量结果

在积极教育课程开始之前，我们对实验组和对照组在变量上的得分进行了差异检验。结果发现除生活满意度外，其他指标均无显著差异，也就是说，整体来讲两组学生基本同质（如表10-7所示）。

实施一学期的积极教育课后，再次测量实验组和对照组学生的各项心理指标，使用相关样本t分别考察实验组和对照组在学期初（T1）和学期末（T2）的差异显著性（如表10-8所示）。

表 10-7 前测差异检验

	实验组		对照组		
	平均值	标准差	平均值	标准差	显著性
生活满意度	3.17	0.77	2.86	0.78	**
积极情绪	3.39	0.70	3.28	0.79	
消极情绪	2.29	0.73	2.27	0.69	
抑郁	2.15	0.80	2.28	0.92	
焦虑	1.97	0.76	1.99	0.75	
健康	3.12	0.87	3.08	0.83	
受控动机	2.93	0.65	2.86	0.62	
自主动机	3.10	0.70	2.99	0.76	
心理韧性	3.25	0.62	3.26	0.69	
成长性思维	3.13	0.45	3.09	0.52	
希望思维	2.77	0.50	2.74	0.48	

注：** $p < 0.05$。

表 10-8　幸福感前后测差异检验

		T1	SD1	T2	SD2	p	显著性	提升百分比
生活满意度	实验组	3.09	0.75	3.16	0.81	0.34		2%
	对照组	3.04	0.80	3.06	0.98	0.85		0%
积极情绪	实验组	3.37	0.70	3.48	0.64	0.10	*	3%
	对照组	3.30	0.76	3.35	0.84	0.41		2%
消极情绪	实验组	2.16	0.70	2.31	0.64	0.02	**	7%
	对照组	2.17	0.76	2.27	0.84	0.20		4%

注：$* p < 0.1$，$** p < 0.05$，$*** p < 0.01$ 下同。

调查的结果表明：

（1）在生活满意度指标上，实验组和对照组的前后测差异均不显著；

（2）实验组的积极情绪有显著提高，对照组无变化；

（3）实验组的消极情绪有显著改善，对照组无显著变化（如图 10-2 所示）。

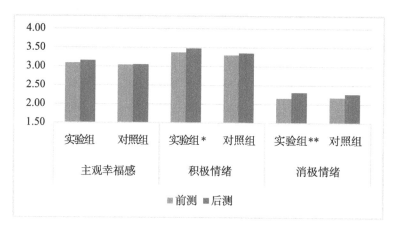

图 10-2　幸福感前后测对比

在身心健康方面的前后测差异检验结果如表 10-9 所示。

表 10-9 身心健康前后测差异检验

		前测	后测	标准差 1	标准差 2	P	显著性	变化百分比
抑郁	实验组	2.11	2.14	0.81	0.81	0.67		2%
	对照组	2.21	2.15	0.92	0.96	0.52		−3%
焦虑	实验组	1.93	2.05	0.72	0.87	0.12		6%
	对照组 *	1.90	2.05	0.76	0.83	0.09	*	7%
健康	实验组	3.15	3.24	0.87	0.93	0.34		3%
	对照组	3.08	3.13	0.79	0.94	0.58		2%

调查结果表明：对照组的焦虑程度有一定的提升，而实验组并没有。这也可以理解为积极教育对焦虑情绪有一定的缓解作用。实验组和对照组在抑郁情绪和身体健康情况方面无显著的变化（如图 10-3 所示）。

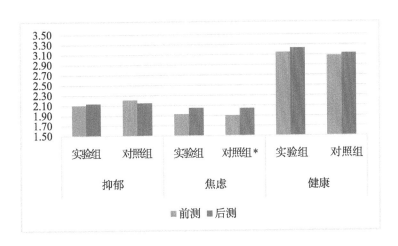

图 10-3 身心健康前后测对比

学业动机方面的前后测差异检验结果如表 10-10 所示。

表 10-10　学业动机前后测差异检验

		前测	后测	标准差 1	标准差 2	P	显著性	变化百分比
受控动机	实验组	2.88	2.96	0.62	0.68	0.13		3%
	对照组	2.89	2.82	0.61	0.64	0.20		−3%
自主动机	实验组 **	3.05	3.26	0.72	0.72	0.00	**	7%
	对照组	3.10	3.12	0.76	0.83	0.74		1%

　　调查的结果表明：实验组后测的自主动机有显著提高，表明学生更愿意主动学习，认为学习是重要且有趣的事。研究表明，自主的学习动机与学习成绩、幸福感等指标都有比较明显的关系。在受控动机方面，两组均没有显著的前后测差异（如图 10-4 所示）。

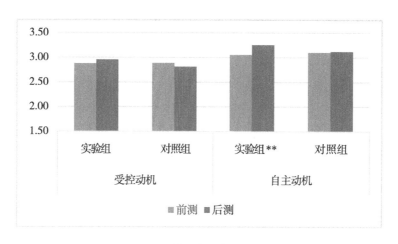

图 10-4　学业动机前后测对比

　　积极心理品质的前后测差异检验结果如表 10-11 所示。

表 10-11　积极心理品质前后测差异检验

		前测	后测	标准差 1	标准差 2	P	显著性	变化百分比
心理韧性	实验组	3.31	3.29	0.64	0.62	0.70		−1%
	对照组 **	3.35	3.20	0.69	0.56	0.02	**	−5%
成长性思维	实验组 *	3.16	3.24	0.47	0.47	0.06	*	3%
	对照组	3.14	3.14	0.55	0.49	0.95		0%
希望思维	实验组 **	2.74	2.84	0.51	0.45	0.04	**	4%
	对照组	2.78	2.75	0.48	0.63	0.59		−1%

调查的结果表明，积极教育项目对所有的积极心理品质都有积极的作用（如图 10-5 所示）。

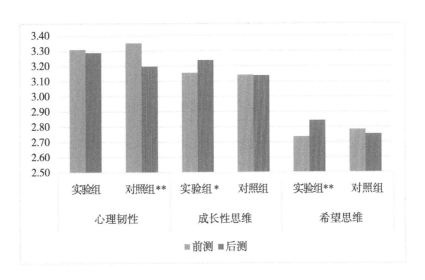

图 10-5　积极心理品质前后测对比

（1）对照组的心理韧性在后测时显著下降，而实验组没有显著变化。说明积极教育对心理韧性有保护作用，具体表现可能为经过一学期的学习，大家遇到了很多挫折，对照组没有很好的方法应对，而实验组则能较好地应对。

（2）实验组的成长性思维有显著优化，而对照组则没有这种变化。这表明实验组更相信自己的能力和智力等心理品质都是可以不断提升的。研究表明这种思维方式与未来的成就和幸福感等指标有显著的正向关系。

（3）实验组的希望思维得分在后测时有显著提高，表明实验组的学生更了解自己的目标，以及有更多实现目标的方法。

【桃花江小学】

1. 项目测量

调查对象

为准确检测积极教育项目实施的效果，我们对桃花江小学进行了两次数据调查与测量，第一次时间为 2016 年 10 月，第二次时间为 2017 年 8 月。第一次有 80 名教师参与，其中男性 4 人（5.0%），女性 76 人（95.0%），最小 26 岁，最大 60 岁，平均年龄 39.8（±6.3）岁。第二次有 127 名教师参与，其中男性 12 人（9.4%），女性 115 人（90.6%），最小 23 岁，最大 54 岁，平均年龄 40.8（±6.3）岁。两次均参与的教师共 77 人，其中男性 4 人（5.2%），女性 73 人（94.8%）。

表 10-12　桃花江小学调查对象基本情况

	男	女	年龄
第一次调查	4	76	39.8（±6.3）
第二次调查	12	115	40.8（±6.3）

2. 测量问卷

在问卷调查中，我们主要对个体的心理资本、意义感、关爱支持和情绪健康四个方面进行调查。

心理资本

心理资本是一组可以被开发并帮助个体提升工作绩效和幸福感的积极心理能力。这些积极心理能力包括自信、希望、乐观、韧性。自信是指在面对充满挑战性的工作时，有信心并能付出必要的努力来收获成功；希望是指对目标锲而不舍，为取得成功在必要时能调整实现目标的途径；韧性是指身处逆境和被问题困扰时，能够持之以恒，迅速复原；乐观是指能对现在与未来的成功进行积极的归因。心理资本与教师的工作绩效、工作投入、职业幸福感等呈显著的正相关关系。通过培训等方法开发心理资本可以有效提升教师的工作表现和幸福感。

这次调查使用的心理资本问卷包含 24 个题目，由自信、希望、乐观、韧性四个维度构成，采用 1~6 分的李克特自评量表，得分越高表示心理资本水平越高。

意义感

意义感反映了教师认为工作有意义的程度，得分越高，教师对自己的工作越认同，就越有动力和使命感。本次调查使用的意义感问卷包含 3 个题目，采用 1~6 分的李克特自评量表。

关爱支持

关爱支持反映了教师对学生的关心和支持程度。得分高的教师表明其对学生更友善、更关心学生，并会给予有困难的学生支持，与学生的关系也更好。本次调查使用的关爱支持问卷包含 6 个题目，采用 1~6 分的李克特自评量表。

情绪健康

这次调查中我们还分析了常见的情绪问题：抑郁、焦虑和压力。抑郁是指伤心、失望、难过等情绪，是人在无法实现自己的愿望或者受到伤害后的正常情绪和生理反应，过分抑郁则会造成失眠、记忆力减退、食欲不振甚至自杀等问题。焦虑情绪是人面对不确定事物时的情绪和生理反应，过分焦虑则会造成心慌、口干舌燥、呼吸困难等症状。压力是面对一个具体任务时产生的紧张情绪和生理反应，压力过大会造成注意力难以集中，身体和精神无法放松等症状。

这次调查中使用了抑郁—焦虑—压力自评量表（The Depression Anxiety Stress Scale，DASS）。量表采用 0~3 分的李克特自评量表，得分越高表示情绪问题越严重，越容易产生抑郁、焦虑和压力等情绪。

3. 测量结果

积极心理品质

调查结果中，桃花江小学教师的心理资本前测平均得分为 4.85 分，经过培训后的平均分数提升至 5.06 分，前后测具有显著的差异。这表明经过培训后桃花江小学的教师在心理资本上有一定程度的提升。心理资本共有四个维度，分别是自信、希望、韧性和乐观，除自信外，其他三个方面均有显著的提升。

在意义感方面，培训前教师的平均得分为 4.78 分，培训后提升至 5.07 分，前后测有显著的差异，这表明经过培训后教师对自己的工作更加认同，觉得更有使命感，也更有动力了。

在关爱支持方面，培训前教师的平均得分为 5.44 分，培训后提升至 5.74 分，前后测有显著的差异，这表明经过培训后教师更加关心学生，为学生提供了更多的支持。数据详见表 10-13。

为了更直观地呈现所有的测量结果，图 10-6 展示了积极心理品质前后测的差异。我们从图中也可以直观地看出后测时各项心理指标的提升。

表 10-13 积极心理品质变化

	前测	SD1	后测	SD2	p	显著性	提升百分比
心理资本	4.85	0.55	5.06	0.71	0.007	**	4.33%
心理资本－自信	4.87	0.57	4.90	0.75	0.718	—	—
心理资本－希望	4.85	0.64	5.07	0.74	0.007	**	4.54%
心理资本－韧性	4.77	0.60	5.05	0.80	0.004	**	5.87%
心理资本－乐观	4.91	0.59	5.22	0.73	0.000	***	6.31%
意义感	4.78	0.79	5.07	0.84	0.007	**	6.07%
关爱支持	5.44	0.45	5.74	0.50	0.000	***	5.51%

注：*** $p < 0.001$，** $p < 0.01$，$p < 0.05$ 表示前后差异显著，值越小表示效果越可靠；$p > 0.05$ 表示前后差异不显著。

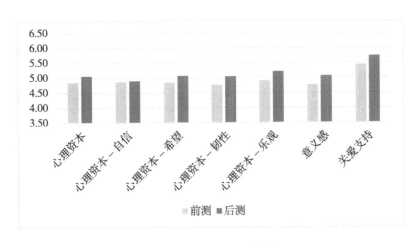

图 10-6 积极心理品质变化

情绪健康指标变化

桃花江小学教师的各项情绪健康指标均显示了教师的整体情绪比较积极，由于前测时处于一个较低的水平，因此后测时并没有显著的差异。具体而言，前测时抑郁项平均得分为 0.27 分，后测时平均得分 0.35 分；前测时焦虑项平均得分为 0.40 分，后测平均得分为 0.41 分；前测时压力项平均得分为 0.70 分，后测平均得分为 0.77 分，三个指标前后测均无显著差异。数据详见表 10-14 和图 10-7。

表 10-14 情绪健康指标变化

	前测	SD1	后测	SD2	p	显著性	提升百分比
抑郁	0.27	0.29	0.35	0.48	0.146	—	—
焦虑	0.40	0.32	0.41	0.46	0.829	—	—
压力	0.70	0.37	0.77	0.52	0.188	—	—

本次调查无对照组，无法排除引起前后测差异的其他因素，需要进一步研究与确认积极教育的有效性。

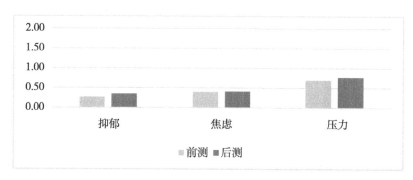

图 10-7 情绪健康指标变化

【增城区积极教育实践模型】

自引入积极教育以来，增城区的教育发生了巨大的变化。

1. 校园管理在变化

校园管理的多样化——知心，用心，关心。很多试点学校的校园管理模式变得更加多样化、精细化，用心办教育，细心抓管理，将积极心理学与自身的办学优势相结合，积极推进普通高中特色课程建设和义务教育特色学校建设，着力于打造特色品牌学校。增城区域内，涌现了增城中学、增城新康小学、凤凰城中英文学校、增城区第一中学、增城区实验中学等 29 所特色品牌学校，共有 9 所公办普通高中通过了广州市普通高中特色课程立项，增城中学初中部等 8 所学校则通过了广州市特色学校认定。

2. 课堂教学在变化

教师教学方法轻松化。经过培训的250位校长及教师，与普通教职工相比，其积极情绪和抗逆力显著提高，乐观水平、工作投入度明显提升；焦虑感、职业倦怠感大幅下降，工作压力和抑郁水平也明显降低。他们在课堂教学和育人工作中采用积极教育的方式方法，实现了教师乐于教、学生乐于学的目标。推广积极教育以来，增城区的高考成绩也逐年上升（如表10-15所示）。

表 10-15　增城区 2014—2016 年高考录取率情况

年份	重点率	二本率	专 A 率	专 B 率
2014 年	6.60%	47.10%	74.05%	96.51%
2015 年	7.54%	46.67%	75.10%	95.17%
2016 年	7.72%	45.88%	72.82%	95.60%

3. 师生心理素质在变化

学生潜能发挥到极致。在教育教学实践中引入积极心理学，在学校活动中激发学生勇于发现和运用自身的品格优势，如勇敢、乐观、责任心、仁爱、创造性、专注力等，这些积极品质的发挥不但使学生改变了自己的生活轨迹，而且还促使他们在各项活动中屡获佳绩。比如，某位高中生成绩不错，但总是不自信，在班级里不敢表现自己，于是班主任运用积极教育法，纠正了他的非理性思维，帮助他卸下了思想包袱，引导他大胆表现自己，由此该学生慢慢变成了一个阳光自信的孩子。

参考增城区第一中学的部分实验数据，我们可以发现积极教育使学生的心理素质发生了积极变化。数据来源于两个班级，一个是对照班，另一个是实验班，两个班的情况基本一致，前测结果也表明他们的各项心理表现水平和成绩相当。实验班采取的积极教育措施如下所示。

（1）积极课外活动。学校每天下午都会组织全校学生进行阳光跑操，在跑操过程中注重队形、队伍的整齐一致性，还需要喊口号等。积极团队建设，包括打造积极班级文化，提炼各班的特色班名、班歌、口号等，另外还不定期开展班级户外团体拓展活动，增强班集体的凝聚力，打造良好的班风。

（2）积极心理健康教育课。开设积极心理健康教育课程，每班每周一课时。实验班采用积极心理健康教育的辅导，主题有十五个：积极自我、发现品格优势、运用品格优势、抗逆力（ABC 模型）、抗逆力（走出思维陷阱）、发展性思维训练、学会乐观、幸福方法、积极语言、完美主义与最优主义、超越完美、价值拍卖、积极情绪、积极关系、积极投入。另外，教师们还可以结合主题班会课进行补充和练习，比如请学生们分享自己感恩的三件事。经过一个学期的试验之后，实验班的各项测试指标都明显好于对照班，详细结果如图 10-8~图 10-13 所示。

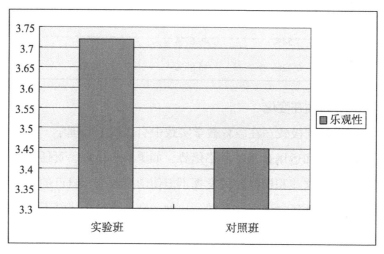

图 10-8　乐观性比较

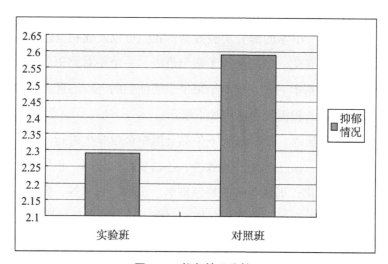

图 10-9　抑郁情况比较

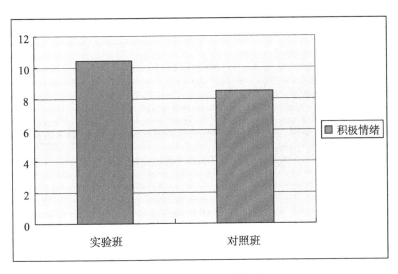

图 10-10 积极情绪比较

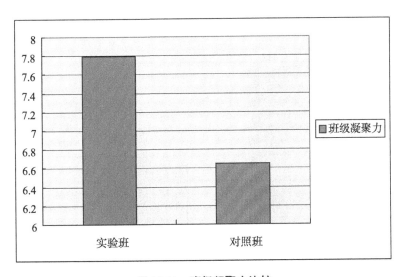

图 10-11 班级凝聚力比较

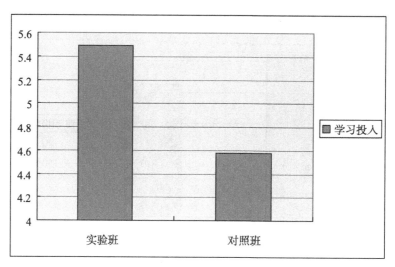

图 10-12 学习投入比较

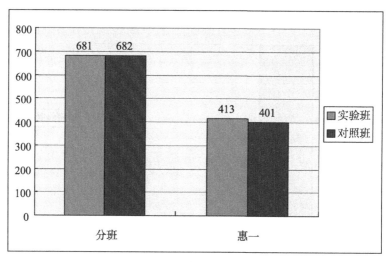

图 10-13 学习成绩比较

清华大学积极心理学实验室的曾光老师在增城区开展了积极教育实践项目，通过为期一个学期的积极教育实践，发现积极教育可以有效地提升学生的抗逆力水平。

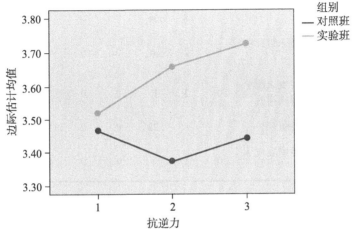

图 10-14　抗逆力水平的比较

4. 家长与孩子的关系在变化

积极教育使家庭更加和谐。一方面，通过开设家长积极教育课堂，使家长成为挖掘孩子潜能的主力。家长通过培训，不再去一味地教训孩子、打压孩子，这样能让孩子看到自己的优势。另一方面，孩子参加积极教育活动后许多家长都反映孩子变了，变得更加能够体会父母的用心，而且在适当的时候会主动分担父母的工作。比如，增城区第一中学在开展了"四个一"积极教育活动后，许多家长都向学校表示了感谢，他们认为这个活动拉近了孩子与自己的距离，亲子关系更加融洽了。

我们从增城区试点学校永新中学的近三年亲子关系变化情况表格（表 10-16）中也发现，在开展了积极教育后，亲子之间发生冲突的频率大幅降低，学生在面对亲子冲突时能够学会理性处理，而且救助意识显著提升，因亲子关系引发的负面影响也明显减少。

表 10-16　永新中学近三年亲子关系变化情况

序号	调查项目	2015 年上半年（单位：宗）			2017 年上半年（单位：宗）			变化
		严重	中度	轻微	严重	中度	轻微	
1	亲子冲突	2	8	38	0	0	2	不足原来的 5%
2	亲子冲突在后续未得到良好处理	0	2	6	0	0	0	100% 处理好
3	学生面对亲子冲突未能学会理性处理或寻求帮助	0	3	13	0	0	2	99.3% 理性处理或寻求帮助
4	因亲子冲突引发的违纪		8	22	0	0	2	下降 93.3%
5	因亲子冲突引发家庭与学校的冲突	0	1	3	0	0	0	0

　　总体而言，积极教育在广州增城区初步取得了良好的成效，不过仍面临许多挑战与难题，还有待后续的社会、相关部门、专家的通力配合，进一步深化积极教育带来的正面影响，使积极教育成为传统教育的有力支援与补充。

总结

　　清华大学积极心理学研究中心对积极教育项目的实证研究，证明了在中国学校应用积极教育的有效性，打破了以往关于积极教育的研究偏重理论阐述和质性研究的局面，实践期间研究中心收获了更多积极教育在中国的实践案例，积极教育的实践研究结果也证明了积极教育能提升学生的幸福感，增强学生的韧性、坚毅力、感恩等能力，同时还在一定程度上促进了学生的学习成绩的提升。考虑到目前学生心理问题日渐严重，出现抑郁、焦虑等情绪的现象愈发突出，而且学生普遍具有一定程度的厌学心理，积极教育将是解决这些问题的一剂良方。在中国推广积极教育，有着关系到千万学生的心理健康和终生成就的重大意义。

　　当然，清华大学积极心理学研究中心在实践积极教育的过程中也存在一定的局限性，需要进一步的实证研究来验证与提升，这显然需要更多从事积极教育实践的学术机构、研究中心等一起相互学习，共同为中国打造一个更积极、更幸福的未来。

声明与致谢

本书是在清华大学心理系、清华大学积极心理学中心的诸位同事的共同努力下完成的，从立意到成稿历时两年。本书的总顾问是清华大学社科学院院长彭凯平教授。主要作者是曾光（导读、第1章）、赵昱鲲（第2章）、吴继康（第3、4章）、张巧玲（第5、8章）、林培剑（第6章）、李蔚（第6章）、侯悍超（第7章）、刘家杰（第9、10章）。

虽然各章节由各人主写，然而诸位同事会在同一个大框架下定期进行讨论，从最初的收集信息、框架设计，到中期的对文字的润饰和对体例结构的调整，到后期的修订都经过了充分讨论。我们为了尽可能使本书既专业又易读，并向读者展示积极教育的多个切入点，倾注了许多心血。如今回想起来，作为主笔人，我仍能被大家的那份热情、用心、执着所感动。

特别感谢美国宾夕法尼亚大学心理学系硕士及统计测量系硕士、广州增城积极教育应用课题组组员张圣翎、李雪溦、张雅涵、贾振寰、叶懿慧（排名不分先后），他们承担了本书前期的资料收集及文字写作工作，花费了大量的时间与心力。

感谢人民邮电出版社对积极心理学的支持，他们主动联系我们，相信积极心理学与积极教育能对社会有帮助。感谢编辑姜珊对本书的倾力协助。他们专业、真诚、用心，让人敬佩。

感谢许多未能一一列举的在本书的资料收集、数据采集、数据分析以及书写、编辑、出版过程中给予过帮助的所有人。

当然，最要感谢的是对积极心理学、积极教育满怀热情与兴趣的读者。你们的存在，是本书得以出版的原因，希望这些理论、应用与实践案例的分享能够对你有一些帮助。

由于水平与时间所限，本书难免有所疏漏，望读者海涵，还请广大读者不吝赐教。

参考文献

1. 陈虹，张婷婷.积极心理学在美国初中和小学的应用：宾夕法尼亚大学的韧性项目 [J].中小学心理健康教育，2010(1):17-19.

2. 陈佑清.建构学习中心课堂——我国中小学课堂教学转型的取向探析 [J].教育研究，2014(3): 96-105.

3. 大卫·库珀里德，黛安.欣赏式探询 [M].中国人民大学出版社，2007.

4. 丹尼尔·平克.全新思维：决胜未来的 6 大能力 [M].浙江人民出版社，2013.

5. 邓鹏.心流：体验生命的潜能和乐趣 [J].远程教育杂志，2006, 2006(3):74-78.

6. 弗里德克森.积极情绪的力量 [M].中国人民大学出版社，2010.

7. 高正亮，童辉杰.积极情绪的作用：拓展 – 建构理论 [J].中国健康心理学杂志，2010, 18(2):246-249.

8. 郭小艳，王振宏.积极情绪的概念、功能与意义 [J].心理科学进展，2007, 15(5):810-815.

9. 兰伟彬，常经营.积极情绪相关研究综述 [J].成都师范学院学报，2008, 24(10):26-29.

10. 纳尔逊.积极组织行为学 [M].中国轻工业出版社，2011.

11. 彭凯平.吾心可鉴：澎湃的福流 [M].清华大学出版社，2016.

12. 彭聃龄.普通心理学 [M].北京师范大学出版社，2012.

13. 其木格，林海河.心流体验：现代课堂教学的一种心理诉求 [J].内蒙古师范大学学报（教育科学版），2010, 23(12):82-85.

14. 王艳梅，汪海龙，刘颖红.积极情绪的性质和功能 [J].首都师范大学学报（社会科学版），2006(1):119-122.

15. 吴仁英，王坦.翻转课堂：教师面临的现实挑战及因应策略 [J].教育研究，2017(2):112-122.

16. Babyak M, Blumenthal J A, Herman S, et al. Exercise treatment for major depression: maintenance of therapeutic benefit at 10 months[J]. Psychosomatic medicine, 2000, 62(5): 633-

638.

17. Bandura A, Kupers C J. Transmission of patterns of self-reinforcement through modeling. [J]. Journal of Abnormal Psychology, 1964, 69(1):1-9.

18. Bandura A. Self-efficacy mechanism in human agency[J]. American psychologist, 1982, 37(2): 122.

19. Bandura A. The explanatory and predictive scope of self-efficacy theory[J]. Journal of social and clinical psychology, 1986, 4(3): 359-373.

20. Blackwell L S, Trzesniewski K H, Dweck C S. Implicit theories of intelligence predict Bronfenbrenner U. Making human beings human: Bioecological perspectives on human development[M]. Sage, 2005.

21. Braun A A. Teaching well-being increases academic performance: evidence from Bhutan, Mexico, And Peru[J]. Dissertations & Theses- Gradworks, 2016(82):549–573.

22. Brockner J. The effects of self-esteem, success–failure, and self-consciousness on task performance[J]. Journal of Personality and Social Psychology, 1979, 37(10): 1732.

23. Brown J D, Dutton K A. The thrill of victory, the complexity of defeat: self-esteem and people's emotional reactions to success and failure[J]. Journal of personality and social psychology, 1995, 68(4): 712.

24. Brunwasser S M, Gillham J E, Kim E S. A meta-analytic review of the Penn Resiliency Program's effect on depressive symptoms [J]. Journal of Consulting & Clinical Psychology, 2009, 77(6):1042.

25. Cauce A M, Stewart A, Rodríguez M M D, et al. Overcoming the odds? adolescent development in the context of urban poverty [J]. 2003.

26. Collins M, Tamarkin C. Marva Collins' way [M]. JP Tarcher, 1990.

27. Cotton Bronk K, Hill P L, Lapsley D K, et al. Purpose, hope, and life satisfaction in three age groups [J]. The Journal of Positive Psychology, 2009, 4(6): 500-510.

28. Csikszentmihalyi M. Flow. The psychology of optimal experience. New York (HarperPerennial) 1990[J]. 1990.

29. Csikszentmihalyi M, Getzels J W. Creative thinking in art students, the process of discovery[J]. Behavior Patterns, 1965:113.

30. Cutuli J J, Chaplin T M, Gillham J E, et al. Preventing co-occurring depression symptoms in adolescents with conduct problems [J]. Annals of the New York Academy of Sciences, 2006, 1094(1):282.

31. Damon W, Menon J, Cotton Bronk K. The development of purpose during adolescence [J]. Applied developmental science, 2003, 7(3): 119-128.19.

32. Deci E L, Ryan R M. Intrinsic Motivation and Self-Determination in Human Behavior [M]. Springer US, 1985.

33. Diaz R M, Berk L E. Private speech: From social interaction to self-regulation [J]. 1992.

34. Dweck C S. Mindset: The new psychology of success [M]. Random House Digital, Inc., 2008.25.

35. Dweck, Gavin C /, Marguerite (Narrator). Mindset: The new psychology of success, how we can learn to fulfill our potential [J]. Gildan Audio, 2015.

36. Ed Diener, Robert A. Emmons, Randy J. Larsen, et al. Taylor & Francis Online : The satisfaction with life scale-journal of personality assessment- Volume 49, Issue 1[J]. Journal of Personality Assessment.

37. Emmons R A, Mccullough M E. Counting blessings versus burdens: An experimental investigation of gratitude and subjective well-being in daily life [J]. Journal of Personality & Social Psychology, 2003, 84(2):377.

38. Folkman S, Moskowitz J T. Positive affect and the other side of coping [J]. American Psychologist, 2000, 55(6):647.

39. Fredrickson B L. Positive emotions broaden and build [J]. Advances in experimental social psychology, 2013, 47(1): 53.

40. Fridrickson B L. The role of positive emotion in positive psychology: the broaden-and-build theory of positive emotion [J]. American psychologist, 2001, 56: 218-226.

41. Froh J J, Kashdan T B, Yurkewicz C, et al. The benefits of passion and absorption in activities: Engaged living in adolescents and its role in psychological well-being [J]. The Journal of Positive Psychology, 2010, 5(4): 311-332.

42. Gable S L, Reis H T. Good news! Capitalizing on positive events in an interpersonal context [J]. Advances in experimental social psychology, 2010, 42: 195-257.

43. Gable S L, Reis H T, Impett E A, et al. What do you do when things go right? The intrapersonal and interpersonal benefits of sharing positive events [J]. Journal of personality and social psychology, 2004, 87(2): 228.

44. Gillham J E, Seligman M E P. Footsteps on the road to a positive psychology [J]. Behaviour Research and Therapy, 1999, 37: S163-S173.

45. Gist M E, Mitchell T R. Self-efficacy: A theoretical analysis of its determinants and malleability [J]. Academy of Management review, 1992, 17(2): 183-211.

46. Gordon K C, Baucom D H, Snyder D K. An integrative intervention for promoting recovery from extramarital affairs [J]. Journal of Marital & Family Therapy, 2004, 30(2):213.

47. Grant A M. Towards a psychology of coaching: The impact of coaching on metacognition,

mental health and goal attainment [J]. 2001:339.

48. Grossman A H. Aspects of psychological resilience among transgender Youth [J]. Journal of Lgbt Youth, 2011, 8(2):103-115.

49. Guilford J P. Intelligence, creativity, and their educational implications [M]. San Diego: RR Knapp, 1968.

50. Harter S. Causes, correlates, and the functional role of global self-worth: A life-span perspective [J]. 1990. 34.

51. Hendren R, Birrell Weisen R, Orley J H, et al. Mental health programmes in schools [J]. 1994.

52. Hicks J A, King L A. Positive mood and social relatedness as information about meaning in life[J]. The Journal of Positive Psychology, 2009, 4(6): 471-482.

53. Hunter J P, Csikszentmihalyi M. The positive psychology of interested adolescents[J]. Journal of youth and adolescence, 2003, 32(1): 27-35.

54. Isen A M. Positive Affect, Cognitive Processes, and Social Behavior [J]. Advances in experimental social psychology, 1987, 20(1):203-253.

55. Judge T A, Erez A, Bono J E. The power of being positive: The relation between positive self-concept and job performance [J]. Human performance, 1998, 11(2-3): 167-187.

56. Judge T A, Locke E A, Durham C C. The dispositional causes of job satisfaction: A core evaluations approach [J]. RESEARCH IN ORGANIZATIONAL BEHAVIOR, VOL 19, 1997, 1997, 19: 151-188.

57. Levy F, Murnane R. The new division of labour [J]. Massachusetts Benchmarks, 2004, 7(1).

58. Locke E A. Job satisfaction and job performance: A theoretical analysis [J]. Organizational Behavior & Human Performance, 1970, 5(5):484-500.

59. Lopez S J, Louis M C. The principles of strengths-based education [J]. Journal of College & Character, 2009, 10(4).

60. Lyubomirsky S, King L, Diener E. The benefits of frequent positive affect: Does happiness lead to success [J]. 2005.

61. Massey E K, Gebhardt W A, Garnefski N. Self-generated goals and goal process appraisals: Relationships with sociodemographic factors and well-being [J]. Journal of Adolescence, 2009, 32(3):501-518.

62. Mihaly Csikszentmihalyi, Flow: The psychology of optimal experience [M]. New York: Harper-Perennial, 1990.

63. Nan Z H, Mason E. Learning disabilities, gender, sources of efficacy, self-efficacy beliefs,

and academic achievement in high school students[J]. Journal of School Psychology, 2003, 41(2):101-112.

64. Neve J E D, Oswald A J. Estimating the influence of life satisfaction and positive affect on later income using sibling fixed effects [Economic Sciences] [J]. Cage Online Working Paper, 2012, 109(49):19953-8.

65. Norrish J M, Seligman M. Positive education: The geelong grammar school journey [M]. Oxford Positive Psychology Series, 2015.

66. Norrish J M, Williams P, O'Connor M, et al. An applied framework for positive education [J]. International Journal of Wellbeing, 2013, 3(2).

67. Oades L G, Robinson P, Green S, et al. Towards a positive university [J]. The Journal of Positive Psychology, 2011, 6(6): 432-439.

68. Omodei M M, Wearing A J. Need satisfaction and involvement in personal projects: Toward an integrative model of subjective well-being [J]. Journal of Personality & Social Psychology, 1990, 59(59):762-769.

69. Park N, Peterson C. Strengths of character in schools [J]. Handbook of positive psychology in schools, 2009, 1: 65-76.

70. Peterson C, Park N, Seligman M E P. Orientations to happiness and life satisfaction: The full life versus the empty life [J]. Journal of happiness studies, 2005, 6(1): 25-41.

71. Peterson C, Seligman M E P. Character strengths and virtues: A handbook and classification [M]. Oxford University Press, 2004.

72. Pinker S. The blank slate: The modern denial of human nature.[M]// The blank slate : the modern denial of human nature. Penguin, 2004:5-7.

73. Proctor C, Tsukayama E, Wood A M, et al. Strengths gym: The impact of a character strengths-based intervention on the life satisfaction and well-being of adolescents [J]. The Journal of Positive Psychology, 2011, 6(5): 377-388.

Quinn P D, Duckworth A L. Happiness and academic achievement: evidence for reciprocal causality [J]. 2007.

Reivich K, Shatté A. The resilience factor : 7 essential skills for overcoming life's inevitable obstacles[J]. 2002.

74. Robertsonkraft C, Duckworth A L. True grit: Trait-level perseverance and passion for long-term goals predicts effectiveness and retention among novice teachers[J]. Teachers College Record, 2014, 116(3):N/A.

75. Rosenthal R, Jacobson L. Pygmalion in the classroom [J]. The urban review, 1968, 3(1): 16-20.

76. Ryff C D, Keyes C L M. The structure of psychological well-being revisited [J]. Journal of personality and social psychology, 1995, 69(4): 719.40.

77. Santrock J W. Life-span development, 13th Edition [M]. New York: McGraw-Hill, 2011.

78. Schlombs C, Howard A, DeLong C, et al. Changing an institutional environment through appreciative inquiry: rochester institute of technology's college of liberal arts[J]. The Seneca Falls Dialogues Journal, 2015, 1(1): 8.

79. Seligman M E P. Flourish: A visionary new understanding of happiness and well-being [M]. Simon and Schuster, 2012.

80. Seligman M E, Schulman P. Explanatory style as a predictor of productivity and quitting among life insurance sales agents [J]. Journal of Personality & Social Psychology, 1986, 50(4):832-838.

81. Sheldon K M, Abad N, Ferguson Y, et al. Persistent pursuit of need-satisfying goals leads to increased happiness: A 6-month experimental longitudinal study [J]. Motivation and Emotion, 2010, 34(1): 39-48.

82. Shoshani A, Slone M. Middle school transition from the strengths perspective: Young adolescents' character strengths, subjective well-being, and school adjustment [J]. Journal of Happiness Studies, 2013, 14(4): 1163-1181.

83. Shoshani A, Steinmetz S. Positive psychology at school: A school-based intervention to promote adolescents' mental health and well-being [J]. Journal of Happiness Studies, 2014, 15(6): 1289-1311.

84. Slemp G R, Chin T C, Kern M L, et al. Positive education in Australia: Practice, measurement, and future directions [M]//Social and Emotional Learning in Australia and the Asia-Pacific. Springer Singapore, 2017: 101-122.

85. Stewart D, Sun J, Patterson C, et al. Promoting and building resilience in primary school communities: evidence from a comprehensive "health promoting school" approach[J]. International Journal of Mental Health Promotion, 2004, 6(3): 26-33.

86. Toner E, Haslam N, Robinson J, et al. Character strengths and wellbeing in adolescence: Structure and correlates of the Values in Action Inventory of Strengths for Children[J]. Personality and Individual Differences, 2012, 52(5): 637-642.

87. Tugade M M, Fredrickson B L. Resilient individuals use positive emotions to bounce back from negative emotional experiences [J]. Journal of Personality & Social Psychology, 2004, 86(2):320-322.

88. Uchino B N, Cacioppo J T, Kiecolt-Glaser J K. The relationship between social support and physiological processes: A review with emphasis on underlying mechanisms and implications

for health[J]. Psychological bulletin, 1996, 119(3): 488.

89. Vallerand R J, Blanchard C, Mageau G A, et al. Les passions de l'ame: on obsessive and harmonious passion[J]. Journal of personality and social psychology, 2003, 85(4): 756.

90. Waterman A S, Schwartz S J, Conti R. The implications of two conceptions of happiness (hedonic enjoyment and eudaimonia) for the understanding of intrinsic motivation [J]. Journal of happiness studies, 2008, 9(1): 41-79.

91. Waugh C E, Wager T D, Fredrickson B L, et al. The neural correlates of trait resilience when anticipating and recovering from threat [J]. Social Cognitive & Affective Neuroscience, 2008, 3(4):322-332.

92. Weber M, Ruch W. The role of a good character in 12-year-old school children: Do character strengths matter in the classroom [J]. Child Indicators Research, 2012, 5(2): 317-334.44.

93. Wells A J. Optimal experience: Self-esteem and optimal experience [J]. 1988:327-341.

94. Werner E E. High-risk children in young adulthood: A longitudinal study from birth to 32 years [J]. American Journal of Orthopsychiatry, 2010, 59(1):72-81.

95. White M A. Positive education at Geelong grammar school [J]. 2013.

96. Whitney D D, Trosten-Bloom A. The power of appreciative inquiry: A practical guide to positive change [M]. Berrett-Koehler Publishers, 2010.

97. William Damon, Jenni Menon, Kendall Cotton Bronk. The development of purpose during adolescence [J]. Applied Developmental Science, 2003, 7(3):119-128.

98. Yu F, Peng T, Peng K, et al. The semantic network model of creativity: Analysis of online social media data [J]. Creativity Research Journal, 2016, 28(3): 268-274.

99. Zeng G, Hou H, Peng K. Effect of growth mindset on school engagement and psychological well-being of chinese primary and middle school students: The mediating role of resilience[J]. Frontiers in Psychology, 2016, 7.

100. Zimmerman B J, Martinez-Pons M. Student differences in self-regulated learning: Relating grade, sex, and giftedness to self-efficacy and strategy use.[J]. Journal of Educational Psychology, 1990, 82(1):51-59.